MULHERES
NO PODER

MULHERES NO PODER

OS CINCO PASSOS PARA TER SUCESSO
NA VIDA PROFISSIONAL E PESSOAL

Joanna Barsh, Susie Cranston e Geoffrey Lewis

TRADUÇÃO DÉBORA CHAVES

A
AGIR

Título original: *How Remarkable Women Lead: the Breakthrough Model for Work and Life*

Copyright © 2009 by McKinsey & Company, Inc.
Copyright da tradução © 2011 by EDITORA NOVA FRONTEIRA PARTICIPAÇÕES S.A.

Direitos de edição da obra em língua portuguesa no Brasil adquiridos pela EDITORA NOVA FRONTEIRA PARTICIPAÇÕES S.A. Todos os direitos reservados. Nenhuma parte desta obra pode ser apropriada e estocada em sistema de banco de dados ou processo similar, em qualquer forma ou meio, seja eletrônico, de fotocópia, gravação etc., sem a permissão do detentor do copirraite.

EDITORA NOVA FRONTEIRA PARTICIPAÇÕES S.A.
Rua Nova Jerusalém, 345 – Bonsucesso – CEP 21042-235
Rio de Janeiro – RJ – Brasil
Tel.: (21) 3882-8200 – Fax: (21)3882-8212/8313
www.novafronteira.com.br
sac@novafronteira.com.br

Texto estabelecido segundo o Acordo Ortográfico da Língua Portuguesa de 1990, em vigor no Brasil desde 2009.

CIP-Brasil. Catalogação na fonte.
Sindicato Nacional dos Escritores de Livros, RJ.

B289m Barsh, Joanna
      Mulheres no poder / Joanna Barsh, Susie Cranston e Geoffrey Lewis; tradução Débora Chaves. — Rio de Janeiro: Agir, 2011.

      Tradução de: How remarkable women lead: the breakthrough model for work and life

      ISBN 978-85-220-1104-9

      1. Liderança em mulheres. 2. Liderança. 3. Liderança em mulheres — Estudos de casos. I. Cranston, Susie. II. Lewis, Geoffrey. III. Título.
                              CDD: 158.4082
                              CDU: 159:316.46-055.2

*Dedicar-me foi uma tarefa desafiadora;
o que por fim a deixou fácil
foi descobrir o papel que o amor
tem na Liderança Equilibrada e
para cada um de nós.*

*Sendo assim, David, Russell e Anne,
este livro é dedicado a vocês.*

Somos felizardos.

Sumário

Introdução: Jornada rumo ao centro *9*

Parte um	**Significado**
Capítulo 1	Tudo começa com o significado *29*
Capítulo 2	Sua própria equação da felicidade *39*
Capítulo 3	Inicie com seus pontos fortes *48*
Capítulo 4	Senso de propósito *55*
Capítulo 5	Caçadora de sonhos *64*
Parte dois	**Estrutura**
Capítulo 6	Uma questão de estrutura *75*
Capítulo 7	A prática do otimismo *89*
Capítulo 8	Partindo para outra *102*
Capítulo 9	Pronta para mudar *113*
Capítulo 10	A jornada, não o destino *123*
Parte três	**Conectividade**
Capítulo 11	Um caminho para a integração *135*
Capítulo 12	A empresa como sua família *144*
Capítulo 13	A reciprocidade forma relacionamentos *153*

Capítulo 14	A trama que você tece	*163*
Capítulo 15	Nos ombros dos padrinhos	*175*
Capítulo 16	Membro da tribo	*185*

Parte quatro — Comprometimento

Capítulo 17	Ultrapassando o limite	*197*
Capítulo 18	Levante-se e coloque sua opinião	*206*
Capítulo 19	Faça sua própria sorte	*217*
Capítulo 20	Vá em frente	*225*
Capítulo 21	Vencendo as dificuldades	*236*

Parte cinco — Energia

Capítulo 22	Energia em seu kit de ferramentas	*249*
Capítulo 23	Para uma rápida recuperação	*263*
Capítulo 24	Experimente o fluxo	*273*
Capítulo 25	Energia inesgotável	*282*

Conclusão: Tempo para ação *291*

Metodologia *297*

Nossa pesquisa *305*

Notas *317*

Agradecimentos *347*

Introdução
Jornada rumo ao centro

Em busca da magia

Quando completei cinquenta anos, uma coisa incomum aconteceu comigo. Nada. Nenhum temor, nenhuma felicidade. Absolutamente nada. Nenhuma sensação de ter atingido um marco monumental. Aquele senso de vazio realmente me aborreceu. "Você está apenas passando por uma crise de meia-idade", afirmei para mim mesma. "Compre um par de sapatos bacana ou qualquer outra coisa para você."

Semanas se passaram, e a sensação não me abandonou. Em uma caminhada matinal pelo Central Park, compartilhei o desconforto com meu marido David. Teria eu alcançado o ápice da carreira, e, se assim fosse, isso era tudo o que havia para mim? Outras mulheres certamente foram além, fizeram mais, foram mais felizes. Elas eram mais altas, mais bonitas, mais realizadas; tinham, enfim, mais brilho — de todas as maneiras, elas se deram melhor na vida.

Elas deviam saber algo que eu nunca aprendi. Queria encontrá-las, queria saber o que elas sabiam — não apenas para meu benefício, mas para o de todas as mulheres que se perguntam sobre o que as torna líderes bem-sucedidas. Estava convencida de que não existe uma fórmula simples para a construção de habilidades porque, se ela existisse, eu a teria encontrado há muito tempo.

Deve haver, pensei eu, algo mais. Algum tipo de mágica. Se eu soubesse o que é, poderia ir além, causar um impacto mais forte e me sentir realizada — exatamente como elas. O que de fato me agradava era a ideia de que, se descobrisse mais a respeito daquela mágica, teria a chance de transmiti-la à próxima geração de mulheres, as mesmas que estão a caminho de se tornarem líderes neste momento — talvez minhas próprias filhas. Imagine o que elas poderiam fazer se não precisassem esperar trinta anos para descobrir isso por conta própria. Imagine quantas mulheres chegariam ao topo se tivessem a ajuda desses segredos!

Pode-se dizer que eu estava imbuída dessa ideia de um jeito tranquilo porém obsessivo. Nos anos após aquela caminhada com David, percebi que essa era uma paixão que estava à minha espera, dormente — uma semente aguardando as condições ideais para florescer.

De qualquer ângulo que olhasse, minha vida aos cinquenta estava ótima. Tinha duas filhas incríveis, saudáveis e dedicadas aos estudos — melhor, impossível. Meu casamento era forte, apesar, ou quem sabe por causa, dos anos de altos e baixos. Tínhamos um lindo e arejado apartamento, bem-iluminado e com uma vista bonita da cidade. Todo dia passava pelo Central Park para levar as meninas à escola. Em uma cidade barulhenta apinhada de edifícios, não tinha como ficar melhor. Nos finais de semana, íamos para uma fazenda com campos ondulantes, árvores centenárias, flores do campo e frutas silvestres. Tínhamos cinquenta vacas, trinta galinhas, dez ovelhas, três burros e um porco. É a coisa mais próxima do paraíso que se pode obter.

Eu tinha tudo isso, e ainda era realizada profissionalmente. Apesar das preocupações constantes, era sócia sênior da McKinsey e fazia o que queria, ou seja, ajudava os clientes do ranking Fortune 500 a se transformarem e a crescerem. Havia momentos em que eu ficava loucamente apaixonada pelo trabalho, mas em outros eu sonhava em me aposentar. Mas, na maior parte do tempo, e apesar das frequentes doses de ansiedade, eu era uma sócia de boa posição, como diz minha empresa querida. Eu era útil, colaborativa, engajada, e me divertia sempre que possível. Afinal de contas, o que havia de errado comigo?

Pensei a respeito e cheguei à seguinte conclusão: eu me sentia invisível. Estava passando pela vida como mera observadora. Já fazia muito tempo que me sentia dessa forma. Portanto, não era mesmo uma surpresa que eu completasse cinquenta anos sem ter exatamente o que comemorar.

Mas nem sempre foi assim. Quando era jovem, recém-formada, com dois diplomas na área de humanas, voltei para Nova York com um espírito independente, pronta para assumir qualquer desafio. Meu currículo na época incluía trabalhos como garçonete, recepcionista, assistente administrativa e produtora de cinema ocasional. Trabalhei no comércio — em treinamento de gestão, para ser mais precisa —, e entrei de cabeça na turbulência. Todo dia levava bronca do meu chefe por um milhão de coisas erradas — algumas reais, outras não —, e posso dizer honestamente que até hoje não sei por que ele fazia isso. (Esta foi uma grande lição para mim: se alguém não quer que você seja bem-sucedido, existem infinitas maneiras de fazer com que saiba disso, o que vai apagando sua autoestima.) Era uma jovem com imprevisíveis sangramentos nasais, temerosa de meu próximo erro, intimidada demais para pedir demissão. Por fim, inscrevi-me na faculdade de administração, mais para fugir de onde estava do que para descobrir uma saída futura. Não foi um começo auspicioso.

Eu me saí bem na faculdade de administração em Harvard, tão fascinada com a possibilidade de resolver problemas que voltei a Nova York para fazer mais daquilo como trabalho.

Rapidamente me transformei numa jovem com um objetivo, esforçando-me sempre porque ainda temia que o chefe encontrasse mil erros e me chamasse para dizer que seu maior equívoco fora me contratar.

Mesmo aos cinquenta anos eu esperava por algo assim. Engraçado como, quando se emagrece bastante, pode levar anos para que a autoimagem se atualize. Igualmente, depois de vinte estranhos anos de valiosa consultoria e vasto reconhecimento, minha autoimagem mal se alterou.

Portanto, durante a primavera em que completei 51 anos, esperei e trabalhei, temendo ouvir aquilo do meu chefe, mas torcendo para que alguma mágica acontecesse e me transformasse na líder sênior que eu gostaria de ser. E quem era essa líder? Uma pessoa calma e forte como uma rocha, tão popular quanto Elvis, sábia e prudente: alguém com máxima confiança, destacando-se por intermédio de realizações, de boas conexões e de conteúdo. Acima de tudo, eu queria ser uma líder que pudesse se olhar no espelho e saber que ajudou a fazer a diferença no mundo. Onde estava ela? Em algum lugar dentro de mim ou em lugar algum? Era isso que ainda precisava entender.

O que eu sabia, e contei ao meu marido durante a caminhada matinal, era que esperar ainda que só mais um ano para saber isso seria uma decisão ruim. Eu precisava saber o que estimulava e nutria as poucas mulheres que tinham conseguido chegar ao topo. Queria documentar o que elas fizeram para ser bem-sucedidas no trabalho e na vida. Seria um arquivo de conversas com líderes mulheres. Queria arquivar suas alegrias. Não podia esperar mais e não via a hora de começar.

Enquanto caminhávamos e conversávamos, David sugeriu que eu fosse mais fundo na história do arquivo. É por isso que sou apaixonada por ele — David ousa imaginar, e não há limites que possam contê-lo. Ele incentivou minha ambição.

O empurrão foi tão forte que me deixou desconfortável. Ele disse: "Você está pensando num arquivo? Ótimo! Crie o maior arquivo de líderes femininas do mundo — algo que deixaria Steven Spielberg orgulhoso." Uma mistura de excitação e ansiedade começou a se formar dentro de mim. E continuou: "Chame uma equipe de alto nível para filmar as conversas e dê ao arquivo um nome que soe importante. Chame-o de algo que os homens achem interessante." Eu estava definitivamente deixando minha zona de conforto. E ele não parava: "Chame-o de Projeto Liderança! O que você está esperando? Para quem você vai ligar hoje?" Os especialistas têm um termo para o rumo que eu estava tomando: a Zona do Pânico.

Pânico ou não, foi o que fiz.

Tenho me dedicado a isto há mais de cinco anos. Minha exploração me levou mais longe do que esperava. O Projeto Liderança mudou minha vida por meio de um novo modelo de liderança, que é o objeto deste livro. Ele se transformou num amplo movimento baseado em nossa empresa, envolvendo mulheres e homens em todo o mundo que crescem conforme participam dele.

Olhando para trás, posso dizer que tive sorte desde o início. Quase imediatamente soube que as entrevistas estavam se tornando algo muito poderoso. As mulheres contaram histórias fascinantes, atraentes e cheias de energia. Abriram suas portas para me receber e para desfiar suas memórias de amor, de sucesso e de alegria, e também as decisões erradas, as grandes mancadas e os fracassos absolutos. Falaram dos filhos, dos problemas de saúde, dos sonhos para o futuro. Algumas deram risada e revelaram segredos, outras derramaram lágrimas. Elas não se reprimiram. Pelo contrário: ofereceram seus tesouros mais raros — tempo e energia — e contribuíram com lições reais aprendidas da maneira mais difícil.

Algo estava fluindo por todas as conversas, ligando uma mulher às outras, aos seus trabalhos e a mim. Cada entrevista era um presente: uma pequena dose de otimismo, um sopro de energia, uma dica prática, uma história significativa, um ato de bondade. Nas histórias, reconheci pequenos pedaços de mim mesma. Ao desvendar cada um desses presentes, eu me abastecia de gratidão.

A paixão pelo Projeto Liderança me dava uma satisfação que só sentia em meu trabalho. Não me entenda mal, adoro trabalhar como consultora, especialmente quando ajudo clientes na realização de algo, na formação de equipes e na resolução dos problemas que surgem em sua busca por metas e resultados. E gosto mesmo do momento do insight, aquele lampejo coletivo de entendimento, o passo em direção ao impacto. Mas a alegria no trabalho até agora não tem sido duradoura.

Perseguindo minha paixão, eu me sentia bem todos os dias, e podia perceber os planos se tornando visíveis. Foi uma sensação pouco familiar, uma euforia natural que me deu segurança e coragem para dar passos gigantescos. Estava ficando destemida. Estava na hora de falar e de avançar.

Caminho sem volta

Em 2007, passei dos limites — no bom sentido. Comecei a assumir alguns riscos profissionais em nome da minha paixão pelo Projeto Liderança. Abandonei velhas rotinas e investi cada vez mais tempo neste projeto. Agora não tinha mais volta.

Além do mais, elevei o empreendimento de amor de pouco conhecido a um sério esforço de desenvolvimento profissional. Como muitas outras empresas, nossos parceiros se esforçaram para reforçar as fileiras de mulheres nos postos seniores de liderança. Eu estava convencida de que as histórias dessas líderes continham o que estava faltando: um conjunto comum de crenças e de práticas bem-sucedidas e uma maneira de progredir que ajudaria nossa empresa, e nossos clientes, a acelerar a ascensão de mulheres ao topo.

Foi aí que um bando de pessoas talentosas se uniu à expedição, entre elas Susie Cranston, uma jovem consultora da McKinsey baseada em San Francisco. Susie se transferiu durante um ano para atuar como coordenadora da equipe de pesquisa, buscando o conhecimento acadêmico e científico para apoiar nossas observações. Exploramos uma série de áreas do conhecimento — gurus de liderança, especialistas em desenvolvimento organizacional, biólogos e neurocientistas. À medida que íamos cavando, entrevistávamos diferentes tipos de mulheres em busca de padrões. Junto com as experiências práticas de nossas entrevistadas, as teorias acadêmicas conseguiram desenhar um mapa compreensível para a liderança.

Logo, fomos cada vez mais atraídos por fatores que vão além das abordagens tradicionais de administração e de desenvolvimento profissional — as novas ideias sobre questões como o bem-estar físico, emocional e espiritual, além de uma profunda conexão com o próprio trabalho, com o trabalho dos colegas e com a alegria, e como criam condições para a liderança de sucesso. Aqui estão essas mulheres, líderes que se armaram para lutar na batalha corporativa, expondo sem embaraços paixões, sentimentos de alegria e o que mais acharem de significativo. Todos esses anos tentando esconder meus sentimentos desapareceram.

Outro fator que surgiu no caminho foi o otimismo das lideranças femininas — ou melhor, o otimismo extremo. Muitas superaram obstáculos sérios e fracassos retumbantes, não se abateram quando as coisas deram errado, como eu. Nada disso. Elas voltaram ao jogo e continuaram avançando. Não reviveram obsessivamente o que aconteceu. Ao contrário, foram ativas e souberam consertar as coisas.

Mas como construíram um otimismo tão contagiante? Descobrimos explicações para isso na psicologia positiva, uma disciplina que foca no que faz as pessoas florescerem em vez de se prender às causas do sofrimento emocional e psicológico. O que aprendemos com os psicólogos dessa linha positiva foi que as pessoas, quando possuem um profundo senso de significado sobre o que fazem, são mais felizes, enérgicas e resilientes. E isso descreve perfeitamente estas mulheres: cada uma com sua missão, atendendo a um propósito maior do que apenas avançar em suas carreiras. Elas estão mudando o mundo, não importa se atingem cinco pessoas numa *start-up* ou quinhentas mil pessoas.

De acordo com nossos especialistas, o otimismo pode ser aprendido. Você pode treinar para ser mais otimista e para evitar prender-se ao fundo de suas limitações emocionais. Isso me atingiu em cheio. Comecei a responder à pequena voz dentro da minha cabeça que amplifica a dor de cada erro. Estava aprendendo a me recompor mais rápido e a seguir em frente quando algo dava errado. Minha visão de mundo começou a mudar.

Também aprendemos sobre "fluxo" — o fenômeno que acontece quando as habilidades são bem-combinadas a um desafio inspirado e você trabalha em direção a um objetivo claro. Experimentei a sensação de fluxo no trabalho, e também enquanto pintava. Quando pinto, é como se estivesse fora do corpo, num mundo sem tempo e sem sensações físicas. Depois disso, eu ressurjo, cansada porém renovada, e com um autoconhecimento fortalecido. O fluxo reforça a resiliência.

Continuamos pesquisando e colecionando informações sobre mulheres e homens na empresa, além de desenvolver análises a respeito. Uma das grandes questões sobre as lideranças femininas é como elas conseguiram investir uma grande quantidade de energia no trabalho e, ainda assim, aguentar o peso que a maior parte das mulheres enfrenta como esposas e mães. Como conseguiram ter sucesso no trabalho sem abrir mão do restante? Isso era crítico, porque muitas mulheres continuam a abandonar carreiras ou a estreitar ambições quando sentem que não podem dar atenção às famílias.

Outra revelação: as mulheres viam o "equilíbrio trabalho-vida" pelo que ele é, um objetivo inatingível. E trataram de se adaptar a uma vida de desequilíbrio organizado — uma abordagem fluida e dinâmica. Elas amam os filhos *e* o trabalho. Isso não é questão de "ou". Aceitar o "e" as encheu de energia.

O.k., mas de onde então tiram energia física para não ficar completamente esgotadas após o fim do expediente? Era isso que eu queria saber. Eu era o tipo de mãe que corria para casa para colocar as filhas na cama, e acabava adormecendo junto.

Começamos a procurar respostas e descobrimos algumas bem debaixo do nariz. No final das contas, acadêmicos já tinham investigado a questão e nos ensinaram que é possível administrar a energia ao identificar o que a drena e o que a recarrega, e também ao fazer ajustes estratégicos no ambiente e nos compromissos.

Há outros fatores, é claro. Essas mulheres tiveram ajuda em suas jornadas de liderança. Foram apoiadas por todos, principalmente pelos executivos seniores que arriscaram seu pescoço para criar oportunidades. Elas eram ligadas à comunidade, e se fortaleciam com essas conexões. Eu me lembrei de todo mundo que me ajudou. Conforme refletia, mais faces apareciam e eu aproveitei para agradecer a cada um silenciosamente, inclusive aos que já não estão entre nós.

Ao contrário de mim, muitas mulheres proclamaram que não tinham medo, que eram completamente destemidas. Isso as ajudou a ver oportunidades como oportunidades, e não como chances de perder ou de falhar. Se identificassem riscos, elas os enfrentavam de cabeça erguida. Não se abatiam por dúvidas existenciais, críticas ou perfeccionismo. Isso foi outra revelação para mim, pois eu recusara muitas oportunidades por medo.

Portanto, no fim de 2007 o modelo de liderança tomou forma. Sua essência era constituída pelas profundas conexões emocionais com o trabalho, o crescimento pessoal, a missão, a realização, os instintos de cuidar e o forte sentimento de pertencer. Uma conexão com a alegria.

Isso com certeza foi decisivo para que eu visse a liderança com outros olhos.

Estávamos tecendo os fios da liderança, do desempenho e da realização num sistema com comportamentos, habilidades e ações. Tinha a ver com propósito, porque ser mãe era uma influência muito forte. Tinha a ver com estabelecer uma conexão no poço profundo das emoções positivas que fluíam das líderes que conhecemos. Tinha a ver com ação, com ajudar mulheres a enfrentar o medo, a agir de acordo com crenças e intuições. Tinha a ver também com escolhas e controle pessoal.

A intenção está na base de tudo, pois estabeleceu a correta motivação e ajudou as mulheres a identificar suas direções. Além de tudo, percebemos a existência de três grupos de capacidades e táticas — estrutura, conectividade e comprometimento — que levaram ao sucesso sustentável e ao aumento do prazer de viver. Finalmente, incluímos "energizando" para abastecer cada jornada feminina a longo prazo.

Resumidamente, é assim que o sistema se apresenta:

Significado: O senso de significado é o que inspira as lideranças femininas, guia as carreiras, sustenta o otimismo, gera emoções positivas e permite que elas liderem de forma criativa e profunda.

Estrutura: Para manter-se no caminho da liderança e para atuar como líder, uma mulher precisa ver as situações com clareza, evitando entrar em depressão, de modo a avançar, adaptar-se e implementar soluções.

Conectividade: Ninguém faz isso sozinha. Líderes fazem conexões significativas para desenvolver parcerias e atrair seguidores e para colaborar com colegas e apoiadores com atenção e humanidade.

Comprometimento: Líderes bem-sucedidas assumem as oportunidades junto com os riscos. Elas têm voz e a usam. Da mesma forma, são capazes de enfrentar seus medos.

Energia: Para ter sucesso a longo prazo e para acomodar as responsabilidades para com a família e a comunidade, as líderes aprendem a gerenciar reservas de energia e a entrar no fluxo.

Juntar as peças provocou um estrondo silencioso, um momento "Arrá" em que passei a compreender melhor as coisas. A solução de liderança inicial parecia elegante e simples, tanto que precisamos refletir um pouco sobre ela, só por garantia. Procurei por falhas. Durante dias tentei encontrar falhas. À noite, eu as procurava em meus sonhos, mas toda a minha ansiedade e a angústia não conseguiram encontrar muito do que reclamar.

Quando juntamos todos os ingredientes do modelo, criou-se a mágica. Eles se misturaram bem e reforçaram uns aos outros. Pense a respeito. Se suas oportunidades estão recheadas de significado, você também ficará energizado. O otimismo por si só é algo bom, mas se você aplicá-lo na construção de relacionamentos vai descobrir que sua rede desenvolvimentista começa a prosperar. Engaje-se num patrocínio e você poderá enfrentar contratempos mais facilmente. Cada uma dessas peças preenche as reservas energéticas, e, quanto mais energia colocar no que faz, maiores são as chances de fazer sucesso. Cada conceito se soma a outro. No conjunto, eles liberam grandes quantidades de energia para o desempenho e a satisfação: as chaves do sucesso. A figura abaixo mostra a imagem circular que criamos para ilustrar o novo modelo de liderança. O círculo é um formato feminino, simbolizando não apenas o local de partida ou de chegada, mas o movimento, o ritmo, a simetria e a beleza.

Começamos compartilhando nosso modelo com outras pessoas. Algumas o acharam muito simples. Sim, os ingredientes que usamos estão disponíveis em qualquer mercado; não há qualquer erva chinesa especial ou extrato botânico de

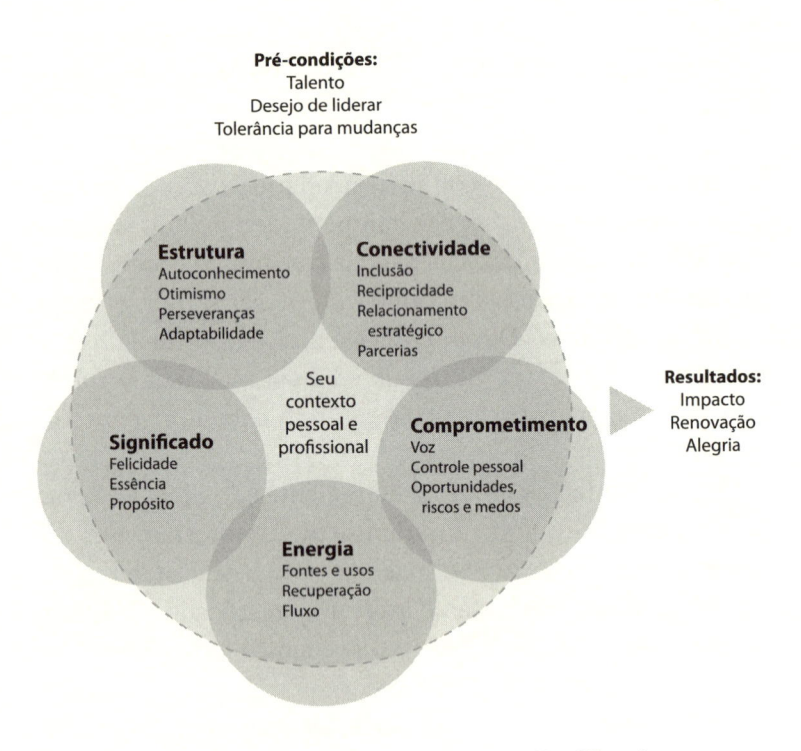

Pré-condições:
Talento
Desejo de liderar
Tolerância para mudanças

Estrutura
Autoconhecimento
Otimismo
Perseveranças
Adaptabilidade

Conectividade
Inclusão
Reciprocidade
Relacionamento estratégico
Parcerias

Seu contexto pessoal e profissional

Significado
Felicidade
Essência
Propósito

Comprometimento
Voz
Controle pessoal
Oportunidades, riscos e medos

Energia
Fontes e usos
Recuperação
Fluxo

Resultados:
Impacto
Renovação
Alegria

Os cinco elementos da Liderança Equilibrada

florestas tropicais. Mas sabemos que a receita é difícil de executar. Pode ser preciso uma vida inteira para construir todas essas habilidades. E aqui está a mágica: cada passo pode ser satisfatório, fortalecedor.

Com o tempo, absorvi essas lições e internalizei esses comportamentos. Não estava mais me autocriticando. Não estava mais confusa e insegura. David disse que ficou feliz ao me ver tão cheia de energia, radiante e destemida.

Engarrafando a "fórmula"

No final do ano, Geoff Lewis se juntou a nós. Respeitado jornalista e editor, Geoff nos ajudou a encontrar a receita, a compartilhar seus ingredientes e a usá-los, de modo que todas as mulheres pudessem testá-la. Percebemos que este modelo tinha potencial para manter outras mulheres no caminho rumo à liderança, a despeito de seus pontos de partida. Elas também podem afrouxar os medos e ganhar confiança e firmeza para liderar, sem perder a cordialidade, a autenticidade pessoal ou a criatividade.

Passamos a trabalhar para transformar o modelo num programa de aprendizado. Mas como chamá-lo? Liderança Equilibrada parecia se encaixar. Gostamos da imagem: é bom sentir-se centrado. Sentir a gravidade debaixo de seus pés mantendo você firme enquanto tenta alcançar o céu. Assuma os riscos e nunca perca o equilíbrio. Sinta a coluna vertebral mantendo você de pé. Perceba seus pés no chão, sinta-se forte e estável e, ao mesmo tempo, leve, flexível, pronta para o que virá.

Com todas as outras coisas equilibradas (talento, educação e motivação), agora vemos que é a mulher ou o homem centrado que mantém uma jornada de liderança bem-sucedida. Esses líderes prosperam quando as coisas vão bem e se adaptam a mudanças significativas sem se perderem pelo caminho porque são centrados — não apenas emocional, mas também intelectual, social e fisicamente. Uma essência forte deu às líderes a coragem de enfrentar novas situações e de se adaptar a elas, aprender com elas. Uma essência forte as ajudou a preservar e a acumular energia física. E a segurança que vem de uma crença profunda em quem você é e no que é significativo para você que as tornou mais abertas. Elas conseguem escutar seus instintos sociais. E o que é melhor: gostam delas mesmas. O.k., elas fizeram opções erradas, cometeram erros, mas ainda assim eram felizes.

Criamos a Liderança Equilibrada especialmente para as mulheres, mas não apenas para elas. Existem poucas diferenças fundamentais entre homens e mulheres com as quais os especialistas podem concordar (além dos óbvios ciclos hormonais e da capacidade para gerar filhos). Mulheres tendem a vivenciar emoções mais extremas e são duas vezes mais passíveis de cair em depressão. Mulheres tendem a construir relacionamentos profundos, mas possuem redes de contato não muito amplas se comparadas às dos homens. Mulheres tendem a não se candidatar para novas oportunidades. Ainda assim, nossa pesquisa sobre as práticas utilizadas por homens e por mulheres sugere que existem mais diferenças entre indivíduos do que entre gêneros. Portanto, a Liderança Equilibrada também pode ajudar os homens a construírem as habilidades de liderança necessárias. Nós achamos que eles vão querer isso, à medida que a Liderança Equilibrada relaciona-se ao alto desempenho, a um sucesso e a uma satisfação maiores no trabalho. Quem não quer isso?

Foi isso o que nos trouxe à última e mais difícil questão: pode a Liderança Equilibrada dar um jeito na pouca quantidade de mulheres no topo? O que permite que algumas tenham carreiras que as levem para altas posições de liderança nas empresas, nos governos, nas artes e em outros campos, enquanto tantas outras param antes, tendo ou não de fato escolhido abdicar dessa trajetória? Com as mesmas oportunidades educacionais, sociais e até mesmo atléticas que tradicionalmente moldam os líderes masculinos, e entrando em carreiras exigentes com a mesma disposição e ambição de jovens do sexo masculino, por que jovens do sexo feminino continuam a se perder pelo caminho?

Sozinha, a Liderança Equilibrada não faz milagres. Muitas mudanças precisam ocorrer antes que nós possamos colocar tudo em prática. Muitas empresas identificaram as falhas e continuam a estimular maneiras de corrigi-las. Enquanto isso, a Liderança Equilibrada complementa esse trabalho bacana; ela não o substitui. Do ponto de vista de minha própria jornada, vejo que ela se encaixa num lugar crucial e que está disponível para qualquer pessoa escolhê-la, a despeito de onde elas trabalhem.

Obviamente haverá céticos, mas quanto mais pessoas ouvirem sobre o que estamos fazendo, mais ficaremos rodeados de feedback positivo. Distribuímos otimismo, alegria e amor como partes integrais da liderança. As implicações são significativas e amplas. Líderes centrados também terão um desempenho excepcional e serão capazes de se autorrenovar. Suas empresas vão padronizar o comportamento, e o desempenho atingirá o pico. Equipes colaborativas apresentarão soluções melhores e mais criativas do que aquelas subjugadas por líderes com um estilo de comando e controle, que usam o medo e a dúvida como grandes motivadores.

Não surpreende que a reação generalizada tenha sido majoritariamente positiva. Na realidade, este novo modelo de liderança é bastante contagioso: na própria empresa, colegas que tomaram conhecimento dele foram conquistados por nosso entusiasmo e queriam saber como poderiam usá-lo em suas vidas. Homens e mulheres que eu não conhecia muito bem estavam bem ali ao meu lado. No final, depois de mais de 25 anos de carreira, senti como se fizesse parte de algo. Não estava mais sozinha.

Agora, viajante

Uma palavra final sobre minha própria jornada, que tenho a felicidade de dizer que está em pleno curso. À medida que a Liderança Equilibrada se desenvolveu, optei por uma imersão completa. Afinal de contas, se estávamos pedindo às pessoas que se abrissem à experiência desse novo modelo de liderança, eu tinha que ser a primeira a beber dessa fonte.

E essa fonte continha alguns dos maiores segredos da vida. Posso não tê-los aprendido com meus maravilhosos colegas de trabalho e clientes. A família e os amigos também estavam próximos demais para ver isso. Em vez disso, tive que aprender esses segredos por intermédio de diversos estranhos que abriram o coração para mim. Agradeço a todos, e a esses anos pesquisando, sonhando e me relacionando. Percebi que gosto muito de mim mesma e mais ainda da líder centrada em que estava me tornando.

A primeira metade do meu sonho ao completar cinquenta anos era conhecer mulheres que entendessem isso. Este se tornou o projeto Liderança Equilibrada, e o meu presente foi fazer com que parte desse sonho se realizasse.

Mas há sempre mais. Tenho duas filhas que vão crescer e se tornar mulheres incríveis à sua própria maneira, fazendo a diferença no mundo, não importa o que escolham fazer. A segunda metade do sonho é compartilhar a mágica com elas, e com as filhas de todo mundo.

E isso me traz a este momento. A você. Eu quero transmitir essa mágica para você.

Este livro é a nossa maneira de fazer isso. Você tem o necessário: o cérebro, o desejo de liderar, a perseverança e a tolerância para a mudança. Você também tem o desejo de deixar a sua marca. A escolha é sua.

A mágica está aqui e você pode liberá-la por meio de suas ações. Mas transformar-se numa Líder Equilibrada é algo que você precisa decidir por si mesma.

Escute sua voz interior — a voz de seus sonhos — e deixe de lado aquela voz que reclama, critica, se preocupa ou repreende. Permita-se sonhar. Vá em frente. É assim que você começa a encontrar significado, e esse é o primeiro passo.

Leia este livro com sua caneta favorita na mão. Vamos dar o espaço de que precisa para anotar os pensamentos, as ideias e as ações que pretende realizar. Melhor ainda, compre uma agenda ou um caderno para registrar suas reflexões.

E, à medida que a leitura fluir, dê as boas-vindas ao coração e ao espírito. Esta não é uma atividade intelectual solitária — nós queremos você por inteiro.

Isso porque a parte mais importante deste projeto de liderança é você. Se você não abrir este livro, não usá-lo e não vivenciá-lo, não teremos realizado nada. Só quando você começar a se engajar e a se abrir para os verdadeiros princípios do que acontece quando as mulheres lideram é que tudo isso ganhará vida.

Pronta para começar? "Dê o primeiro passo", as lideranças femininas dizem. "O que pode acontecer de tão ruim?" O lado positivo é tão fantástico que dar este passo é uma necessidade.

Pronta para começar?

Nós estamos. Sabemos que o projeto Liderança Equilibrada é um empreendimento para a vida toda. E estamos aqui para ajudá-la neste caminho.

Vamos nessa.

Parte Um
Significado

Capítulo 1
Tudo começa com o significado

Às vezes, penso se não estamos simplesmente amalgamando e colando. Por outro lado, volto atrás e penso: "Temos uma responsabilidade bem maior. A informação bruta não é suficiente para cidadãos, para governos. Qualquer um pode contar as novidades, cabe a nós analisar seu impacto e entender os prós e os contras de qualquer ação que afete nossas vidas, e fazer isso com integridade, dia após dia."

Shobhana Bhartia, presidente do Hindustan Times

A falecida Katherine Graham, primeira CEO mulher de uma empresa do ranking da Fortune 500, disse certa vez: "Amar o que se faz e sentir que isso faz a diferença — como outra coisa pode ser mais divertida?" Graham, que comandou o jornal *Washington Times* por décadas, norteada pela paixão por um jornalismo de qualidade, estava à frente de seu tempo de diversas maneiras. Mas seus insights sobre o quanto um trabalho significativo traz satisfação à vida remonta à Grécia antiga. No século IV a.C., Aristóteles escreveu que as pessoas conquistam o eudemonismo (doutrina que prega a felicidade como objetivo da vida humana) quando usam a totalidade de seus talentos, realizando dessa forma sua função básica na vida. No século XX, o psicólogo Abraham Maslow reafirmou o conceito de autorrealização, o qual colocou no topo da hierarquia das necessidades humanas. Mais recentemente, acadêmicos no campo da psicologia positiva subestimaram a relação entre atividades significativas e felicidade. A busca do significado é a motivação de sua vida. É a descoberta do que a motiva, do que faz seu coração bater acelerado, do que lhe dá energia e do que gera paixão. A busca do significado permite que você vá até o limite de suas capacidades — e além. Sem ele, o trabalho é uma tarefa exaustiva entre os finais de semana. Com significado, qualquer atividade pode se tornar uma vocação. Ao colocar suas melhores qualidades a serviço de um propósito que transcende os objetivos diários, você se abre para a felicidade duradoura.

O significado é uma característica definidora entre líderes bem-sucedidas. Quando questionadas sobre quais fatores são mais importantes na hora de escolher um emprego e de permanecer nele, as mulheres com frequência citam os elementos significativos de seu trabalho. Mulheres como Amina Susannah Agbaje, que começou seu próprio escritório de advocacia para realizar um sonho de infância, têm uma crença profunda no que fazem. Essa crença proporciona um alto grau de comprometimento e coragem para mergulhar fundo, a despeito dos riscos e das pessoas que dizem: "Não, você não pode." Encontrar significado ajuda você a definir objetivos audaciosos e a se aventurar em direção a eles.

Todo mundo devia ter a ousadia de sonhar, mesmo uma menina crescendo numa região rural da Nigéria. Este certamente foi o caso de Amina, a mais velha dos sete filhos da segunda mulher de seu pai. Morando numa casa de dois cômodos numa grande área, sua família não era rica nem pobre. Havia uma televisão, e semanalmente a jovem Amina corria para casa para ver um programa chamado *Case File*. Em cada episódio, dois advogados discutiam um litígio e o juiz definia o caso no final. Amina percebeu que um advogado esperto era capaz de evitar que um homem inocente fosse para a prisão ou de garantir que um culpado recebesse punição. Ela ficava fascinada — e inspirada — pelo programa, atraída pela excitação da resolução de um problema e pelo frisson da discussão diante do juiz. Ao longo do tempo, essa dedicação se tornou seu propósito. Aquele objetivo abrangente era tão importante que fez décadas de trabalho valerem a pena. "Desde o ensino fundamental eu sabia que queria ser advogada", conta Amina. "E me mantive fiel à ideia."

O significado raramente se revela tão cedo e com tanta clareza como foi para Amina. Às vezes, ele aparece primeiro como uma pequena ideia que se expande ao longo do tempo. É comum que o significado encontre você (e não o contrário). Portanto, se dedicar a próxima hora à tarefa de definir sua missão, pode ficar desapontada. Às vezes o significado está bem na sua frente, mas você não consegue vê-lo. Muitos levam anos para conseguir ajustar o foco. Você pode passar anos num emprego antes de perceber que é aquilo que gosta de fazer, que é aquilo que vinha procurando, e que não o trocaria por nada deste mundo.

Isso não significa que seja preciso esperar. Você pode e deve avançar na busca do que a motiva e a fascina.

Nesse esforço, muitas mulheres percorrem caminhos profissionais e acadêmicos, mas acabam descobrindo um trabalho significativo logo depois de algumas curvas da estrada. Os zigue-zagues de suas carreiras podem parecer ineficientes (um tiro certeiro em seu objetivo parece ser uma escolha melhor), mas as coisas nem sempre são o que parecem. Na maioria dos casos, as líderes recordam que essas idas e vindas promoveram um autoconhecimento e foram fontes de habilidades e de experiências que abriram portas. Não foi um tempo perdido, e sim um tempo dedicado à descoberta do que gostavam e ao aprendizado de novas habilidades.

Quando você descobre um trabalho significativo, não importa se ele é muito relevante para os outros. Uma vez que você sabe o que é significativo, pode organizar todos os talentos e capacidades para uma realização mais plena e feliz.

O significado é um precursor do sucesso porque, segundo os psicólogos, reconhecê-lo e fazer dele parte de sua vida produzem um aumento contínuo de felicidade. A felicidade não é apenas um objetivo bacana de ter. O bem-estar emocional e psicológico é fundamental para a liderança por quatro razões muito práticas:

- **A felicidade é motivadora.** As pessoas investem esforços extraordinários quando o trabalho as deixa felizes. "Uma empresa cujos empregados são felizes é mais produtiva, o moral é alto e a rotatividade de pessoal bem pequena", escreve Mihály Csikszentmihályi, um especialista em liderança da psicologia positiva.
- **Equipes felizes são mais criativas.** As pessoas abordam a solução de problemas de forma mais criativa e com frequência chegam a melhores soluções. Uma pesquisa feita por Barbara Fredrickson, professora de psicologia da Universidade da Carolina do Norte, mostrou que o aprendizado aumenta quando estudantes e funcionários se sentem felizes: eles ficam mais abertos a novos conceitos e definem objetivos maiores para si mesmos.
- **Líderes que transmitem felicidade são mais eficientes.** Um líder que encontra satisfação verdadeira no trabalho e é energizado por ele causa um efeito positivo naqueles que estão ao seu redor. Paixão, entusiasmo e energia são contagiosos — especialmente quando a equipe inteira se sente da mesma forma.
- **A felicidade aumenta a saúde física, bem como a força e a alegria.** Estudos mostraram que funcionários mais fe-

lizes têm os hormônios do estresse reduzidos. O professor Jonathan Haidt salienta um estudo com freiras que descobriu que as mais longevas desfrutavam de um alto nível de felicidade.

Ressaltamos que ser feliz não é simplesmente ser animado e alegre, ou mesmo transbordante de paixão. A felicidade que deriva de um trabalho significativo é mais profunda e duradoura. Psicólogos positivos definem três formas de felicidade, começando com o prazer (que é fugaz). Ele pode ser tão simples quanto comer deliciosos chocolates. Mas, uma vez que a caixa se esvazia, o momento prazeroso é esquecido. (E aqueles que buscam a felicidade nesses termos sabem muito bem que uma caixa vazia pode produzir o efeito contrário.) A seguir, vem o compromisso — aproveitar a sensação do momento —, que é claramente mais envolvente do que o prazer, mas cujos efeitos também diminuem no decorrer do tempo. Experimente relembrar uma maravilhosa viagem de férias, ainda prazerosa de ser contada. Conforme o tempo passa, é difícil recordar a verdadeira sensação, mesmo que ainda se lembre do que aconteceu.

O significado é o terceiro nível da felicidade. Ele começa com atividades de comprometimento e então acrescenta o propósito; por exemplo: o trabalho voluntário para uma causa que você acredita, o envolvimento ativo na comunidade, o trabalho em equipe com um objetivo compartilhado. O significado é tanto transcendente quanto duradouro.

Esta é a razão pela qual a descoberta do significado supera todas as outras formas de felicidade. O conceito de autorrealização de Maslow foi baseado no estudo de pessoas de sucesso (de Thomas Jefferson a Eleanor Roosevelt), que descobriram buscas que transcenderam a simples necessidade por reconhecimento e por estima. Ao atender suas "metanecessidades", elas encontraram satisfação num nível mais alto.

Curiosamente, Maslow também se referiu à autorrealização como uma "necessidade de crescimento". As pessoas que encontram significados profundos em seus trabalhos conseguem satisfazer essas necessidades e desenvolver um senso de bem-estar que as prepara para liderar com confiança, para adquirir novas habilidades de forma contínua e para perseverar.

Você pode transformar quase qualquer trabalho em sua vocação, se ele extrai força de sua essência, se a deixa completamente envolvida e se a inspira por meio de um propósito maior. Martin Seligman, professor de psicologia da Universidade da Pensilvânia e autor de *Aprenda a ser otimista*, cita o exemplo do servente de um hospital. A maioria deles descreveria seu trabalho como o de esvaziar urinóis, mas este homem se viu como provedor de uma assistência fundamental aos médicos e às enfermeiras na ajuda à cura dos pacientes. Quando a pesquisadora se encontrou com ele, percebeu que estava substituindo uma foto na parede ao lado de um paciente em coma por outra que tirou de sua sacola. Quando ela perguntou por que estava fazendo aquilo, ele explicou que, quando o paciente em coma recobrasse a consciência, a primeira coisa que visse devia ser bonita.

Essa natureza transcendental do significado é o que manteve Amina Agbaje em sua longa jornada para se tornar advogada. Como todos os profissionais bem-sucedidos do mundo, ela adorava ganhar causas e descobriu que o desafio era muito envolvente. Mas sem uma profunda identificação com os valores subjacentes à profissão advocatícia, Amina nunca teria perseverado — ou mesmo começado sua inacreditável jornada. "Minha mãe queria que eu me tornasse enfermeira ou médica, porque na área médica as pessoas usam branco, que simboliza a pureza", conta. "E advogados usam preto, que simboliza o pecado."

Amina foi capaz de superar a resistência da mãe e se inscreveu na faculdade de direito. "Um dos grandes momentos de minha vida foi o dia em que recebi a carta avisando que eu tinha sido aceita na universidade para estudar", relembra. "Este foi o ápice de minha vida. Eu estava indo para a escola estudar algo que eu realmente amava." No final, a mãe ficou orgulhosa de ser conhecida como "mamãe advogada", segundo o costume do norte da Nigéria.

O significado aproxima suas forças essenciais, o que, em troca, aumenta a satisfação. Todo mundo possui forças essenciais que podem ser ampliadas. A maioria raramente pensa a respeito disso. Na opinião de Amina, as suas são o amor por aprender, por solucionar problemas (usando criatividade e engenhosidade) e pela justiça.

Sua busca por significado a ajudou a perseverar durante os anos de luta, enquanto cursava a faculdade. Mulheres estudando direito não são incomuns na Nigéria, mas a determinação de Amina para argumentar no tribunal era. A maior parte das formandas acabava trabalhando nos bastidores ou, com mais frequência, optando pela vida de dona de casa e mãe. Amina passou quase duas décadas trabalhando para outros advogados, ajudando-os a se preparar para os julgamentos, aprendendo e observando. Em determinado momento ela desistiu, mas o marido a incentivou a voltar à cena com outro advogado, um conselheiro sênior que demonstrou ter os valores em que Amina acreditava.

Ela finalmente teve sua chance num tribunal, assim como seus heróis em *Case File*. Quando chegou a hora, no entanto, Amina teve que dominar o nervosismo. "O primeiro dia em que entrei no tribunal para pedir uma moção, estava praticamente tremendo diante do juiz", relembra, rindo e cheia de orgulho. "Superei meus medos porque sabia que estava fazendo algo pelo qual era apaixonada. O medo era um desafio e eu precisava superá-lo se quisesse seguir o que meu coração mandava. Então disse a mim mesma: 'Por que deveria ter medo?' E depois disso eu relaxei."

Em 1999, Amina aproveitou a oportunidade para se arriscar sozinha no comando de um escritório e conquistar flexibilidade para estar com os três filhos. Hoje, tem cinco funcionários e sonha em ter vinte advogados baseados em escritórios espalhados por cidades próximas, gerenciados por outras advogadas que compartilhem sua visão. Ela já pensa nos netos e em como lhes contará seus melhores casos: os momentos em que descobriu como orientar exatamente sua argumentação, ou como enganou seus oponentes e venceu. Ela vai contar sobre os momentos de derrota também, e sobre como se recuperou. "Quando perco, preciso me beliscar e dizer para mim mesma a verdade", afirma. "Pergunto-me o que deu errado, o que poderia ter feito diferente e então passo a me preparar para ganhar novamente."

O combustível do significado é seu senso de propósito. Hoje, e talvez em alguns momentos da vida, o trabalho pode significar um emprego que pague as contas. Se assim for, você encontrará satisfação nos prazeres do tempo livre e no fato de ter recursos suficientes para pagar pelas coisas de que necessita. Mas o trabalho pode ser mais do que um simples emprego: pode ser uma carreira, a chance de incentivar habilidades e de ganhar mais, além de exigir mais responsabilidade. Se assim for, você encontrará grande satisfação na realização profissional. Na melhor das hipóteses, seu trabalho pode ser uma força de sustentação no centro de sua vida.

O trabalho de Amina é de fato sua vocação. Ela aprecia seus clientes e se diverte com os casos trazidos para ela. Mas também representa *pro bono* mulheres indigentes e seus filhos. "Essas mulheres não sabem ler, mas, mais do que isso, elas não conhecem seus direitos. Para mim, é muito prazeroso poder ajudar uma mulher como eu", afirma. "Você descobre que tem um jovem na prisão há dez anos, ainda aguardando julgamento. Talvez tenha sido preso quando tinha 15. Se ele não sabia roubar antes de ir para a prisão, a essa altura dá para imaginar que já aprendeu. Eu me preocupo com eles, e peço ao juiz para que os dê para mim."

O conselho de Amina sobre significado é tirado de sua própria experiência. "Você sabe que é apaixonada por algo em particular? O desafio precisa existir, assim como os obstáculos. É preciso ter determinação. 'Veja, este desafio está diante de mim e preciso superá-lo.' Enquanto não superá-lo, ele vai parecer uma montanha. Diga a si mesma: 'Eu posso fazer isso.' Só então você vai perceber que está fazendo."

Eis o teste decisivo. Você é tão apaixonada pelo que faz para ter coragem de enfrentar aquela montanha?

Feche os olhos e ouça sua voz interior, a voz do seu potencial. O que ela está dizendo a respeito de seu trabalho? Você se sente, como Amina, em contato com seu eu essencial — a pessoa que era quando criança, antes que o crescimento levasse você a se conformar com as coisas que supostamente deveria desejar?

Seu trabalho a deixa feliz, a despeito das recompensas ou do prestígio?

Escute e reflita. Mesmo que aquela voz ainda não esteja suficientemente alta para ser ouvida, ou mesmo que você não sinta muita coisa, ela vai ficar mais alta, assim como seus sentimentos, caso você continue a refletir enquanto seguimos em frente.

Cada uma à sua maneira, as líderes que nos ensinam tanto atribuem seu sucesso à descoberta do significado em seu trabalho. Não precisa ser um significado de grandes proporções. As coisas que acontecem todo dia — atividades significativas e interações — são tão boas quanto.

Nunca é tarde demais. Agora é o tempo de começar a questionar e a explorar. Você vai saber que suas paixões estão envolvidas porque vai sentir o coração batendo mais forte. Também vai saber quando encontrar atividades que a ocupam e que ampliam suas forças porque vai procurar por elas com antecedência. E vai saber quando tiver descoberto seu propósito porque vai se sentir bem.

Em outras palavras, você pode realmente ter o seu bolo e, também, comê-lo.

Capítulo 2
Sua própria equação da felicidade

Adoro quando as coisas estão confusas, quando não há apenas um, mas muitos problemas. Mesmo quando sei que não vai ser fácil nem rápido. Adoro ver com clareza as peças do quebra-cabeça que precisam se mover para resolver o negócio. Adoro aquele desafio intelectual inicial, e então realizá-lo com pessoas que não se achavam capazes de fazê-lo. É simplesmente incrível ajudá-las a enxergar que podemos fazer qualquer coisa ao mudarmos nossas intenções mentais para: "Não existe quase nada que não possamos fazer."

Claire Babrowski, COO da Toys 'R' Us

Significado começa com felicidade. Portanto, o que a deixa feliz? Quando você era pequena, era simples. Já se levantava da cama estimulada com o dia que estava começando? Mesmo que não, havia a possibilidade de encontrar algo que você adorasse e simplesmente fazer aquilo.

Assim é a vida, certo? Mesmo durante a fase de crescimento você já se afasta de seu eu criança, à medida que se esforça para satisfazer seus pais, depois os professores, talvez os amigos também. Ao longo do tempo, é possível que tenha racionalizado escolhas como a decisão de ir para a faculdade ou de começar a trabalhar, porque alguém lhe disse que era a coisa certa a fazer. Conforme foi amadurecendo, talvez tenha se preocupado em agradar sua família e esquecido o que de fato deixa você feliz, pois estava concentrada em agradar os outros.

Mas o que deixa *você* feliz? A maioria das mulheres se esforça para responder a essa simples questão. Nós sequer paramos para pensar sobre isso — nossas vidas são muito agitadas e complexas e nos movimentamos rápido demais para parar e refletir. Quando o fazemos, é possível que digamos o que os outros imaginam de nós, já que não sabemos o que desejamos.

Mas se sabe o que a deixa feliz, você já abriu a porta de seu potencial. Vale a pena descobrir.

Um de nossos exemplos favoritos na busca da felicidade vem de uma ex-colega que fez todas as coisas certas para deixar os pais orgulhosos. Somente quando essa jovem estava profissionalmente encaminhada na área de negócios é que ela percebeu que aquele caminho poderia levá-la ao sucesso, mas não ao que realmente queria.

Georgia Lee cria sua planilha da felicidade

Sentada no avião de volta a Nova York depois de uma viagem de trabalho a Paris, Georgia Lee se lembra de ter pensado: "Uau, aos 23 anos já sou um sucesso. Isso é maravilhoso. Esta é a minha vida!" Mas o entusiasmo logo se esvaeceu. "Havia aquele sentimento incômodo dentro de mim que dizia: 'Isso é maravilhoso, se for o que você deseja. Mas é isso que você quer? O que você quer da vida? E foi quando eu comecei a explorar."

Esse processo de exploração a levou do mundo das finanças à indústria cinematográfica. Ela chegou a dirigir um filme que ganhou prêmios nos festivais de Tribeca e Sundance. Parece uma mudança drástica, mas na verdade foi o resultado de uma série de pequenas decisões e passos. Somente depois de fazer uma análise realista do que a deixaria feliz é que Georgia deu o salto.

Filha de pais chineses naturalizados norte-americanos, Georgia sentia-se dividida desde o início: "O maior sonho dos meus pais era que eu me tornasse médica. Então, estudei matemática e ciência com muita aplicação", conta. "Eles também me incentivaram nas artes, nunca com o objetivo de que eu fizesse disso uma profissão, mas para que conseguisse o currículo ideal para ser aceita numa boa universidade."

No meio do curso em Harvard, Georgia descobriu a arte cinematográfica. Devorou toda a informação disponível e conheceu todos os grandes diretores. Uma pequena chama nasceu. Como era uma filha responsável, colocou de lado seu interesse por cinema e satisfez os pais com um diploma em bioquímica, e em seguida os surpreendeu indo trabalhar com a McKinsey, rejeitando uma carreira na área científica ou de pesquisa médica.

A vida de consultora foi ótima para Georgia. Ela estava entusiasmada pelo desafio intelectual e pela oportunidade de influenciar decisões de negócios. "Lembro o meu primeiro estudo. Tinha que apresentar duas páginas para o cliente. Como estava muitíssimo nervosa, ensaiei na noite anterior, mas depois percebi que tinha conseguido: 'Ele é um CEO, e eu tenho apenas 21 anos. Mas ele ouviu o que eu tinha a dizer e ficou pensando naquilo.'"

Georgia tinha mentores, um interessante círculo de amigos, dinheiro para comprar coisas bacanas na Barneys e um caminho claro à sua frente rumo a um MBA em Harvard e ao sucesso nos negócios. Mas o cinema continuou ocupando espaço em sua cabeça.

Um ano depois, ela deu o primeiro passo. Pediu uma licença curta para fazer um curso de verão de cinema na Universidade de Nova York. Naquelas cinco semanas, sua vida mudou.

"Ainda não sei como, mas calhou de Martin Scorsese ver meu primeiro curta da escola", conta. "Tive muita sorte." De fato. Scorsese a convidou para ficar como observadora do filme *Gangues de Nova York* no set em Roma, exatamente quando estava começando o segundo ano como consultora.

Georgia então pediu outra licença. "Foi na verdade uma decisão muito difícil", conta. "A maior parte das pessoas achava que era fácil, mas não para mim, porque a oportunidade custou o desenvolvimento de minha carreira. Lembro meus pais dizendo 'Martin quem?' logo no momento em que começavam a ficar confortáveis com minha carreira de consultora."

Depois de Roma, ela se inscreveu para a Harvard Business School, um passo natural. Aceita, abandonou após um semestre. Na época, Georgia, que até mesmo hoje se descreve como tendo "alta aversão a riscos", entendeu que o verdadeiro risco seria continuar no caminho que não a levaria à realização profissional.

Analista financeira que era, Georgia criou uma fórmula precisa para medir sua escolha — uma equação própria da felicidade — antes de desistir de Harvard. "Fiz uma análise rigorosa de minha felicidade e de minha capacidade", relembra. "Criei uma planilha no Excel e fiz uma análise digna da McKinsey." As principais variáveis representavam as coisas que eram mais importantes para sua felicidade: passar tempo com os amigos e com a família, manter uma vida saudável, conquistar a felicidade profissional e a estimulação intelectual, e assim por diante. "Montei dois cenários, sendo que o mais favorável pressupunha não fazer coisa alguma e buscar uma carreira em finanças, tornando-me CEO de uma empresa e ocupando o ranking da Fortune 50. Já o menos favorável previa que eu seguiria uma rota diferente e que faria filmes pequenos e independentes como diretora iniciante, e que nunca emplacaria um filme de sucesso."

A indústria cinematográfica venceu. "Descobri uma coisa bem chocante: no fim das contas, meu pior cenário no cinema ainda me faria mais feliz do que meu melhor cenário no mundo das finanças. Prefiro ser uma cineasta aguerrida a ser uma CEO bem-sucedida. Foi aí que percebi que a Harvard Business School era ótima, mas que não era para mim. No fundo, eu sabia que queria me tornar uma cineasta. Demorei todos esses anos para acumular as informações que me permitiram fazer a planilha da felicidade, para entender que, mesmo se eu a tivesse analisado, ainda obteria a mesma resposta."

Georgia se mudou para Los Angeles e foi morar com amigos enquanto terminava o roteiro de seu filme, *Red Doors* [Portas vermelhas]. A experiência em negócios foi valiosa, pois a ajudou a preparar um detalhado plano para convencer investidores a financiar a produção.

Seu primeiro filme ganhou prêmios, mas um filme premiado era apenas o primeiro passo da jornada. Mais do que seu sucesso, o que impressionou foi a coragem de abrir mão de um caminho conhecido, com regras e etapas claras, para seguir uma carreira sem rotas prontas.

Exploradora intrépida, Georgia olha para o futuro, e não para o passado. "Em última análise, a gente tem só uma vida, a não ser que acredite em reencarnação. Parece mórbido, mas eu acho extremamente libertador saber que todos vamos morrer. Uma vez que você tem essa certeza, percebe que deve fazer apenas o que traz felicidade. Você pode morrer amanhã, ou isso pode levar trinta, quarenta anos. Como vai querer passar esse tempo? É melhor fazer coisas de que você gosta e com as pessoas que você ama. É nisso que acredito."

De onde vem a felicidade

O que você colocaria em sua própria "planilha da felicidade"? Primeiro, acompanhe-nos numa rápida viagem às fontes da felicidade com Jonathan Haidt, professor da Universidade da Virgínia e autor de *Uma vida que vale a pena*. Sua equação é F = S + C + V. Ou seja, felicidade é igual a:

- seu **S**et point genético (o dispositivo com o qual você nasce) mais
- suas **C**ondições de vida (gênero, idade, onde vive, profissão, relacionamentos) mais
- atividades **V**oluntárias às quais você escolhe se engajar (que reforçam seus pontos positivos e que trazem satisfação).

Seu *set point* é geralmente uma característica herdada, mas você pode chegar ao topo de sua faixa. Se deseja mudar substancialmente seu *set point*, terá que procurar saber mais a respeito. Psicólogos sugerem remédios, meditação ou terapia comportamental.

Para muita gente, algumas mudanças nas condições de vida podem fazer uma diferença duradoura. Num estudo, pesquisadores identificaram dois grupos que tiveram uma súbita mudança em circunstância: ganhadores de loteria e pessoas que ficaram paraplégicas. Em poucos meses, ambos os grupos voltaram ao nível de felicidade que sentiam antes dos eventos que mudaram suas vidas. Dito isso, você certamente pode e deve fazer coisas para tirar o máximo de suas condições, como, por exemplo, achar uma maneira de gastar menos tempo se deslocando entre sua casa e seu trabalho. Acima de tudo, relacionamentos pessoais duradouros e positivos podem ter um tremendo impacto em sua felicidade a longo prazo.

A variável com maior vantagem em nossa equação da felicidade é a V: as atividades voluntárias. Você tem o poder de aumentar significativamente sua felicidade de maneira duradoura por meio do controle ativo do que faz.

Como você pode localizar a interseção entre o que a faz feliz e as possibilidades realistas de carreira? Isso vai exigir alguma exploração e pesquisa, mas você descobrirá. Comece procurando maneiras de se reconectar com o que já conhecia. "Quando converso com pessoas jovens, sempre começo pedindo que me contem sobre a infância", diz Gerry Laybourne, pioneira da TV a cabo norte-americana. "As pessoas são muito honestas. Se você as fizer pensar sobre como eram, o que as deixavam apaixonadas e atraídas, você em geral pode fazê-las descobrir o que desejam quando se tornarem adultas."

Outra maneira de começar é identificando as atividades mais recentes que lhe deram um grande senso de realização. Lembre-se dos últimos anos e liste as experiências mais incríveis no trabalho. O que você fez? Com quem estava? Foi algo relacionado ao objetivo envolvido que a estimulou? Em geral é mais fácil (e mais divertido) compartilhar essas memórias com uma colega que pode ajudar você a entender o que a fez feliz.

Lembre-se de que estamos falando sobre uma duradoura forma de felicidade, que é diferente do prazer. Não somos contra as coisas prazerosas, mas somos contra o "rolo compressor do hedonismo", um ciclo fútil que busca prazer e emoções fugazes, uma armadilha em que muitos caem. Essa busca possui óbvias implicações — vícios e outros excessos. Da mesma forma, no ambiente de trabalho você pode lutar o ano inteiro por promoções e bônus, e descobrir que o prazer se dissipa em poucos dias, às vezes horas, deixando um baixo-astral (mais baixo do que antes de você conquistar seu objetivo).

Quando Georgia procurou sinais de felicidade em sua própria infância, lembrou o quanto gostava de patinar no gelo. Lembrou ainda que seu pai estava sempre fazendo filmes caseiros que retratavam a ela e à irmã deslizando no gelo. Não foi difícil fazer a conexão. De fato, se você tiver a oportunidade de assistir ao filme *Red Doors*, vai perceber que ela incluiu trechos dessas filmagens caseiras — uma homenagem às origens do significado.

Muitas líderes que conhecemos mencionaram a atividade esportiva, sendo que algumas inclusive competiram como nadadoras quando crianças. O que essas líderes valorizam é o amor por competir e por ganhar, além de, mais ainda, o amor por fazer parte da equipe. Não foi surpreendente encontrá-las liderando, estabelecendo objetivos competitivos e buscando a euforia da vitória.

Algumas que cresceram em países em desenvolvimento destacaram a excitação que sentiam por jogar os jogos dominados pelos meninos. Olhando para trás, elas perceberam que o que de fato gostavam era da liberdade que sentiam por serem tão corajosas e independentes. Portanto, nenhuma surpresa que muitas tenham se tornado empreendedoras pioneiras.

Outras se lembram de acompanhar os pais ao trabalho e de amar a responsabilidade precoce. Claire Babrowski, atual COO da Toys 'R' Us, lembra-se de ajudar o pai a limpar seu consultório médico. Ela adorava organizar as pequenas garrafas nas prateleiras. Décadas depois, ela se admira ao reconhecer esse sinal precoce de engenhosidade como precursor de sua paixão por operações logísticas.

Escrevendo sua própria equação da felicidade

Planilhas são o caminho mais rápido para você entender sua equação da felicidade. Fazer listas do que gosta é outra solução. Uma terceira abordagem é escrever diariamente, como prescreve Julia Cameron em seu livro *The Artist's Way*. Ela se dispôs a ajudar os artistas a desbloquear a criatividade e percebeu que as mesmas técnicas podem ajudar qualquer um a revelar seus talentos essenciais. O exercício envolve arranjar toda manhã um tempo para escrever numa agenda, não importa o que seja. E se isso parece impossível em meio ao seu já atribulado dia, comece arranjando tempo no final de semana.

Você ainda não está pronta para esse tipo de comprometimento? Então rabisque as lembranças das paixões infantis nas margens deste livro. Determine um dia para fazer o que você gosta. Achar tempo para si mesma a ajudará a entrar em contato com sua voz interior e com seus sentimentos.

Lembre-se de que refletir é algo demorado. Sua primeira resposta nem sempre é aquela que revela o verdadeiro insight.

Permita-se investir mais tempo nisso. É bom para você e provavelmente será uma mudança notável para quem sempre tomou conta dos outros. Você se surpreenderá com a quantidade de energia que terá a *mais* — mais do que suficiente para compensar o investimento feito.

Vendo as coisas que promovem sua felicidade com clareza, você encontra novos caminhos e também novos objetivos, junto com a coragem de confessar seus medos, conforme Georgia fez. Sinta-se inspirada a superar barreiras. Seu esforço não parecerá tão grande e a espera não parecerá tão longa. Você vai se recuperar mais rápido dos fracassos e, mais ainda, vai se sentir mais feliz a cada dia.

Portanto, continue garimpando. Você tem a chave para se conectar à sua própria felicidade — elas estão no fundo desses detalhes. E este é o tipo de informação que só você pode fornecer.

Capítulo 3
Inicie com seus pontos fortes

Meu senso de humor é decididamente um ponto positivo. Quando tudo mais falha, eu dou risada. Além do meu otimismo. Acordo todo dia pensando que hoje vai ser um dia melhor do que ontem e que algo maravilhoso vai acontecer. Meu outro ponto positivo é a habilidade de reconhecer quando preciso retroceder e refletir sobre onde pretendo chegar. E tem ainda a minha fabulosa equipe. Adoro trabalhar em equipe!

Caryil Stern, presidente e CEO do Fundo Unicef dos Estados Unidos

Mesmo que seu nível de felicidade seja bastante alto e que você more num palácio, engajar-se em atividades que proporcionam significado dará à sua vida um incrível impulso. E se você não está começando com vantagens de berço, as atividades escolhidas são ainda mais importantes. Portanto, escolha coisas que despertem suas paixões. É fácil falar, mas difícil fazer, principalmente se você está ocupado vivendo a sua vida em vez de pensar nessas coisas.

O melhor caminho para as atividades corretas é focar os pontos positivos. A maior parte das pessoas passa a vida reforçando suas fraquezas. Pais e professores bem-intencionados os destacam; avaliações de desempenho fazem o mesmo.

Há dias em que parece que o mundo inteiro está prestando atenção em suas fraquezas. Coloque de lado seu valioso plano para preencher necessidades fundamentais de desenvolvimento no momento. Antes de se preocupar com isso, conheça seus pontos positivos, e eles a levarão a atividades que vão oferecer a você a chance de aprofundar o significado e a realização.

A presidente e CEO da *Time*, Ann Moore, adora investir no lado positivo das coisas e encontrar o par perfeito para elas. Foi o que ela fez e foi o motivo pelo qual encontrou coragem para investir em reformatar e lançar revistas que são joias da empresa.

Tirando vantagem de seus talentos essenciais

Ann cresceu em bases da Força Aérea, frequentando seis escolas entre Biloxi, uma cidade do Mississippi, e Japão, antes do sétimo ano. Abertura à mudança tornou-se um ponto positivo básico por pura necessidade. E como é a mais velha de 32 netos, outro ponto positivo seu era a liderança: "Acho que tive responsabilidades desde bem cedo", conta. "Eu provavelmente fui influenciada por minha mãe, pois ela cuidava da casa, comandava nossa família, a escola, a igreja e até o comitê político local. Ela era a malabarista mais organizada e competente que já conheci, muito habilidosa em obrigar as crianças a fazerem o que ela precisava que fizessem."

A mãe de Ann contava com o fato de ela se tornar enfermeira, como toda mulher de sua família. O que Ann queria era diferente. "Com três meninas antes de dois meninos, acho que meu pai, que era muito aficionado por esportes, resignou-se com o fato de que talvez só tivesse filhas mulheres. Por isso, ele comprou para mim uma bola de basquete de Natal quando eu estava no sexto ano. Eu queria ser uma cestinha quando crescesse." Embora Ann não tenha virado atleta profissional de basquete, o esporte teve um papel muito importante em sua vida. "Realmente acho que aquela cesta de basquete foi responsável por minha carreira como um todo", diz Ann. "Quando saí da Harvard Business School, fui parar no Time Group porque eu queria trabalhar na revista *Sports Illustrated*."

Ann cultivou suas capacidades essenciais e aconselha todos a fazerem o mesmo. "Se você deseja ter uma carreira que tenha significado para você, comece procurando por todas as pistas. Número um: quem é você?", ela conta. "Sabe o que acho estranho? Quantas pessoas que dizem não gostar de números, mas que se obrigam a seguir uma carreira na área de finanças. Você vai mais longe se capitalizar seus pontos positivos. Todo mundo tem os seus."

Ann seguiu seu próprio conselho, e se manteve fiel ao que acreditava, apesar dos riscos profissionais. "Recusei uma promoção certa vez, e a chefia ficou irritada", conta. "Mas foi a decisão certa. Teria sido um erro deixar o que estava fazendo e me transferir para uma área que não era de meu interesse. Não era para mim. As chances estavam muito altas contra mim, e eu paguei o preço, mas é isso que você precisa fazer. Aqueles chefes não estão mais aqui, e eu estou."

Observando seus amigos, Ann diz que os mais felizes são aqueles que fizeram o melhor trabalho de autoestima. "Eles se conhecem", ela explica. "Eles sabem qual é seu sistema de valores, e eles tomam as decisões de acordo com isso."

Talvez autoestima seja a razão por que Ann defendeu o lançamento de novas revistas no portfólio das duradouras publicações do Time Group, como *Time*, *Fortune* e *People*. Lançar uma nova revista é um negócio arriscado, e, além de coragem, isso exige criatividade para identificar as necessidades ainda não preenchidas do leitor, bem como a vontade do mercado publicitário de apoiar outra publicação.

Isso é a cara de Ann. "Quando cheguei aqui, tínhamos apenas cinco revistas, todas voltadas para homens, exceto a

People", comenta. "Em 1984, nasceu meu primeiro filho e fiz meu primeiro lançamento, a *Sports Illustrated for Kids*, porque estava morta de medo de meu filho não a conhecer."

A capacidade de fazer apostas é um claro ponto positivo de Ann, que inclusive a ajudou a liderar equipes em busca de inovação. Por exemplo, nem todo mundo estava convencido com a proposta da revista *In Style* desde o começo. Ann lembra: "Todo mundo ria. Três anos depois, ninguém mais está rindo." Isso porque a equipe de Ann reinventou a categoria de moda e beleza, roubando a primeira posição. Foi mais ou menos a mesma coisa com a revista *Real Simple*, diz ela. "Todo mundo debochou do primeiro número, e, sim, foi mesmo um horror. Mas eu disse: 'Eu acredito tanto neste conceito que eu vou sair da empresa, comprar a revista de vocês e relançá-la.' Eu sabia que estava certa. As mulheres estavam completamente estressadas e precisavam de uma revista que trouxesse ordem às suas vidas. A mulher comum norte-americana gasta 55 minutos por dia apenas procurando por coisas. Tempo é o produto mais precioso que eu podia oferecer." Em dois anos, *Real Simple* estava a caminho de se tornar um sucesso.

A ascensão de Ann foi construída sobre uma série de pontos positivos, inclusive sua habilidade de enfrentar os fatos e de tomar decisões difíceis. "Houve aquele episódio infeliz chamado *Makeover Magazine*", conta. "A ideia parecia boa, mas quando começamos a executá-la percebemos que não era bem assim. Todas as mulheres em nosso grupo de discussão disseram: 'Não, muito obrigada. Você pode mudar o cabelo e a maquiagem, mas não a minha vida.' Então, eu fechei a revista depois do primeiro número."

Leva tempo descobrir suas qualidades, e ainda mais tempo transformá-las em habilidades. "Sou boa no que faço", afirma Ann. Mas ela enfatiza que isso não aconteceu da noite para o dia. "Isso é uma maratona, não uma corridinha na praia. Não tenha pressa de chegar na frente porque você não estará preparada." Com 25 anos de jornada, Ann ganhou um grande escritório. Sua outra qualidade? Escolher pessoas para as tarefas que mais se adaptam a elas, e que exigem suas melhores qualidades.

Agora é a sua vez

Reflita sobre o que você de fato faz bem. Que tipo de trabalho considera fácil? Em qual situação de trabalho o tempo realmente parece voar — e quando ele se arrasta? "Seja honesta consigo mesma sobre o que faz bem a você e sobre o que você gosta de fazer", aconselha Abby Joseph Cohen, estrategista de investimentos e diretora de gestão da Goldman Sachs. "Eu sei que isso se chama trabalho e que não se pode amar cada minuto do seu dia, mas no final da semana, do mês ou do ano, é preciso ter um senso de realização. Precisa haver uma sensação de satisfação."

Quais qualidades diferenciam você das outras pessoas? Elas veem essas habilidades como parte do que você é? Você fica estimulada e energizada quando as usa? Se as respostas forem afirmativas, você descobriu suas qualidades essenciais.

Muitas mulheres que conhecemos e que são naturalmente sinceras pareceram se fechar quando perguntadas a respeito de suas qualidades. A modéstia é uma qualidade, mas ficamos com a sensação de que havia algo por trás dessa atitude. Usar uma lista pré-preparada facilitou a identificação das mulheres. É por isso que optamos pelo modelo de qualidades desenvolvido pelos psicólogos positivos Martin Seligman e Chris Peterson. Eles relacionaram 24 qualidades com aplicação universal, e se basearam numa análise abrangente de sociedades em termos geográficos, religiosos e de faixas etárias. Sua lista pode ativar sua própria reflexão sobre pontos positivos que podem ser peças significativas para você:

- **Sabedoria:** curiosidade, amor por aprender, julgamento, engenhosidade, inteligência emocional e perspectiva.
- **Coragem:** valor, perseverança e integridade.
- **Humanidade:** gentileza e amor.
- **Justiça:** cidadania, justiça e liderança.
- **Temperança:** autocontrole, prudência e humildade.
- **Transcendência:** apreciação da beleza e da excelência, gratidão, esperança, espiritualidade, perdão, humor e animação.

Se você classificar as 24 qualidades de acordo com a maneira que elas ecoam em você, vai encontrar aquelas que a caracterizam. Todo mundo tem cinco qualidades principais quando se trata de méritos pessoais. Quais são as suas?

Uma maneira de descobrir é fazer essa pergunta às pessoas mais próximas. Filhos, maridos ou amigos podem ter uma visão mais clara de você do que você mesma. O que um executivo sênior diria? O que um cliente diria? O que sua mãe diria?

Agora veja como essas qualidades são usadas em seu trabalho. Reflita sobre algumas experiências nas quais você foi claramente bem-sucedida. Garimpe mais fundo para entender a razão. São grandes as chances de você encontrar algumas qualidades essenciais no fundo.

Obviamente, alguns trabalhos de fato não são adequados. Se o seu emprego atual não lhe oferece oportunidades suficientes para reforçar suas qualidades características, pense a respeito de qual papel pode ser mais significativo. Não está segura? Converse com colegas que parecem motivados com seus empregos; o que eles gostam no que fazem? Se, depois de diversas entrevistas, você não reconhecer seus próprios sentimentos nas descrições feitas por essas pessoas, você pode decidir ampliar sua exploração.

Mas não espere por uma mudança de emprego para começar a usar suas qualidades essenciais. Por exemplo, se uma de suas cinco principais qualidades for a gentileza, realize um ato de gentileza diariamente. Se for a curiosidade, explorar novos problemas no trabalho deve energizar você. Se este caminho não for possível, use seu tempo após o trabalho para continuar a aprender e a evoluir. Tente direcionar o que você faz diariamente para suas qualidades. Você ficará surpresa com os resultados positivos — uma energia, um sentimento de leveza, uma satisfação com o trabalho e com você mesmo.

Por fim, lembre-se de que isso não é um exercício para ser feito uma vez na vida. Suas cinco principais qualidades mudam ao longo do tempo, o que significa que você está crescendo. E com suas novas qualidades, você acabou de ampliar sua capacidade de liderar.

Capítulo 4
Senso de propósito

Eu vi meus sonhos e os conquisto. As pessoas me dizem: "Parabéns, você é uma mulher forte." Mas não faço isso porque as pessoas me dizem isso. Faço porque quero ser livre. Às vezes penso: "Posso comprar roupas com 16 dólares ou uma máquina. E quando chego à loja e descubro muitos tipos de máquinas, quero comprar todas. Minha empresa é a minha vida.

Maria Esther Landa Chiroque, fundadora das indústrias Santa Maria

O simples uso de suas qualidades em atividades que você escolheu por interesse vai proporcionar uma satisfação profunda. Isso é comprometimento, e é uma coisa boa por si só. Você pode alcançar este nível de felicidade no trabalho ou fora dele. Se você é uma tenista, conhece a sensação. Se não é apenas uma marqueteira mas uma ótima marqueteira, também.

Agora adicione propósito ao que está fazendo, e você tem significado. As lideranças femininas compartilharam sua clareza de propósitos conosco, oferecendo uma visão sobre suas jornadas pessoais. Propósito é o que a deixa motivada. É a fonte de inspiração e o compasso que orienta seu caminho para fazer a diferença, e, ao mesmo tempo, para um profundo nível de felicidade. E esse é o verdadeiro negócio.

Algumas mulheres conhecem seus propósitos antes de completarem dez anos de idade. Outras só o descobrem depois de anos percorrendo um caminho ou outro. Isso não importa. Gerry Laybourne, fundadora e ex-CEO da Oxygen Networks, é uma daquelas que tropeçou em seu propósito quase por acaso. Tudo começou quando ela conheceu o homem com quem se casaria. No fim, Gerry trocou de área, especializou-se em educação infantil e direcionou o conhecimento para uma missão apaixonante. No final, ela era o motor que impulsionava a Nickelodeon e, depois, a Oxygen.

O propósito de Gerry na vida

Gerry cresceu numa cidade pequena, filha de um comerciante e de uma atriz de rádio que manteve seu espírito criativo. Ela foi imprensada por duas irmãs muito dinâmicas. "Minha irmã mais velha era linda e perfeita, e a mais nova era brilhante e carismática", lembra. Isso deixou Gerry com poucas opções para se destacar, até que seu pai descobriu uma: "Meu pai olhou para mim e disse: 'Quer saber de uma coisa? Você é minha filha empresária.' Ele me levava para o escritório todo domingo e me sabatinava sobre os símbolos do estoque. Quando completei 16 anos, já comandava o escritório nas férias. Ele me levava a reuniões porque dizia que eu era melhor do que ele para julgar o caráter das pessoas. Como fui criada na empresa, sentia-me muito segura em relação a negócios."

Dito isso, Gerry escolheu uma faculdade na área de artes — na verdade, arquitetura. Mas ela não demorou a perceber que teria longos anos à frente desenhando sistemas hidráulicos antes de começar a criar qualquer coisa.

Inspirada por seu marido, Gerry terminou a graduação e foi trabalhar numa escola particular. Mas ela via quanta satisfação o marido sentia em seu trabalho como professor de cinema em escolas públicas voltadas para a população menos favorecida. Aquelas crianças, que não podiam ler ou escrever, descobriam sua voz. Essa foi a faísca do propósito de Gerry. Em 1980, quando foi trabalhar na Nickelodeon (como a terceira na hierarquia da empresa), ela virou uma autoridade sobre como as crianças viam a mídia.

Gerry também descobriu sua vocação: "Eu não ligava a mínima para TV. Achava que não era bom para as crianças e que podíamos fazer melhor. Tinha ideias radicais, não era condescendente com as crianças; queria oferecer entretenimento de uma maneira respeitosa." O caminho de Gerry na Nickelodeon foi conturbado à medida que ela foi a pioneira na TV a cabo para crianças: "Acertei algumas coisas, mas em outras errei feio." Um fracasso retumbante mostrou ser uma grande oportunidade de aprendizado. "Fiz uma aposta gigantesca num programa chamado TV Peru", conta. "A primeira coisa que aprendi foi que não se deve batizar um programa com algo que as pessoas podem fazer graça, porque a repercussão na imprensa não vai ser boa. O programa era de clipes reciclados de comédias de todas as partes do mundo, além de programas de jogos noruegueses e italianos e de publicidade. Gastamos um milhão e meio de dólares nisso, metade do orçamento de programação. Quando ele foi transmitido, no final de semana do Memorial Day, todo mundo lá em casa sentou para assistir. Meu filho começou a chorar e disse: 'Mãe, você nunca mais vai trabalhar na TV novamente.' Foi ruim assim. Nós convocamos todo mundo no escritório e fomos para a sala de edição. Isso nos uniu. E, de maneira geral, aprendemos com aquilo e seguimos em frente."

A aspiração de Gerry para a Nickelodeon era imensa — bem além do sucesso pessoal. "Eu achava que podíamos mudar o mundo, mudar o cenário da TV para crianças, eu mal pensava em minha carreira", conta. "Eu tinha pouca capacidade de entender aquele mundo porque estava totalmente mergulhada na tarefa de fazer aquele projeto dar certo." Nem todo mundo compartilhava esse propósito. Gerry se lembra de uma mulher de sua equipe. "Ela me procurou e falou: 'Você quer ser vice-presidente?' A resposta foi: 'Não estou nem um pouco interessada. Quero é fazer algo fantástico para as crianças.' E ela retrucou: 'Bem, se tem tão pouca ambição, vou procurar outro emprego.' Então eu falei que ela não devia fazer aquilo, que eu tinha bastante ambição, mas que não era só direcionada a mim. Era uma ambição para mudar algo de fato. Isso era simplesmente impensável para ela."

O caminho que Gerry escolheu nunca fora trilhado, proporcionando-lhe a liberdade (e o risco) de ser pioneira numa nova área. Ela se achava sortuda pela oportunidade; ninguém das velhas redes tradicionalmente masculinas estava competindo com ela. "Ter um emprego na TV a cabo fazia as pessoas olharem com pena, pensando: 'Nossa, pobrezinha. Você é uma profissional fracassada.' Com isso, muitas mulheres puderam relaxar." E essas mulheres trouxeram uma visão e um propósito ao promissor negócio. "Nós estávamos apaixonadas por algo, apaixonadas pelo público ou pelo gênero, e éramos ótimas exploradoras."

Atualmente, Gerry se preocupa com a nova geração de mulheres que está se formando nas escolas de administração e que se lança sem entender seu propósito. "Apesar da ótima formação, elas ficam um pouco perdidas", explica Gerry. "Acham que há alguma coisa errada com elas se não acordarem todo dia pensando em fazer negócios." Para Gerry, elas estão procurando o motivo de estarem aborrecidas e o que possivelmente fazem de errado. "Elas me chamam e perguntam, 'Será que vou parecer fraca se recusar um trabalho que não quero?' Eu lhes digo, 'Não, vocês não vão aparentar fraqueza. Vocês devem escolher empregos que realmente desejam.'"

A perspectiva de Gerry combina com a pesquisa que fizemos. Encontrar significado importa para homens e para mulheres, mas é maior o número de mulheres que buscam significado em seus trabalhos. "Em geral, os homens se preocupam muito mais sobre quem está no topo. Tem mais a ver com 'alguém tem que perder para que eu ganhe'. As mulheres são capazes de pensar no bem maior. Não acho que seja a única. Lá no fundo, nós todas queremos realmente fazer a diferença." Conhecida como alguém que ama os homens e que gosta de trabalhar com eles, Gerry observa diferenças consideráveis entre o propósito que homens e mulheres estabelecem: "Acho homens estimulantes, desafiadores, e seu incansável foco e sua motivação para vencer são de fato saudáveis para uma empresa."

Para Gerry, as mulheres são treinadas para estabelecer e para perseguir objetivos com imensos desafios pessoais. "O bacana sobre nós mulheres é que a gente esquece o quanto as coisas são difíceis. É por isso que recomeçamos e temos um segundo filho", afirma. "É por isso que pude retroceder e lançar um segundo canal. Em certos dias, não conseguia nem respirar. Em outros, sentia-me exausta. E em outros ainda eu mal conseguia imaginar como ia colocar um pé na frente do outro, mas só me lembro das coisas boas. E você sabe o que foi interessante sobre o meu desenvolvimento? Tudo meio que se encaixou. Tudo tem um propósito."

Propósito e liderança

Como a história de Gerry demonstra, o que a faz feliz, o que engendra suas qualidades e estabelece a conexão com o que dá propósito a você, também a torna uma líder inspiradora. Quando você tem um propósito maior em mente, e compartilha isso com a equipe, liderar fica mais fácil. Você não é afrontada pelas pequenas coisas — quem está à sua frente, qual departamento supera o seu, ou um milhão de outras distrações. "Pare de se preocupar consigo mesma e comece a pensar em como criar um ambiente em que você goste de trabalhar", aconselha Gerry. Isso foi uma revelação para ela. "Fui de aceitar a orientação de 'todo mundo está sendo demitido aqui e eu também vou ser' até 'eu sou a chefe aqui e vou assumir a responsabilidade de fazer deste um local de trabalho melhor'. Quando se tem um propósito na vida, você faz a diferença para as pessoas ao seu redor."

Com propósito, estabelecer objetivos se torna mais fácil. Você encontra coragem para enfrentar novos desafios. Muitas líderes, como Gerry, descobrem que definir objetivos impossíveis de alcançar em poucos passos serviu de inspiração para chegarem a alturas maiores. Na realidade, optar por uma visão mais limitada — ficando em sua zona de conforto — em geral leva a objetivos menores e a realizações igualmente menores. Fazer o que você achou ser impossível é incrivelmente estimulante. O exemplo clássico é a prova de correr 2.200 metros em quatro minutos, uma barreira que os fisiologistas argumentam ser impossível de quebrar. Mas apenas dois anos e meio depois que Roger Bannister quebrou o recorde em 1954, outros oito corredores alcançaram sua marca. A evolução humana não se acelerou, mas a crença no que é possível passou por um grande avanço.

Portanto, ouse sonhar um objetivo ousado e cheio de propósito. E, conforme você segue nessa direção, se achar que está cumprindo seu propósito de alguma forma, vai perceber uma grande sensação de realização. "Gosto de pensar que, se eu morrer amanhã, será que vou achar que me saí bem?", diz Suzanne Nora Johnson, executiva aposentada da Goldman Sachs. "Será que deixei minha marca no mundo, será que o deixei melhor?" Quando recém-formada, Suzanne buscou "um trabalho em que eu podia fazer uma diferença significativa ou mudar algo no mundo". Seu sonho era trabalhar no

Banco Mundial, mas sua candidatura não foi aceita. Com o tempo, ela trabalhou no Goldman Sachs, onde ajudou a reestruturar a dívida da América Latina. Portanto, ela realizou seu sonho ou o mudou? Ao se aposentar, Suzanne nos disse que se sentia profundamente satisfeita, tendo provocado inspiração de várias maneiras no mundo, ajudando a desenvolver economias para criar milhares de empregos. Ao mesmo tempo, ela se tornou uma das primeiras líderes femininas de uma das empresas mais poderosas de Wall Street.

Mas e se você não tiver descoberto seu sonho, ou simplesmente não for o tipo de pessoa que sonha? Existem outras maneiras mais práticas de descobrir o que tem significado para você. A psicóloga Tal Ben-Shahar sugere fazer três listas. Comece com as atividades de que gosta e que lhe fazem bem. Depois, pense sobre o que é importante para você. Gerry gostava de projetos artísticos, de educação infantil e de trabalho em equipe. Suas numerosas qualidades incluíam curiosidade, liderança, engenhosidade e perseverança, entre outras. E para ela era importante fazer a diferença.

Conforme você reflete, procure por padrões entre as três listas. O que se destaca como ponto em comum? A linha de Gerry era o entretenimento educacional infantil, e isso a levou a aprofundar o significado ao longo do tempo. Qual seria a sua?

Próximo passo: contraste esses padrões com o que você está fazendo hoje. Veja se encontra maneiras de adaptar o trabalho de modo que ele se encaixe em seus propósitos. Ou tente conversar com outras pessoas — colegas de trabalho — sobre seus sensos de propósito. Você pode descobrir que compartilha algo que os motiva, o que validaria uma junção de forças. Mas qualquer que seja o propósito estabelecido, lembre-se de que não se trata apenas de um objetivo, mas de uma jornada até ele. A caminhada em busca de seu objetivo proporcionará felicidade e significado — mais do que alcançá-lo de fato. A euforia que sentirá ao cruzar a linha de chegada se dissipará tão rápido quanto as memórias de sua última viagem durarão por toda a vida.

Ter um propósito nutre sua felicidade ao longo de todo o caminho. Por exemplo, quando você conhece sua direção, não é necessário manter os olhos grudados no mapa; você pode parar e desfrutar o cenário e respirar o ar puro da montanha. Ter um objetivo com uma intenção que a deixe motivada e a estimule ao crescimento pessoal e profissional pode tornar a rotina diária menos exaustiva. Se sabe o que deseja alcançar na próxima década, você não precisa sofrer com cada pequena decisão cotidiana. Pode aceitar perder em determinados instantes. Não precisa sempre estar "certa". Você pode delegar. É possível ser uma líder melhor.

Tenha em mente que você está procurando um objetivo robusto, substancial o suficiente para sustentá-la por um tempo. Evite a tentação de fixar-se numa posição específica ou num prazo para seu crescimento. Isso é um fator de distração e de derrota. Conhecemos muitas pessoas que são responsáveis por seu próprio desapontamento. Não preciso nem dizer que elas também não gostaram da jornada.

Pesquisas mostram que objetivos que transcendem o eu — que servem outras pessoas, uma causa ou uma comunidade — possuem um impacto maior sobre seu senso de realização. Ao mesmo tempo, para serem significativos, os objetivos precisam ser bastante pessoais. Eles devem inspirar você a assumir desafios e crescimentos maiores.

Então, por que tantas pessoas hesitam em procurar significado no trabalho? Com frequência porque isso ameaça sua situação ou sua noção de prestígio. Você sabe como isso funciona. Você racionaliza, dizendo a si mesma que não pode assumir o risco. Uma vez que começa a fazer perguntas, descobre que o que tem significado para você nada tem a ver com suas crenças antigas sobre o que constitui o sucesso. No fundo, percebe que aquelas crenças são baseadas em expectativas e em valores definidos pelos outros. E você sabe que o propósito alternativo que anseia o leva a um caminho mais árduo e cheio de obstáculos, certamente mais arriscado. Será que você pode de fato recusar o que possui?

Será que pode se dar ao luxo de não recusar? Não seria o risco de ficar preso numa carreira sem significado — com pouca fonte de felicidade — maior do que o risco de encontrar felicidade fazendo algo que não impressiona os outros?

Se sua resposta é afirmativa, vá em frente. Descubra maneiras de testar a água antes de dar o salto, como fez Georgia. Você se beneficiará de duas formas. Primeiro, garantindo que seu propósito seja realmente adequado a você e que seja uma boa escolha. Experimente-o para ver o tamanho. E segundo, dando pequenos passos, o que ajuda a gerenciar o risco. Só como garantia.

Não se preocupe quanto a começar pequeno em sua busca por propósito. Seu objetivo agora pode ser fundamental, tal como adquirir novas habilidades. Você pode descobrir que a busca lhe fornece uma plataforma para crescer que abre novas portas, e essas portas, que você ainda nem conhece, reservam uma paixão maior do que você.

Com o passar do tempo, seu propósito se tornará claro se você continuar a busca. Apenas lembre-se de Gerry Laybourne, que começou em arquitetura, mudou para educação e no fim descobriu sua vocação em programas infantis (e também lançou uma empresa feminina de comunicação). Se isso soar mágico é porque de fato o é.

Capítulo 5

Caçadora de sonhos

Na época de nossa entrevista, Alondra de la Parra tinha apenas 27 anos, mas nós achamos que sua história captava a Liderança Equilibrada: ela mostrava que quando você é estimulada pela paixão, quando é capaz de levar outras pessoas a compartilharem um objetivo imbuído de significado, quando assume o controle e permanece focada na oportunidade, você pode viver o seu sonho. Para Alondra, isso significa deixar o México para estudar regência. Quatro anos depois, aos 23, ela fundou a Orquestra Filarmônica das Américas, em Nova York.

Sonhar — e fazer

Sempre adorei música, inclusive estudei piano e depois violoncelo. Meus pais também adoravam música, e eu ia a concertos com eles. Quando tinha 13 anos, meu pai falou: "Por que você nunca presta atenção no maestro?" Respondi: "Ele não estava fazendo nada." Ao que meu pai replicou: "Engano seu. Ele precisa saber a música melhor do que qualquer outra pessoa, além de ter de saber a parte de cada músico, e então ele faz com que toquem juntos."

Ser a líder da orquestra tornou-se meu maior desejo, uma espécie de pedido silencioso interior. Eu pensava: "Se eu tiver de escolher uma coisa para fazer, se puder ser qualquer coisa, gostaria de ser isso." Mas não significava que eu sabia que ia me tornar regente. Não tinha a menor ideia de como fazer isso, mas meu pai é um homem muito sensível, um sonhador. Desde que nasci, tudo girava em torno de sonhos, fantasias e imaginação. Ele é o tipo de pessoa que nunca diz "Isso é impossível". Ele me incentivava.

Então, pensei: "Bem, regentes precisam saber muita teoria", e comecei a estudar. Depois, percebi que precisava estudar muita história da música, e assim o fiz. Quando estava com 19 anos, fui para Nova York aprender. "Além do lado musical, o que uma regente precisa saber? Eu precisava entender como funcionava uma orquestra", especulei. Soube que precisavam de um estagiário e lá fui eu, mas isso significava apenas que eu organizava as cadeiras no palco, ligava as luzes e tirava cópias. Trabalhei nove meses sem receber nada.

Fiz um desafio a mim mesma: toda vez que fosse a um ensaio fazer todo esse trabalho, iria fingir que era a regente, mesmo que não tivesse a chance. Aprenderia a música como se estivesse indo ensaiar, e sentaria em silêncio após organizar tudo. Assisti a muitos maestros ensaiarem. Eu pensava: "Não sei se sou capaz de ser uma regente, mas vou chegar a um ponto em que não haverá nada a respeito de uma orquestra que eu não conheça."

Olhando para trás, isso foi fundamental. Comecei preenchendo todas as lacunas em vez de ir direto ao gol. Mais tarde, entendi que, se você sabe como as coisas funcionam, pode liderar as pessoas em direção a um objetivo.

Talvez você perceba que sou obcecada por aprendizado. Todos os dias preciso aprender algo. Nunca quero sentir que cheguei a algum lugar. Estou sempre crescendo, sempre em progresso. Abro os olhos e tento aprender qualquer coisa. Também sou disciplinada — não por natureza. Tornei-me disciplinada, e muito organizada. Também acho que sou boa em unir as pessoas. Gosto de transformar a energia de todo mundo numa única.

Quando cheguei pela primeira vez a Nova York, estava à procura de cursos de verão de regência. Não tinha muita experiência e, para a maior parte dos cursos, é preciso apresentar um vídeo com uma apresentação pessoal. Eu não tinha um, portanto fiquei desesperançada. Mas uma amiga me contou sobre um lugar no Maine onde tudo o que você precisa fazer é querer ser uma regente. Eu me inscrevi, fui aceita e então fiquei aterrorizada. Achei que estava indo para um retiro com um bando de Toscaninis. Pensei: "Sou uma garota de 19 anos e estou indo passar três semanas com esses regentes de 55 anos. Estava superintimidada."

Foi quando conheci Ken Kiesler, que dirige o curso. A primeira coisa que ele disse quando nos encontramos foi: "Não quero ouvir uma palavra a respeito de carreira. Não quero ouvir uma palavra sobre qualquer orquestra que você tenha conduzido. Não me importa. Quero apenas saber quem você é." E no instante em que ele disse isso eu me senti aliviada: "Isso eu tenho. Eu sei quem eu sou, mesmo que não tenha uma carreira e que não tenha conduzido uma orquestra." Foi uma trégua.

Portanto, eu me senti segura — até que tive que conduzir pela primeira vez. Isso foi assustador! Mas eu me lembro do momento. Ken me olhou e disse: "Você nasceu para isso. Você tem o dom. Vou ajudar você." Lembro-me de, chorando, pensar: "Como este homem pode dizer isso? Não estou nem perto de ser boa." Ele me deu a mão e então disse algo que nunca esqueci: "O mais forte será aquele que estiver mais vulnerável, aquele que se abrir e enfrentar quem é de verdade, aquele que se deixar levar." Isso é totalmente paradoxal, certo? Porque geralmente se pensa: "Não, você precisa ser forte. Você é a líder, é preciso."

Este foi um ótimo conselho. Aprendi muito cedo que as pessoas se identificam com a vulnerabilidade porque somos todos vulneráveis como seres humanos. Não se trata de ter tudo perfeito e sob controle, o importante é você se identificar. Eles provavelmente a admiram e a respeitam, mas é quando se identificam com você que sentem empatia.

No final daquele verão, tive que conduzir Mozart em C menor, uma de suas peças mais incríveis. Chamei meus pais e disse: "Tudo bem, eu realmente preciso dizer a vocês que, se eu morrer, não tem problema. Não fiquem nem um pouquinho tristes. Não quero morrer, mas não teria problema porque já vivi bem mais do que jamais imaginei na vida." Lembro-me da sensação. Ainda me sinto dessa maneira. Daquele momento em diante, acho que tudo o que me acontece é um bônus, um extra, bem mais do que algo que pudesse sonhar.

Sonhando com propósito

Ken se tornou meu mentor e me disse desde o início: "Você tem que ter um propósito que explique por que você faz isso. Precisa refletir e escrever. E precisa fazer cada coisa segundo este propósito." Demorei oito meses para desenvolver meu objetivo. Eu diria a Ken: "Meu propósito é fazer a melhor música sinfônica possível para o público." Ele disse: "Isso é ótimo, mas é só isso que você pretende fazer da sua vida?" Então seguimos em frente. Da próxima vez, eu disse: "Quero educar por meio da música." E ele disse: "Ah, isso é ótimo." Eu finalmente cheguei a uma declaração que funcionava para mim: "Eu estava comprometida em ser uma fonte crescente de inspiração para uma mudança positiva do mundo por meio da música." Gosto que seja sobre crescimento — ser uma fonte contínua de inspiração por intermédio da música para uma mudança positiva. Tudo o que faço eu penso em fazer desta maneira, e acaba se tornando maior.

Depois daquele verão, voltei aos meus estudos na Escola de Música de Manhattan. Comecei a notar a ausência de músicas sinfônicas da América Latina e dos Estados Unidos em geral sendo tocadas no mundo. Pensei: "Por que não são tocadas com mais frequência? Não seria maravilhoso ter uma orquestra que foque apenas na música das Américas?" Era apenas um sonho que eu tinha. Mas um dia o consulado do México me convidou para fazer um concerto de música mexicana. Quando apresentei meu plano para uma orquestra de oitenta músicos, eles disseram: "Vai custar bem mais do que imaginamos. Estávamos pensando numa orquestra de câmera, algo menor."

Mas como eu já tinha trabalhado duro nesse projeto, pensei que talvez devesse começar a procurar pessoas que quisessem torná-lo realidade. Soube de um festival que eu poderia participar se tivesse financiamento. De repente, sou a regente desta orquestra — se tivesse o dinheiro. Eu não tinha uma orquestra. Não tinha uma administração. Eu basicamente dependia da boa sorte de ter três amigos inteligentes e desempregados. Estávamos morando no mesmo pequeno apartamento e trabalhando 24 horas por dia nessa ideia. Fizemos um concerto que foi um sucesso. Tantas coisas podiam ter dado errado, mas não deram. Descobrimos como fazer absolutamente cada pequeno detalhe.

Depois do concerto, Ken me perguntou: "Você acha que vai ser assim, apenas um concerto depois de tudo o que fizeram?" E então eu lhe contei daquele meu sonho. E ele respondeu: "Agora você tem que fazer isso acontecer." Perguntei como se fazia, e ele respondeu que eu mesma precisava descobrir.

Então eu tentei — e as coisas começaram a acontecer. Houve outro concerto, e outro. Muitas pessoas que foram ao primeiro se tornaram membros do conselho. Eu dizia: "Você gostou do concerto? Ótimo. Não quer ser um membro do conselho?" Eram pessoas maravilhosas e muito habilidosas. Elas me ajudaram no processo.

Tenho feito isso há algum tempo, mas ainda é uma aventura. Eu realmente acho que o que faço em termos musicais me motiva — a composição, os sons, as texturas, a combinação de sons feitos por diferentes pessoas. Enquanto estou trabalhando, essa é a minha paixão. Amo o som. Amo sentir o som. E amo juntar o som e misturá-lo como se fossem cores. Gosto da vida e tento me engajar a cada pequena coisa que faço, tão plenamente quanto possível.

Liderando e ainda sonhando

Ainda há dias em que me sinto sobrecarregada. Quase cheguei à exaustão mais de uma vez. Lembro-me de quando estava no curso de piano, que me exigia muitas horas de estudo. Estava dedicada àquilo, e durante o dia e à noite gerenciava e levantava fundos. Cheguei a um ponto em que era eu ou este projeto — estava quase enlouquecendo, não tinha mais vida.

Então compreendi o que precisava fazer. Eu disse ao comitê: "Bom, ou conseguimos dinheiro suficiente para contratar um diretor executivo, ou acabou. Não posso viver assim." Foi quando eles aprovaram um diretor executivo e lá fomos nós de novo. E quando estou prestes a enlouquecer mais uma vez, bum, outro músico decide ajudar. O projeto tem vida própria, e não me deixa em paz. Mesmo assim, você tem que se proteger. Precisa ter cabeça, ser forte e saudável.

Meu humor oscila bastante. Nem sempre estou feliz. Muitas vezes fico deprimida e sinto que não sou boa o suficiente. Na realidade, na maior parte do tempo eu me sinto dessa forma — como se fosse fracassar. O que salva é pensar: "Isso não tem a ver com o modo como eu me sinto. Também não se trata de quem eu sou." Kurt Masur, que era o regente da Filarmônica de Nova York, disse: "Se acha que eles vão gostar de você, esqueça, não seja uma regente. Se acha que eles vão elogiá-la, dizer que é ótima, não perca seu tempo, porque se você depender disso nunca vai conseguir." Você precisa estar na música. Tem a ver com o momento e com motivar todo mundo.

Sempre que ligo para meu pai eu digo: "Ah, tem essa pessoa, ela está fazendo isso e me deixando tão insegura." E ele responde: "Isso é ótimo! Esta é a melhor notícia que você poderia me dar hoje, porque significa que você está amadurecendo." Quando algo a está incomodando dessa forma, a solução é resolver a situação. Não deixe as coisas continuarem. Se a outra pessoa não quiser resolver a questão, então é problema dela.

Muitos desentendimentos e problemas de comunicação acontecem por causa da perspectiva. Como maestrina, imagine estar à frente de uma orquestra ensaiando. Você nunca tinha encontrado esses músicos antes. De repente, vê o terceiro viola sussurrando algo para os músicos ao seu redor e rindo. Você imediatamente pensa: "Eles me acham péssima." Aprendi com muitas pessoas — como meu marido, que tenta enxergar o lado bom das pessoas — a nem sempre esperar pelo pior. Lembro-me de um tempo em que achei que certas seções da orquestra resistiam a mim, questionavam minhas decisões. Não falei nada a princípio porque pensei: "Eles simplesmente não me acham competente. E, afinal de contas, não sou boa mesmo. Portanto, eles estão certos." Isso se estendeu até que um dia eu disse: "Acabou." Chamei-os num canto e disse: "Posso falar com vocês? Sinto que não estão me apoiando. Sinto que não me respeitam. Toda vez que digo algo, sinto que vocês não querem ouvir porque acham que já sabem do que se trata." E eles retrucaram: "Nós achamos que você não gosta do que tocamos e não sabemos o que fazer porque queremos agradá-la, mas você sempre parece estar aborrecida." Se eu não os tivesse procurado, isso poderia ter se transformado num monstro dentro de mim.

Vivendo o sonho

Eis aqui meu modo de ver as coisas. Você precisa ser bom no trabalho. Precisa estar pronto. Isso é básico. Tem que ser pontual. Precisa ser sério, trabalhar de verdade. Mas os membros da orquestra querem ver quem você é como ser humano também. E no minuto que compartilha algo desse tipo, mesmo ficando numa posição constrangedora, ou compartilhando um pouco demais, quando eles percebem que não está se protegendo e está ali pelo bem da música — quando você se dedica —, então todo mundo fica satisfeito.

Se o grupo aprecia o trabalho que está fazendo, e quer fazer ainda melhor, e se eles veem progresso, então o grupo não se importa de ter ou não como líder alguém bonito ou perfeito. Se eles acharem que, enquanto estiver lá na frente, eles realizam mais, vão gostar de você. Mas não se trata de gostar ou não de você. Eles apenas querem se realizar.

A energia vem das pessoas. O som é ótimo, mas ele não existiria se não fossem as pessoas. Quando me relaciono com alguém da orquestra, vejo seus olhos e estamos no mesmo lugar — para mim, é isso. Trata-se da melhor coisa. Você pode contar que está se comunicando com essas pessoas num nível diferente, totalmente puro. Não se trata de quem você é, e sim desse momento de conexão. E quando isso ocorre com o público, é ainda melhor. Quando isso acontece com o grupo todo ao mesmo tempo é que você realmente começa a sentir que a música pode mudar o mundo. Não há nada parecido. O que poderia ser melhor do que isso?

Parte Dois
Estrutura

Capítulo 6
Uma questão de estrutura

Se você se chatear com tudo que pode dar errado, não conseguirá fazer nada. Você tem que ser capaz de focar nas coisas que realmente importam e não perder muito sono com o restante. Ninguém é totalmente imune ao que os outros falam; nós somos parte de um rebanho. Mas, no cenário da política nacional, não há como se aborrecer cada vez que um colunista de jornal escreve algo negativo sobre você ou que um eleitor lhe faz críticas, ou ainda quando você vê uma caricatura que a deixa com o nariz gigantesco. Isso acontece comigo todos os dias da semana e, se você ficar aborrecida com isso, não vai conseguir seguir em frente.

Julia Gillard, vice-primeira-ministra da Austrália

Temos descrito a enorme satisfação que líderes equilibradas experimentam no trabalho, quando este tem um significado pessoal para elas. Uma tarefa bem-feita é satisfatória; um trabalho com significado proporciona um estado psicológico que permite o seu desabrochar — uma forma mais profunda e duradoura de felicidade. A estrutura positiva, como o significado, é um pilar da Liderança Equilibrada, e, como você verá, um reforça o outro.

Segundo Buda, "com nossos pensamentos, nós criamos o mundo". No mesmo tom, psicólogos positivos enfatizam que a maneira como organizamos o que vivenciamos dá sabor à nossa realidade. Mesma ideia, séculos diferentes. Como a estrutura positiva dá tanto força quanto clareza para que se continue avançando apesar dos obstáculos, o otimismo está conectado ao sucesso.

Não se engane. Isso nada tem a ver com enxergar o mundo com lentes cor-de-rosa, e sim em encará-lo sem distorções. Fatos são fatos. Líderes que gerenciam positivamente enxergam os fatos de maneira mais clara. O que elas não fazem é deixar que os sentimentos negativos causem distorções em suas visões da realidade, o que exageraria os perigos. Portanto, ao se estruturar, você consegue enfrentar a realidade mais dura de maneira construtiva. Estruturar-se lhe dá clareza de visão e energia para enfrentar problemas e encontrar soluções. Fazer isso também confere a você força para seguir em frente depois que fez tudo o que podia e fortalece sua resiliência.

Ter uma estrutura positiva leva a coisas boas também. Por exemplo, mulheres que têm uma estrutura positiva também possuem atitudes flexíveis — elas acreditam que estão no controle de seus futuros, e que podem influenciar o resultado, aprendendo e crescendo.

Basicamente, o otimismo está conectado ao sucesso.

A estrutura é uma escolha

Embora a realidade possa de fato ser melhor do que a maneira que você a vê, suas reações emocionais inconscientes — acionadas pela ansiedade, pelo medo e pelo estresse — podem mudá-la para outro formato. Quando isso acontece, o que você vê parece muito diferente e influencia seu comportamento e suas ações. Isso torna a vida ainda mais desafiadora quando você enfrenta contratempos na forma de erros, decisões erradas e fracassos. Você pode entrar num período depressivo — dando um mergulho emocional que tira sua vontade e sua energia para agir.

Para algumas mulheres, a estrutura positiva é algo natural. Mas, para muitas, adquiri-la exige o desprendimento de comportamentos profundamente enraizados — incluindo julgamentos instantâneos que restringem a visão que se tem das mais diversas situações, de outras pessoas e de você mesma. A capacidade de modelar a realidade positivamente é uma habilidade poderosa, e aprender como fazer isso é parte de seu desenvolvimento como líder. E isso trará benefícios que vão bem além do trabalho.

Por ter uma estrutura positiva, Emma Fundira ousou penetrar no mundo masculino e desafiar normas sociais e industriais de uma só vez. Nascida no Zimbábue, Emma cresceu numa sociedade em que as mulheres apenas recentemente conquistaram seus direitos básicos, como ter autorização para possuir propriedades fora do casamento. Ela ainda escolheu uma carreira dominada por homens brancos. Mas Emma sempre acreditou que poderia fazer qualquer coisa caso se dispusesse a tal. Atualmente, ela tem propriedades, gerencia o próprio negócio de consultoria financeira e mora num país que luta por estabilidade.

Emma é a filha do meio e a quarta dos cinco filhos de um empresário. "Meu pai era muito severo. Ele valorizava a cultura e também a ambição", afirma. "Ele realmente queria que nós nos tornássemos alguém, mas seu foco estava em meus irmãos, porque na cultura africana alguém precisa levar adiante o nome da família."

Mesmo quando era pequena, Emma queria ser levada em consideração. "Sempre tive que defender meu ponto de vista. Precisava ser ouvida. Acho que eu falava um pouco mais alto do que devia." Aos nove anos, ela foi mandada para se juntar à irmã mais velha numa escola na Inglaterra. "Quando desci do avião, entrei em pânico", lembra. "Estava frio e úmido, e eu pensei: 'Ai, meu Deus, o que estou fazendo aqui?' Na escola todo mundo era diferente. Minha mãe me obrigou a usar vestidos e todo mundo estava de jeans." Sua irmã não tinha tempo para cuidar dela, então Emma, que além de estrangeira era a única estudante negra da turma, rapidamente aprendeu a ser independente. Sua personalidade vigorosa ajudou. "Eu sempre fui uma pessoa dominante lá porque queria ser notada pela razão certa", diz ela.

Emma pode ter tentado agradar o pai, mas sua habilidade mais crucial — sua visão de mundo por meio de uma estrutura positiva, principalmente diante da adversidade — foi aprendida no colo da mãe. Quando era adolescente, seu pai pediu divórcio e deixou sua mãe se virando sozinha. "Minha mãe não tinha nada", conta Emma. "Mas era uma guerreira, então deu um jeito de montar um pequeno negócio de transportes e comprou para si mesma uma casa. Ela foi uma inspiração." Emma viu a mãe se reerguer rapidamente, movimentando-se de uma maneira que qualquer mulher invejaria. Essa experiência instilou em Emma a importância de ser autoconfiante para ter sucesso no mundo masculino. "Eu queria quebrar as barreiras", lembra. "Eu pensava: 'O que posso fazer que os homens, e só os homens, fazem para mostrar a eles que eu também sou capaz?' Primeiro, pensei em construção, mas então achei que seria monótono."

Convocada a voltar para casa por seu pai aos 18 anos, Emma ingressou na universidade, no Zimbábue. Estudou pedagogia, para ser professora, um papel socialmente aceito. Ficou claro que os irmãos não seguiriam os passos do pai. Com o tempo, Emma estava decidida a deixar sua marca de uma forma não tradicional. Pediu demissão do trabalho como professora e aceitou um emprego no Standard Chartered, filial de um gigantesco banco sediado em Londres.

O banco e o restante do mundo dos negócios no Zimbábue eram dominados pela elite branca masculina. Como mulher negra, Emma era de uma raridade extrema. "Eu queria provar meu valor, mostrar a essas pessoas que eu sou tão boa quanto eles, ou até melhor", diz ela. "E eu queria mostrar que sou tão boa quanto meus equivalentes masculinos, os jovens negros. Só porque não bebo dez canecas de cerveja não significa que sou mais fraca."

Com juventude, gênero e raça jogando contra ela, Emma precisou mostrar o seu valor. "Sabe quando você entra numa reunião e descobre que é a única mulher negra entre os executivos brancos?", conta. "Eles olham para você e pensam: 'Ela não sabe nada. Não há nada que ela saiba que possa me ajudar.'"

Um cliente foi especialmente hostil. "Ele não me tratou bem na reunião, mas reagi polidamente. Depois da reunião, ele me ligou e gritou ao telefone, dizendo: 'Você não sabe o que está fazendo.' E me xingou disso, daquilo e daquilo outro. Foi muito rude." Mas Emma permaneceu tranquila mesmo sob pressão e não o deixou minar sua autoconfiança. Ela voltou a trabalhar para ele e fez um trabalho tão competente que o sujeito acabou por enviar ao diretor-geral uma carta recomendando Emma por sua calma e excelente execução. Ela até recebeu um prêmio da sede, em Londres.

Como você estrutura o que vê?

O que isso tem a ver com você? Considere a seguinte situação: sua chefe a chama para uma reunião inesperada. Quando você entra na sala, observa dois outros executivos com ela. Eles imediatamente param de falar e recolhem seus papéis com pressa. Eles evitam olhar para você enquanto deixam a sala. Sua chefe examina alguns papéis e então a encara. Ela não pede para você se sentar.

Qual é sua reação imediata, o que seu sexto sentido diz? Ao discutir essa situação com um grupo de mulheres, separamos duas que compartilharam suas reações mais prementes. "Ah, eu devo ter feito algo terrível", falou a primeira mulher. "Devo estar correndo o risco de perder o emprego. Estou passando mal." Quando nos voltamos para a segunda mulher, ela estava sorrindo. "Eles estavam provavelmente terminando algum outro negócio", disse. "Quem sabe? Vou perguntar à chefa o que está acontecendo."

Se você está rindo agora, nós também estamos. A divisão entre otimistas e pessimistas é tão grande que chega a ser engraçada. A pessimista imediatamente levou tudo para o lado pessoal, pensando na pior das hipóteses. Ansiosa, já começou a se preocupar. Enquanto ela estava estressada, a otimista imaginava uma conversa mais amena e se abrindo para o crescimento. Na verdade, nenhuma das duas sabe o que a chefe está pensando, mas a otimista evita pensar no pior da mesma forma que a pessimista se agarra a essa possibilidade.

Por que duas mulheres reagem de forma tão diferente? Martin Seligman passou anos pesquisando a resposta e concluiu que nosso otimismo (ou pessimismo) depende de como enxergamos a realidade através de três lentes: permanência, capacidade de penetração e controle pessoal.

Pense sobre uma derrota significativa em sua vida profissional (por exemplo, ser criticada por um executivo sênior, receber uma avaliação ruim, passar por uma reviravolta drástica nos negócios que resulta em sua demissão). Como você encara essa experiência?

- Você encara essa derrota como algo temporário ou como algo permanente?
- Você considera o resultado como específico à situação ou acredita que ele reflita um problema mais geral?

- Você enxerga as causas como externas ou admite ter controle sobre elas (sua culpa)?

Para uma mulher pessimista, ser criticada por um executivo é uma agressão pessoal; uma avaliação ruim de desempenho joga uma sombra sobre outras áreas de sua vida e sobre seu futuro. Pior, ela está convencida de que a culpa é totalmente dela — mesmo quando há uma reviravolta nos negócios que ocasiona sua demissão. De repente, o futuro parece bem mais sombrio. Muitas pessoas pessimistas, diz Seligman, acabam exibindo um "desamparo estudado". Acreditando que não podem melhorar o resultado, elas param de se esforçar, piorando seus problemas.

As otimistas têm uma reação bem diferente. Elas encaram a crítica como um desafio bem-vindo; não deixam que uma avaliação ruim de desempenho contamine o resto de sua vida, e se recuperam mais rapidamente dos insucessos. São abertas a sugestões para se aperfeiçoar, investigam o que deu errado e agem. Portanto, se um revés nos negócios provoca demissões, elas ficam desapontadas, mas conseguem recuperar a energia e explorar o que virá.

Otimistas e pessimistas também reagem de forma diferente a notícias positivas. Pense na última situação positiva que você vivenciou; por exemplo, um executivo sênior a elogiou, você foi promovida, sua unidade de negócios bateu a meta. Como você se sentiu? A pessimista provavelmente diria: "Tive sorte, mas é improvável que se repita. Afinal de contas, nada mudou de ontem para hoje. Eu ainda sou a mesma." Perversamente, além de assumir mais do que a cota de culpa por um fracasso, a pessimista minimiza sua participação no sucesso. "Isso deve estar errado", cogita ela, "e, quando eles perceberem, serei demitida".

Em contraste, a otimista pode festejar as boas novas com o seguinte pensamento: "Que ótimo! Trabalhei duro para liderar a unidade de negócios rumo ao sucesso e valeu a pena. Nada vai nos atrapalhar agora." Quando coisas boas acontecem, a otimista se permite desfrutar o bom momento. O sucesso a impulsiona a buscar um maior aprendizado e novas realizações. Para as otimistas, boas novas resultam num ótimo dia, entre outras coisas.

Essas são imagens extremadas de otimistas e pessimistas, é claro. A maior parte das pessoas está em algum ponto entre esses dois extremos, e é útil conhecer seu próprio ponto de partida.

Quando entender de que forma você geralmente modela a realidade, vai poder fazer uma escolha clara entre permanecer como está ou adotar novos comportamentos. Pesquisadores dizem que mais de 50% da percepção de mundo de uma pessoa é geneticamente determinada. As pessimistas podem não ter essa capacidade, ou simplesmente podem não querer renovar sua maneira de ser. Mas você pode "aprender" a ser otimista adotando algumas táticas específicas. E as otimistas podem descobrir que a estrutura positiva pode ser útil e capaz de ajudar os outros a enxergar novas oportunidades.

O início desse processo consiste em desaprender seus hábitos autodestrutivos — aquela crise que com frequência a deixa presa no fundo do poço, por exemplo. No próximo capítulo, vamos mostrar como você pode aprender a enxergar sua situação de forma mais realista, reestruturando-a e transformando insucessos em oportunidades de crescimento. Vamos guiar você pelo processo de discussão de sua visão da realidade, que foi produzida pelo medo e pela ansiedade, e fazê-la seguir em frente. Parece alquimia? Não é.

E se você não cair?

Emma Fundira claramente era uma otimista. Se ela tivesse entrado em crise, seria completamente compreensível. Muitas não teriam conseguido lidar com as tiradas rudes do cliente tão rapidamente. Infelizmente, algumas mulheres ficam magoadas numa situação desse tipo. Elas começam a refletir, a pensar obsessivamente sobre o que aconteceu e a imaginar o que fizeram de errado. Isso pode levar a uma depressão moderada ou até mesmo severa.

Evitar a crise é uma coisa boa por si só. Mas imagine um benefício ainda maior do otimismo aprendido: vivenciar emoções positivas mais intensamente e colocá-las a favor de sua equipe. Barbara Fredrickson desenvolveu uma teoria chamada "expansão e construção", a qual presume que as pessoas que têm uma estrutura positiva e que vivenciam emoções como alegria, contentamento e felicidade, têm mais chances de aprender, de se desenvolver e de explorar. Em seus experimentos, as pessoas que vivenciaram emoções positivas ao assistir a filmes engraçados e inspiradores demonstraram mais criatividade em resolver problemas — e tiveram um desempenho melhor — do que as pessoas que assistiram a filmes tristes e entediantes.

A experiência de Emma certamente prova essa teoria. Com sua perspectiva positiva — alimentada pela alegria que o trabalho lhe proporciona —, ela nunca hesitou em perseguir oportunidades para aprender e para crescer, consciente e confortável com os riscos inerentes ao processo.

Uma oportunidade-chave se apresentou quando o chefe de projetos financeiros do Standard Chartered convidou Emma a se juntar ao grupo. Mesmo não sabendo nada sobre finanças, ela aceitou. Em troca, ele patrocinou sua ascensão, levando-a a reuniões e deixando que assumisse a liderança, algumas vezes até chocando os clientes. "Ele dizia: 'Quer saber? Emma conhece mais sobre esse tema do que eu' Ele sempre me deu uma chance", relembra Emma.

Quando seu padrinho foi para o Barclay's, ela foi junto, e sua carreira floresceu de fato. Foi promovida a diretora com a perspectiva de se tornar diretora-geral. Então uma amiga lançou a ideia de criar um negócio de consultoria de estratégias de financiamento para empresas em crescimento do Zimbábue. Ela ficou dividida. Nessa época, Emma tinha se casado e era mãe de dois filhos pequenos, então abrir mão da segurança do Barclay's era um risco. Mas, poucos meses depois, Emma deu o salto. "Havia algo em mim que queria arriscar e tentar fazer algo para mim mesma", explica. "Algo em você revela que está na hora de mudar. Se não agora, quando?"

Seu timing se provou nada favorável. "Oito meses depois, nossa economia se deteriorou", conta. "Mas nem uma vez eu pensei: 'Nossa, gostaria de não ter saído do Barclay's' ou 'Sinto falta de meu salário mensal'. Eu estava mais focada em ter que alimentar outras famílias; nós tínhamos que garantir os salários de nossos empregados." O otimismo de Emma nunca falhou. "Foi realmente um desafio, mas eu sempre soube que ia descobrir uma maneira de dar a volta por cima", conta. "Tem algo em mim que sempre diz que posso fazer, que vou encontrar a solução, que só preciso de tempo para refletir."

Isso não significa que Emma não sinta a pressão. Exercícios físicos regulares a ajudaram a reconquistar perspectiva e trabalho por meio do estresse. "Eu penso: 'Deixe-me ir para a academia.' Depois disso, serei capaz de pensar melhor sobre", diz. "Não entre em pânico."

Olhando para trás, a primeira motivação de Emma foi agradar o pai. "Ele ficou tão desapontado com meu irmão que eu quis provar para ele que podia dar conta." Mas à medida que refletiu sobre seu desenvolvimento e sucesso, ela percebeu que a determinação a levou muito além do que havia imaginado, o que mudou a percepção tradicional de seu pai: "Ele vibrou com meu sucesso. Na verdade, ele me encorajou a ir além. Quando meu pai morreu, ele morreu feliz comigo."

Portanto, a estrutura positiva é uma ferramenta poderosa para a mudança. Mas estrutura positiva o tempo todo não é o que pretendemos. O pessimismo precisa estar presente quando você enfrenta decisões arriscadas — um grande investimento, por exemplo. É a lente através da qual você enxerga os horrendos detalhes da situação e explicitamente percebe o pior resultado. Uma CEO nos disse que olhou para seu diretor financeiro (CFO) em busca de pessimismo; ela sabia que precisava de alguém para ajudar a relativizar seu otimismo. Portanto, se está vindo de uma posição pessimista, pode usá-la a seu favor. De qualquer forma, você será uma líder mais eficaz com estrutura positiva em sua caixa de ferramentas de liderança.

Uma postura bonita

A jornada de liderança de Emma é um grande exemplo do que acontece quando você tem uma postura flexível. Ela permaneceu aberta a novas possibilidades e ideias: trabalhou com a presunção de que era muito competente. A todo momento, pessoas com posturas flexíveis continuam a aprender novas habilidades. Em contraste, pessoas com posturas rígidas tendem a ver os próprios talentos e habilidades limitados, e com frequência são ameaçadas por novas ideias que desafiam suas crenças. Você pode ver como essas posturas se relacionam com o otimismo e o pessimismo e como uma postura flexível e de crescimento nutre um líder dinâmico.

Coisas boas e ruins acontecem com todo mundo. O que faz a diferença é como você trabalha com esse material bruto da vida. As líderes falaram diversas vezes em oportunidades e em como elas não hesitam em aproveitá-las. Conforme investigamos mais profundamente, descobrimos um tema recorrente: essas mulheres abordam novas situações para suas possibilidades. Quando recebem ofertas de trabalho em outras áreas, elas se arriscam, pois acreditam que podem aprender e crescer.

E, tão interessante quanto, essas mulheres bem-sucedidas não ficam amedrontadas pelo risco — na verdade, elas o consideram estimulante. Quando estão decidindo por um novo caminho, perguntam a si mesmas: "Qual é a pior coisa que pode acontecer? Ser demitida!" E quando isso acontece, algumas recuam, sentindo-se sortudas em suas próximas oportunidades. "Quando uma porta se fecha, outras se abrem", vaticinam. Os exemplos comprovam isso.

Agora, considere como você pensa habitualmente sobre as coisas: você tem pensamentos rígidos ou é flexível? Fica feliz em ter uma rotina e se sente desconfortável quando as circunstâncias a forçam a mudar? Você limita explícita ou implicitamente o que é capaz de fazer? É aberta a novas maneiras de fazer as coisas?

Para testar sua postura mental, preencha o espaço em branco da seguinte declaração:

Eu poderia ser uma arquiteta incrível se _____.

Se sua resposta for algo como "se eu conseguir visualizar espaços" ou "se eu souber fazer contas", você demonstra uma postura rígida, hiperconsciente de suas limitações (reais e imaginárias) — razões pelas quais você *não* pode fazer algo. Tipicamente, esta é a resposta de alguém que não procura se aperfeiçoar e que, como consequência, diminui suas habilidades de crescer. Trata-se de uma pessoa preconceituosa a respeito de si mesma e provavelmente dos outros.

Se, ao contrário, você preencher o espaço em branco com "se eu quiser ser" ou "se eu me empenhar nisso", você pode ter o que a psicóloga Carol Dweck chama de postura de crescimento. As pessoas com esse comportamento acreditam que nada está predeterminado: seu próprio trabalho determina seu sucesso. São pessoas que moldam o futuro ao buscar oportunidades de aprender e de crescer, absorvendo os choques ao longo do caminho e transformando feedback em planos de progresso.

Olhe ao seu redor. A conexão com o sucesso é clara — as pessoas mais felizes e mais bem-sucedidas são aquelas com uma postura de crescimento. Você não prefere ter um comportamento que promova uma capacidade de adaptação psicológica, ajudando você a lidar com a adversidade? Como Dweck escreve, as pessoas com posturas de crescimento podem "encarar os fracassos, mesmo os delas, e manter a fé de que se sairão bem no final".

É isso que queremos para você. Se está começando com uma postura rígida, pode mudá-la por meio de um esforço consciente. Faça uma reflexão sobre as escolhas profissionais que você fez e que gostaria de fazer. Então complete esta frase:

O que eu gostaria de fazer é _____.

Você está pronta para fazer o que gosta? Se não está, o que a impede? Pessoas com posturas rígidas podem apresentar uma longa ladainha de razões para não tentar: não é prático, é muito arriscado, não tenho as habilidades, todo mundo vai rir de mim — e por aí vai. As otimistas, se podem avançar, não perdem tempo e energia.

Portanto, vamos parar por aqui e agir mais como elas: escolha ver uma realidade sem distorções, que estimule a autoconfiança e a autoestima. Escolha sentir-se no controle, capaz de aprender e de dar um jeito em quase tudo com a ajuda dos outros. Decida se recuperar rapidamente de um erro ou mesmo de um fracasso colossal. Se você olha para as escolhas e não gosta do que vê, pode decidir mudar sua postura.

Transforme a adaptabilidade numa habilidade

Existe a estrutura e existe a capacidade de reestruturar na hora, uma habilidade afim que todos os líderes precisam. No ritmo de mudança atual, complexidade organizacional e especialização crescente tornam a adaptabilidade essencial para você. Dados seus múltiplos papéis, as mulheres são mestras nesse aspecto na vida doméstica. Aplique essa capacidade no trabalho, deixando a agenda de lado quando as circunstâncias mudarem. Quando a rota que você escolher não funciona, amplie sua visão para ver o todo; você pode descobrir uma maneira melhor de resolver o problema.

Emma tinha a capacidade de se adaptar desde o início, quando se viu na nova escola, congelando num vestido leve. Ela usou sua adaptabilidade quando entrou no ambiente dominado por homens brancos do banco de investimentos. Deixar o banco venerável para ser uma empreendedora exigiu adaptabilidade mais uma vez.

Todo mundo pode aprender a reenquadrar o que vê de forma mais realista, produtiva e positiva. Sabemos que é difícil, mas você já deu o primeiro passo de sua jornada conhecendo melhor a si mesma. E, você sabe, o primeiro passo é o mais difícil. Você está no caminho certo.

Capítulo 7
A prática do otimismo

A maioria dos problemas pode ser resolvida se nós garantirmos que a pessoa certa com as ideias certas possa resolvê-los. Grande parte das coisas que não podem ser resolvidas tem a ver com saúde ou com entes queridos. Mas, se você se levanta cedo o suficiente ou se fica no escritório depois do horário, vai achar uma solução. Isso não me assusta. Existe sempre uma saída.

Deirdre Connely, presidente da
GlaxoSmithKline da América do Norte

Winston Churchill disse: "Eu sou um otimista. Não tem muita utilidade ser qualquer outra coisa." As mulheres que conhecemos compartilham, como Churchill, de uma característica: um forte senso de otimismo. Elas diferem em todos os outros aspectos. Portanto, após revisar a pesquisa sobre psicologia positiva e observar ligações entre otimismo e sucesso, procuramos uma líder que não fosse tão otimista. Nunca encontramos uma.

Mas espere. Você provavelmente está pensando: mulheres que não têm a inclinação natural para ver o mundo por uma moldura positiva também não conseguiram encontrar o sucesso? Certamente. Essas mulheres passaram por uma fase de baixa autoestima, mas perseveraram e venceram. No entanto, sem a capacidade de apresentar uma estrutura positiva, elas têm chances menores de encontrar soluções verdadeiramente criativas, são menos flexíveis no momento e têm menor capacidade de adaptação para a jornada. Elas são talentosas, competentes, é verdade. Mas nós queremos mais, muito mais, para você.

Embora seja otimista desde sempre, Shikha Sharma, diretora de gestão da ICICI Prudential Life Insurance na Índia, conseguiu superar diversos pequenos revezes, e reaprendeu as lições de otimismo em seus piores momentos. E, quando encontrou uma derrota mais desastrosa, ela se levantou, sacudiu a poeira e voltou a trabalhar, crescendo como líder e como ser humano.

Mesmo otimistas de nascença podem aprender a ser otimistas

Shikha se considera uma privilegiada: seus pais não eram ricos, mas eles incentivaram a filha a perceber seu potencial — e então o desenvolveram. "Meus pais sempre me apoiaram e tinham ambições para mim, mesmo numa época em que a maior parte dos pais indianos sonhava apenas com filhos homens", conta. Quando criança, Shikha só pensava em sobressair em qualquer coisa e em ser independente. Mais velha, ela teve muita cobrança do pai, que era militar. "Se eu voltasse para casa e contasse a ele que fiquei em segundo lugar, ele gritava. Portanto, eu tinha que me dar bem na escola."

Por isso, ficar em primeiro lugar era tão importante. Sua ambição era testada. Um dia, a professora de Shikha lhe deu uma pilha de cartões com as notas dos alunos e pediu que os levasse ao escritório do diretor. Salientou que Shikha não deveria olhar por baixo do papel que cobria a pilha. "Lembro que tive que andar 15 minutos até o escritório e era muito tentador tirar o papel e ver a classificação, fora que eu era jovem nessa época. Isso me marcou. Será que tenho disciplina para não dar uma olhada? Fui ensinada que se você promete uma coisa a alguém, precisa manter a promessa." Não, Shikha não olhou.

Ela adorava matemática e ciências na escola, mas optou por fazer faculdade de economia em vez de física, como seus pais recomendaram. Em 1980, Shikha foi trabalhar no banco de desenvolvimento ICICI e nunca mais saiu. Por que não? "Trata-se de um banco verdadeiramente neutro por causa de seus líderes", conta ela. "E eles sabem que eu adoro um desafio — algo novo, algo ainda não regulamentado me soa incrivelmente estimulante. Cada vez que fico ansiosa por um novo desafio, ele está lá. E eu sempre acreditei que se eu tentasse algo e me empenhasse ao máximo, não ia meter os pés pelas mãos."

Shikha claramente enxergava a realidade através de uma moldura positiva. No banco, ela foi atraída pela área de desenvolvimento estratégico, com uma forte crença de que podia moldar o futuro. Difundindo para sua equipe a habilidade de estruturar, descobriu a fórmula para o sucesso: "Há muito tempo, liderei uma equipe na preparação de um plano sobre como a ICICI devia se parecer", afirma. "Lembro que nos sentamos para discutir o que devíamos fazer e cerca de 60% do plano surgiu naquele dia. Foi uma grande lição para mim. Será que sozinha eu teria conseguido fazer um plano daquele num dia? É claro que não. Fiquei exultante com a experiência."

Mas todo mundo comete um primeiro erro. Quando ela era chefe da nova divisão de mercado, sua primeira grande perda comercial foi um choque — e ele precisou de ajuda para planejar. "Parece tão trivial, porque obviamente você está destinado a ter alguma perda mais cedo ou mais tarde", diz. "Mas naquele tempo, éramos um bando de jovens muito inteligentes ganhando muito dinheiro. E então isso nos atingiu. De repente, um dia estávamos perdendo dinheiro." Por algum tempo, Shikha ficou com medo. "Foi doloroso, mas nosso parceiro no empreendimento me ligou de Hong Kong para dizer: 'Vocês agora se tornaram uma boa equipe comercial. Vocês nunca aprenderiam coisas do mundo real e que precisam conhecer a não ser que tivessem alguma perda.' Quando ele disse isso, aprendi algo sobre gestão e liderança. Se alguém cometeu um erro real que resultou numa perda, é importante que os líderes demonstrem apoio. Se os negociadores perderem a fé em si mesmos, estão acabados. Esse foi um momento emocionante para mim — um pouco doloroso e embaraçoso, mas não foi nenhum desastre."

Shikha usufruiu dessa lição mais tarde, quando seu grande erro finalmente aconteceu. Foi preciso uma boa dose de estruturação positiva e de energia para reverter essa situação.

Tudo começou quando um hiperzeloso gerente da divisão de seguros de Shikha surgiu com uma nova ideia para atingir as metas de vendas. Como todo escritório distrital podia gerenciar seus próprios programas de vendas, em 2005, esse gerente deu um parecer questionável na implementação de um conceito: ele declarou que seus vendedores estavam numa "jihad" para fechar vendas, e cada um deles seria considerado um Osama Bin Laden, que poderia "motivar" sua equipe a conseguir alcançar os números.

Quando o público viu os pôsteres de Osama Bin Laden que o gerente criou para motivar os funcionários, o julgamento foi sumário. Cidadãos invadiram o escritório e cinco funcionários da ICICI, inclusive o gerente, foram presos. "Isso foi parar nas manchetes dos jornais e os políticos começaram a se envolver", relembra Shikha. "O assunto explodiu fora do contexto e de maneira desproporcional. Foi muito constrangedor para mim como líder da empresa. Pior, isso afetou a credibilidade da marca."

Shikha se viu no meio de uma crise de proporções nacionais. "Os primeiros três, quatro dias foram terríveis; fiquei muito estressada. Acho que não dormi bem e não devo ter conseguido conversar normalmente com ninguém de minha família. O que eu disse a eles era que estava estressada com tudo aquilo e que precisava ficar um pouco sozinha." O que Shikha precisava era planejar, e foi isso o que ela fez, dando a si mesma um pouco de distanciamento da situação e de tempo para pensar. Ela começou definindo o que podia ou não controlar, e começou a planejar. Conforme teve clareza sobre como proceder e começou a agir, seu estresse diminuiu.

"A única coisa que meu pai me ensinou é que você só pode fazer o que pode fazer", explica ela. "Você nem sempre tem controle sobre os resultados, então não adianta ficar pensando nisso. Como se livrar da dor, da ansiedade e do estresse de uma situação sobre a qual você aparentemente não tem nenhum controle? A sensação é de que você está desmoronando, mas então você se concentra nos pequenos elementos e pensa: 'O.k., será que ainda existe um pedacinho que eu controle? O que posso fazer com ele?' Daí, você começa a se recompor e a promover pequenas diferenças que podem então se transformar em grandes diferenças."

Shikha percebeu que parte de seu plano de recuperação envolvia fazer as coisas certas internamente também. Seus dois filhos adolescentes estavam chocados de ver a mãe na primeira página dos jornais todo dia. "Mas acabou que a conversa com as crianças foi tranquila. Estava tudo tão difícil que eu precisava de minha família", conta.

Na maioria das vezes, Shikha se empenhou em fazer as coisas que podia para reverter a situação. Ela ficou em contato constante com a comunidade, com a imprensa, com os políticos, com a polícia e com sua própria empresa. "As pessoas que foram presas e suas famílias precisavam de apoio também", conta. Seu desafio era apaziguar as autoridades e encerrar a situação enquanto protegia a imagem da empresa e, com sorte, ajudava os funcionários a se recuperarem. "Foi o nosso primeiro contato com políticos e eu tive uma conversa muito honesta e direta com eles", explica Shikha. "Percebi que se você é honesta e se apresenta como tal as pessoas se dispõem a ouvir você. Nós precisávamos deixar que a justiça acontecesse, e, ao mesmo tempo, precisávamos comunicar para o restante da empresa que estávamos apoiando os funcionários. Ninguém quer destruir o moral de toda a empresa, que pode estar pensando: 'Se eu cometer um erro e for preso amanhã, ninguém me apoiará.'"

Shikha e sua equipe ajudaram as famílias ao longo do drama e, por sorte, os funcionários foram soltos em poucas semanas. Alguns voltaram a trabalhar. Depois da crise, Shikha convocou seus cinquenta gerentes seniores para o auditório e passou várias horas falando sobre o que aconteceu de errado, sobre o que eles fizeram de certo em termos de recuperação e sobre como poderiam se assegurar de que aquilo não se repetiria. "Foi uma boa experiência para todo mundo", afirma. "Se há algo recorrente na maneira como gerenciamos a crise, foi o uso da comunicação. Ao falar com todo mundo ao mesmo tempo, conseguimos encontrar a solução."

Entre os diversos recursos que Shikha utilizou para planejar estava sua espiritualidade, que lhe permitiu colocar a adversidade em seu devido contexto. "Acredito em destino", diz. "Às vezes acho que entendi, em outras acho que não, essa filosofia hindu. Você precisa descobrir o que nasceu para fazer, agir e deixar os resultados para o destino."

Shikha não podia controlar o resultado quando a adversidade se abateu sobre ela. Podia, no entanto, aplicar os princípios do otimismo que considerava inerentes à sua vocação de grande realizadora. "O livre-arbítrio está na descoberta do propósito da vida e na escolha de sair e de fazer. Você continua fazendo o que acredita ter nascido para fazer e se esquece dos resultados, pois eles virão um dia."

Isso é que é otimismo que vale a pena ser aprendido.

Pare a crise que eu quero sair

A crença fundamental dos psicólogos positivos é de que nós podemos aprender a ser otimistas. Ao entender de onde vem o pessimismo, você pode perceber como evitar a crise e a ruminação que quase sempre caracterizam os pessimistas. No fundo, o pessimismo é uma resposta inata ao estresse, que, de acordo com os cientistas, foi programado nos cérebros humanos pré-históricos como um mecanismo de sobrevivência.

A espécie sobreviveu e evoluiu porque desenvolvemos uma rápida resposta de "lutar, ficar imóvel ou fugir" ante qualquer ameaça. Aqueles que não desenvolveram essa resposta tinham mais chances de se tornarem vítimas de predadores ou de outros perigos. Aqueles com os instintos antenados sobreviveram e passaram as habilidades para os descendentes. A chave para a sobrevivência era lembrar os sons, os cheiros e os eventos associados ao perigo.

Ao longo do milênio, esse instinto básico permaneceu conosco como uma resposta generalizada ao estresse. Nossos cérebros evoluíram para criar caminhos neurais que aceleraram essa reação. Portanto, quando você se sente estressada, isso imediatamente dispara memórias de outras situações em que você se sentiu estressada e ameaçada. As mulheres são mais suscetíveis a entrar em depressão — seus cérebros automaticamente buscam memórias de fracassos e de feridas emocionais e elas perdem o sinal para entrar em ação.

Susan Nolen-Hoeksema, chefe do programa de depressão e cognição da Universidade de Yale e autora do livro *Mulheres que pensam demais*, tem demonstrado que as mulheres são literalmente programadas para pensar. Em sua pesquisa, ela usou scanners para mapear a atividade cerebral em pessoas, pedindo a elas que refletissem sobre coisas negativas a respeito de si mesmas. Nas mulheres, a parte do cérebro associada com a ruminação acendeu.

Ruminar não é apenas desagradável — o termo foi inspirado na maneira com que as vacas regurgitam a comida que já mastigaram para remastigá-la —, mas também é perigoso. Ao passar horas e dias refletindo sobre o que deu errado, você no mínimo adia, ou mesmo evita, uma reação significativa. É fácil perceber que interromper a crise e evitar a ruminação são, em geral, as melhores atitudes a tomar.

Como a crise funciona? Imagine que Joana está tendo uma reunião desagradável. No meio da apresentação de sua equipe ela percebe que algo está errado. Deixou passar uma parte essencial da análise e sente que sua confiança vai cedendo. Ela começa a destruir o próprio trabalho. Então, um executivo sênior agressivo levanta a questão. Ela se sente ameaçada e não consegue pensar numa resposta. Logo, os executivos na sala estão discutindo uns com os outros. A gritaria começa. Sem dar uma palavra, o CEO recolhe seus papéis e sai da sala.

A reunião se desintegra a partir daí. A crise de Joana começa antes de ela sair da sala de reuniões. Ela está revivendo a dolorosa experiência. E a pequena voz em sua cabeça garante que veja isso da pior forma possível: "Você estragou tudo! É claro que o CEO está zangado com você. E por que não estaria? Você foi incrivelmente estúpida para perder a análise. Parece estar no mundo da lua! Você mereceu isso!" Humilhada, Joana sai correndo, sem parar para conversar com os executivos.

Quando ela retorna para a segurança do escritório, sente-se fisicamente exausta. Ela "sabe" que seu desempenho arruinou tudo. Está convencida de que o ocorrido era inevitável — tinha que acontecer porque no fundo também "sabia" que dissera tudo errado. Ela se lembra de todas as outras ocasiões em que colocou tudo a perder e começa a identificar um padrão de incompetência. Agora está pensando que talvez seja demitida. Em uma fração de segundo ela se preocupa com uma discussão que teve com o marido; ele deixou de amá-la. Depois, lembra-se do ataque que a filha deu outro dia e adiciona ser uma mãe relapsa à lista de fracassos. Joana começa a ruminar e a rever o vídeo em sua cabeça e começa a chorar.

Quando você rumina, sua voz interior repassa o vídeo sem parar, cada vez intensificando a cena, embora deseje um final diferente. Você se sente mal. Mas não parece mudar o foco. Isso é o coquetel da crise e ele significa problema. À medida que Joana rumina, as caraminholas em seu cérebro aumentam e seus sentimentos negativos crescem. Se ela não sair dessa rapidamente, vai perder a vontade e a energia para consertar a situação.

Replanejar: uma arte consciente

Não precisa acontecer assim. Você pode parar a crise antes que ela a arraste junto. Com um esforço consciente, pode desenvolver a habilidade de interrompê-la e de sair dela. Vamos começar com duas técnicas: discussão (responder àquela voz em sua cabeça) e descoberta de alternativas.

Discutir envolve reexaminar a situação e separar de forma consciente como você vivenciou emocionalmente o incidente e o que de fato aconteceu. Comece refutando as distorções emocionais do jeito que os bons advogados desmontam provas sem consistência. Desafie as crenças e as premissas implícitas de sua interpretação negativa e reexamine os fatos. Então, tente entender as consequências dessas crenças. Por fim, reestruture: pegue os fatos não distorcidos e veja o que você pode fazer com eles. Como pode avançar e focar na questão real? Reestruturar e agir vão energizá-la.

Vamos ver como o conselho de Martin Seligman funcionaria para a situação de Joana. Ela começa com aquela análise perdida. É verdade que viu um buraco em seu argumento assim que começou a apresentação, mas aquele aspecto não mudaria suas recomendações gerais. Na realidade, preencher o buraco provavelmente reforçaria sua lógica geral. Já quanto àquele executivo que fez a tal pergunta dura, tirando seu tom, foi um desafio razoável. Se Joana tivesse separado a emoção, teria sido capaz de responder a ele. O executivo de estilo agressivo não fez de fato nada de errado. Ele estava cumprindo seu papel: desafiando premissas fundamentais por trás de decisões que afetariam a direção da empresa. Seu tom revelou sua própria ansiedade. Pensando a respeito da questão com um pouco de distanciamento, Joana concorda que uma análise mais profunda tem seu mérito. Graças à discussão, a voz do apocalipse dentro de sua cabeça está ficando mais fraca.

Descobrir alternativas é uma segunda abordagem que vale ser considerada. Trata-se simplesmente de procurar outras explicações sobre por que os eventos se desenrolaram de uma forma específica. No caso de Joana, a incompetência pode não ser a melhor explicação para o que aconteceu. Por que a questão levou a uma briga entre os executivos? Joana pode imaginar que eles tinham algum conflito anterior à reunião. E o que mais pode ter levado o CEO a sair da sala? Ele pode ter ficado chateado com o comportamento de sua equipe, ou talvez estivesse apenas atrasado para outra reunião — essa já estava uma hora atrasada.

As duas abordagens — discussão e descoberta de explicações alternativas — ajudaram Joana a interromper a crise. Ela está pronta para começar a se reestruturar e a se recuperar, ao identificar ações que pode fazer para consertar a situação. Reestruturar ajuda a transformar a situação de algo que "aconteceu com você" para a base de um plano.

Como Joana pode tornar esse evento algo positivo? Primeiro, ela liga para um membro de sua equipe para ajudá-la a finalizar a análise que faltava. Então, fala com o executivo que fez a pergunta de sondagem. Agora, não mais se sentindo na defensiva, ela está pronta para enfrentar o desafio proposto. Se ela conseguir fazê-lo colaborar com a solução, pode ser um passo para que a equipe dele concorde. Depois disso, terá tempo para entender o que se passa na cabeça do CEO.

A nova análise pode significar refinar as recomendações. Isso pode exigir um bocado de trabalho. E pode não ser tão simples descobrir por que os executivos estão resistentes: pode ser necessário um pequeno milagre para fazê-los concordar com a ideia. O que quer que esteja na cabeça do CEO, ela está ávida e disposta a ouvir a respeito. Joana percebe que não será demitida, que seu casamento está forte e que suas filhas a adoram. É verdade que ela não teve seu melhor desempenho hoje. Não é possível mudar isso, mas ela tem um plano de recuperação. Com energia renovada, Joana se dedica ao trabalho.

Às vezes, entretanto, fazer uma reestruturação não ajuda você a consertar uma situação. Essas são ocasiões em que a realidade é dura demais. Os fatos levam ao desastre e as consequências dos erros são reais e imensas. Você não pode discutir esses fatos. Não existem outras explicações. Mesmo um otimista vai dizer que não existe uma solução óbvia. Você está cansada e vai precisar de muita energia para dar conta da situação. Seu alarme está soando, mas você se prepara para entrar em ação. Você vai abaixar a cabeça e atravessar, certo?

Não tão depressa. Lembra que Emma Fundira disse que quando as coisas ficam complicadas ela vai para a academia de ginástica? Lembra como Shikha passava o tempo conversando e relaxando com os filhos? Essas são táticas de dispersão, e elas ajudam a lidar com adversidades severas. Você se coloca mentalmente num lugar diferente e desvia a energia e a atenção do estresse e dos sentimentos negativos que levam à ruminação e à depressão.

Mesmo se você está conseguindo lidar com a situação, seu cérebro e seu corpo precisam de algum alívio nos períodos de adversidades extremas. Você pode praticar esse deslocamento de diversas formas. Atividade física é uma ótima ideia; mesmo uma caminhada ajuda. Você pode se recolher do conflito lançando mão de qualquer atividade que atraia a atenção e que mude o foco.

Portanto, quando algo acontece, lembre-se de tirar um tempo para uma distração saudável. Você não apenas se sentirá melhor, mas poderá encontrar uma solução criativa para o que parece ser um problema insolúvel. Um descanso com frequência leva a uma descoberta, quando o alívio do estresse permite que seu subconsciente relaxe e reflita sobre o problema.

E às vezes basta que você siga em frente. O deslocamento também permite a distância de que precisa para tomar aquela decisão difícil.

Teste sua estrutura

Infelizmente, você não pode se imaginar dentro de uma moldura positiva. É preciso trabalhar para isso. Comece reconhecendo os sinais de que uma crise está começando, e aja a respeito. Nolen-Hoeksema sugere pensar num sinal mental de "pare". Você vai aprender a reconhecer este aviso e as sequências de luzes. Quando conseguir perceber os sinais, trabalhe conscientemente na substituição das emoções negativas pelas positivas. Por exemplo, quando o executivo desafia Joana, ela sente a manifestação física da crise (aceleração do pulso e vermelhidão na face). O aviso soa, ela respira fundo e sorri. Assim como Emma, mantenha-se calma e faça uma pergunta ou outra, abrindo-se para as ideias dele. Em troca, isso encoraja o executivo a diminuir sua agressividade e a começar a enfrentar o problema junto com ela. Ela agradece a informação e, dando um passo para trás, percebe que o grupo não pode chegar a um acordo nessa reunião.

Todos nós podemos ser mais parecidos com Emma. A próxima vez que alguém ficar zangado e tratá-la de maneira negativa, dê uma pausa antes de reagir. Apesar de ser natural responder com raiva à raiva, ficar chateada pode iniciar uma crise. Em vez disso, tente perdoar. Não espere por desculpas, seu perdão já liberou a raiva e colocou no lugar dela uma emoção positiva. Pode ser que isso não soe nada intuitivo, mas vale a pena tentar. Veja por você mesma; você pode encontrar grande serenidade e, em troca, grande produtividade.

Todas as líderes que conhecemos eram otimistas, e de fato pouco importa quem nasceu assim ou quem desenvolveu a habilidade. Com um pouco de prática você também pode ter essa habilidade, e não apenas para usá-la no trabalho. Os benefícios pessoais são enormes — sucesso, felicidade e até mesmo maior capacidade de adaptação —, portanto, considere o otimismo uma habilidade extraordinária para a vida e vá em frente.

Capítulo 8
Partindo para outra

Eu estava almoçando com meu pai na Jordânia, quando anunciaram a guerra no rádio. Corremos para o carro e fomos para nossa casa, nos arredores de Jerusalém. Estávamos sem gasolina em plena guerra. Nossa casa foi bombardeada. Meu pai alugou uma ambulância e nos levou para Jericó por segurança. O bombardeio continua, e passamos a noite em nosso laranjal. Na manhã seguinte, precisávamos sair dali, então alugamos um Fusca, onde embarcaram o motorista, meu pai, minha mãe, minha avó e oito crianças. Amigos nos acolheram quando chegamos à Jordânia. Esse momento marcou minha vida. Com 14 anos, eu me tornei uma pessoa forte. Na hora, você não pensa, simplesmente age.

Amal Johnson, CEO da Market Tools

Muitas líderes se declaram otimistas — e realistas — ao mesmo tempo. Essa mistura de atitudes as mantém centradas. Elas se esbaldam com os fatos. Portanto, quando cometem erros, fazendo uma opção errada ou fracassando em algo, são especialmente treinadas para receber feedback e usá-lo para seguir em frente. É isso o que as ajuda a fazer a transição da recuperação para o crescimento.

A perspectiva de receber informações do outro sobre seus atos acelera seu pulso e a deixa ansiosa? Nossa pesquisa mostra que, em vez de ouvir informações valiosas, muitas mulheres ouvem apenas as críticas e as reprovações, descartando todo o resto. É difícil separar a mensagem da emoção. Não é à toa que o feedback com frequência resulta num — lá vamos nós mais uma vez — caminho rumo à crise.

Nem todas as mulheres reagem assim. As líderes que entrevistamos usam seus erros de desempenho e o feedback de uma maneira que nos deslumbrou: como uma fonte valiosa de informação e de insight que as faz crescer. São eternas aprendizes. Acredite ou não, elas simplesmente aceitam a dor que vem junto com a experiência enquanto escalam a íngreme curva de aprendizado. Aprender com os erros é seu mecanismo de poder.

A história de Ellyn McColgan dá vida a esse insight. Até pouco tempo presidente de um negócio mundial de gestão de saúde no Morgan Stanley e, antes disso, presidente de distribuição e de operações da Fidelity Investiments, Ellyn arquitetou cada habilidade que precisou ao longo da carreira: ouvindo feedback, analisando a situação e agindo para consertar — e para recuperar.

Enfrentando a situação

Criada em Jersey City, Ellyn se lembra de sua avó como a pessoa que primeiro lhe abriu os olhos. "Meu pai era um encanador que trabalhava todo dia e que nunca tirava férias. Minha mãe ficava em casa tomando conta de nós, lavando, passando, cozinhando e limpando", conta Ellyn. "A vida deles era cheia de trabalho e de obrigações, mas minha avó me achava perfeita. Ela era minha maior fã e me ensinou a acreditar que eu podia fazer o que quisesse. Minha história é o sonho americano."

A família de Ellyn não tinha dinheiro. "Quando a escola promovia viagens para conhecer o Metropolitan Opera ou algo parecido, minha avó sempre dava um jeito de me dar vinte dólares para pagar o ônibus, e eu conseguia ir. Aos poucos, comecei a ver o mundo que existia lá fora. Também ficou claro para mim que dinheiro e estudo eram as duas coisas de que eu precisava para ter acesso àquele mundo", conta. E essa percepção foi o começo da marcha de Ellyn rumo à independência.

Quando chegou a hora de ir para a faculdade, Ellyn foi para Montclair State College, própria para quem precisava trabalhar e onde "todo mundo tinha um emprego". Após se formar, foi contratada no departamento de pessoal de uma loja de departamentos local. Ganhava o suficiente para pagar o aluguel do apartamento — o primeiro passo rumo à independência.

Cinco anos após a faculdade e alguns empregos em sua carreira pessoal, Ellyn se viu trabalhando no RH da Lifesavers Candy Company. Teve a sorte de ter um chefe que viu potencial nela: "Ele me disse: 'Leia o *Wall Street Journal* por duas semanas. Se não ficar curiosa até lá, vou parar de insistir. Mas se você voltar com uma lista de perguntas, vamos ter uma conversa sobre você voltar a estudar.'"

Em duas semanas ela reuniu uma série de perguntas. Assim, após dar um pequeno passo — um semestre numa escola noturna —, Ellyn deu o salto. Pediu demissão para estudar na Harvard Business School, onde seus maiores sonhos nasceram. "Foi em Harvard que decidi que queria ser presidente de uma grande empresa", diz ela rindo. "Lembro-me do presidente da Lifesavers. Ele era muito alto e bonito, sempre bem vestido. Ele tinha um carro com motorista e tinha um escritório de quina maravilhoso. Aquilo me parecia bom."

Em Harvard, Ellyn mudou seu foco de pessoal para finanças, de produtos de consumo para serviços financeiros. Ela descobriu que esse era o tipo de trabalho que realmente utilizava seus talentos e adorou: "De repente, isso se tornou uma fórmula que fez tudo funcionar. Descobri que eu levava jeito para a coisa. Mas também aprendi que queria gerenciar pessoas, queria gerenciar uma empresa."

Dando os próximos passos ao longo do caminho, Ellyn se inscreveu num programa de treinamento na Shearson American Express, e então se tornou assistente do diretor administrativo por alguns anos. Ela aproveitou seu bom trabalho — e ótimo relacionamento — para se transferir para uma divisão em Boston que a levou a seu próximo emprego. No final, foi para o banco New England para gerenciar operações de custódia e processo de securitização. Era uma grande empresa, com quinhentos funcionários — e assim Ellyn começou a sentir que estava alcançando seu sonho.

Mas a vida nem sempre é um conto de fadas e o caminho de Ellyn se complicou. Ela tinha acabado de comprar sua primeira casa, estava com 35 anos e determinada a provar que podia fazer aquilo tudo. "Eu tinha acabado de contratar um empreiteiro para reformar minha cozinha quando o banco começou a ter problemas", conta. "Daí eu pensei: 'Meu Deus. Posso perder o emprego, e acabei de comprar essa casa. O que vou fazer com a cozinha? Os armários velhos já foram retirados.'"

Sua equipe no banco se uniu e explorou algumas opções, como vender o negócio a outra pessoa. Ellyn se lembra de terem feito um pacto de que um ajudaria outro a encontrar oportunidades em outras empresas. "Um por um, conseguimos novos empregos." O novo trabalho de Ellyn foi na Fidelity Investments. Ela passou os próximos 17 anos construindo uma carreira incrível — dirigindo todos os principais negócios de distribuição, gerenciando milhares de funcionários e clientes.

Como outras otimistas, Ellyn enxerga oportunidades em todos os lugares. "Isso foi em 1992. Fui convidada a dirigir a divisão de serviços a clientes para o plano de previdência privada, um negócio que eu não conhecia naquela época, mas que estava crescendo aceleradamente."

Seu emprego, como "gênio operacional", era transformar um negócio que estava crescendo bem rápido num negócio rentável, com um serviço ao cliente aperfeiçoado. "Isso exigiu uma reorganização completa das funções, até mesmo geograficamente. Foi complicado", conta. "Então, juntei uma equipe de projetos e desenvolvemos um plano de ação de dois mil passos. O plano era um gigantesco gráfico de Gantt. Trabalhamos nele incansavelmente e então abrimos uma nova operação em Covington, no Kentucky. Quase todo mundo tinha novos cargos com descrições de funções diferentes."

Dá para imaginar o que aconteceu depois disso: um buraco no meio do caminho muito grande para ser transposto. Todos caíram nele. No primeiro dia da nova empresa, todas aquelas partes travaram. Nada funcionava da maneira que se imaginou.

Algumas semanas depois, Ellyn fez uma viagem emergencial ao Kentucky com um grupo de executivos da sede. "O chefe do meu chefe foi junto. Eu o ouvi perguntar a uma jovem executiva que fazia renegociações bancárias: 'Com que frequência você faz isso?', e ela respondeu: 'Todo dia.' Ele então perguntou: 'E o que acontece se, quando você chega no fim, os débitos não batem com os créditos?' Ela respondeu: 'Coloco uma entrada na agenda para o outro lado comparar.' Ele, então, replicou: 'Você volta e descobre porque a conta não bateu?' Ela respondeu: 'Eu simplesmente registro na agenda. Isso regulariza tudo.' Então a pergunta inesperada veio: 'Qual foi a última vez que as duas colunas bateram?' As palavras fatais dela foram: "Bem, senhor, tenho trabalhado por noventa dias e elas nunca bateram.'"

O buraco que Ellyn observava ficou ainda mais profundo. O Fidelity promoveu um seminário para clientes e quinhentos clientes insatisfeitos compareceram. Ellyn se levantou na frente de todos e disse: "Peço desculpas em nome da empresa e de todos os nossos sócios. Não temos feito um bom trabalho. Não é digno de nosso padrão de atendimento e eu peço desculpas sinceras por isso. Em noventa dias teremos tudo consertado. Eu lhes peço que não façam uma mudança em seus provedores até lá e que trabalhem conosco para resolvermos os problemas."

Foi um grande fracasso para um gênio operacional. Ellyn lembra: "Foi terrível. Eu estava me sentindo péssima. Pensei que minha carreira estava acabada. Não achei que conseguiria me recuperar."

Por fim, o modelo de sua equipe provou estar correto, mas ela demorou quatro meses para resolver os problemas de execução. Ellyn descobriu o que precisava fazer voltando à sua equipe e pedindo feedbacks honestos — "ficando nua", como ela coloca. Ela admitiu: "Estamos perdidos e quem nos trouxe a este ponto fui eu. Precisamos achar novamente uma saída. O que precisamos fazer para consertar isso?" E assim eles resolveram tudo juntos. Ellyn conta: "As pessoas sempre se dispõem a ajudar diante de um pedido de ajuda. Eu encontrei uma força que não sabia que as pessoas tinham. Descobri uma força em mim mesma que eu desconhecia."

A princípio, Ellyn lutou contra o sentimento de desesperança. O medo pode obscurecer a perspectiva e, para ela, isso foi uma ameaça em alguns momentos. Temeu perder o que mais prezava: sua independência. O medo a levou a trabalhar duro, mas ele também a atraiu para a crise. "Obviamente, eu passava por momentos pessoais difíceis; quando não estava perto de alguém, pensava: 'Uau, isso não está sendo fácil. Isso de fato é difícil e posso estar errada.' Com casa, carro e despesas, estava apavorada com a possibilidade de perder tudo."

Mas sua equipe se manteve unida, e ela recorreu a um colega que era "ainda mais otimista". As conversas com ele a ajudaram a reconquistar sua confiança. "Eu ia para o escritório dele e dizia: 'O que vamos fazer? Algum dia isso vai dar certo?' Então, ele dizia: 'Claro que vai.'"

Ainda bem que essa fase ameaçadora foi breve. "Noventa dias não é tanto tempo, e no fim o trabalho funcionou", relembra Ellyn. "Comecei a acordar de manhã sabendo que ia conseguir chegar ao fim do dia. E fomos indo até construir um maravilhoso negócio."

À medida que as coisas começaram a funcionar, a própria recuperação de Ellyn também se iniciou. "Fiquei em maus lençóis por um longo tempo", afirma. "Foi meu pai que me ajudou a entender o porquê. Lembro-me de dizer a ele: 'Não foi minha culpa as coisas terem dado errado. Eu tinha uma equipe de projetos e todas essas outras pessoas, e eu não estava gerenciando a renegociação bancária. Certamente, ninguém podia me responsabilizar pelo problema!' E papai replicava: 'Sim, eles podem.' Ele me olhava de maneira reprovadora. 'Não é você que dirige essa empresa?' 'Sim, sou.' 'Então você precisa ficar e resolver o problema.' Eu aguentei firme e resolvi. A gente aprende tanto consertando quanto errando."

No final, Ellyn ganhou uma perspectiva importante. Com toda a atenção às minúcias, sua equipe tinha perdido o foco nos problemas de verdade. "Talvez eu não tenha duas mil ações no gráfico de Gantt da próxima vez, mas vou realmente saber como correr mais riscos", comenta. Ela também percebeu que seu medo nos momentos mais difíceis era infundado: "Uma das coisas pela qual sou apaixonada é dizer aos jovens, especialmente às mulheres, 'Vá em frente. O que de pior pode acontecer?' Você sabe o que eles sempre dizem? 'Eu posso ser demitida.' Sim, você pode. É improvável. Você pode se constranger. Isso é possível, mas você não deve ser demitida. E mesmo se for, e daí? Arranje um novo emprego."

O otimismo de Ellyn ajudou seu avanço, e no final das contas a levou a vitórias maiores. Mas ela ainda precisava trabalhar duro para reconquistar o relacionamento mais próximo que tinha com seu chefe. "Bob começou o degelo após um ano e agora já damos risada sobre isso", conta. "O problema é que ele conhecia muitos desses clientes pessoalmente. Tinha trazido a maioria para a Fidelity e por isso ficou tão zangado, pois eles estavam sendo vítimas de nosso péssimo serviço e se sentia responsável por eles. Tinha o direito de ficar zangado. Pensei: 'Um dia, ele vai me perdoar e voltar a falar comigo como antes, e nós vamos ficar bem.' E foi isso o que aconteceu."

Ellyn aprendeu muitas coisas com essa experiência dolorosa, inclusive que deveria parar de duvidar de si, uma atitude que em geral acompanha o revés. "Aprendi que não era o fim do mundo e que eu ia ficar bem", diz.

Hoje em dia, Ellyn contabiliza entre suas habilidades a capacidade de se recuperar rapidamente. E, segundo ela, isso sempre começa com a equipe: "Tiro energia de todo mundo. Fico mais feliz quando estou cercada por outras pessoas, trabalhando e fazendo as coisas junto com elas. Também sou muito leal. Sempre sei onde minha equipe está, sempre."

Ellyn utiliza seu otimismo para sobreviver. "A única hora em que a escuridão chega é quando estou sem opções. Se eu posso criá-las, então posso escolher uma. E assim que escolho uma, vou criando outras." Ela também persevera: "Sou incrivelmente séria e intensa. Acompanho as coisas até que estejam prontas, não importa se estão feias ou se vão demorar a acontecer."

Ellyn encontrou a força necessária em seus valores. "Acredito que as pessoas são basicamente boas e querem fazer o bem", explica. "Algum dia vou ter que assumir a responsabilidade pelo que fiz e pela maneira como tratei as pessoas. Quero estar em paz com isso."

Finalmente, o espírito competitivo de Ellyn a ajuda a enfrentar cada desafio. E por fim, ela comandou as áreas comerciais e de distribuição institucional e um bom número de áreas operacionais da Fidelity.

Mas então era tempo de avançar: "Em 2007, depois de 17 anos de carreira fabulosa, decidi que era tempo de buscar outras oportunidades profissionais e pedi demissão."

Trinta anos de jornada, e Ellyn continua a aprender e a crescer. Ela refletiu sobre essa crise nos negócios e teve um profundo insight: "Você não pode viver sua vida com medo. Viva de modo esperançoso. Uma reação natural ao fracasso é ter medo e se apequenar", diz Ellyn. "Mas o que você deve fazer é se agigantar. É uma oportunidade de crescer, não de encolher. Esse processo pode ser um pouco duro — todas as coisas que ajudam você a crescer são difíceis."

Ellyn sempre olha para a frente, não para trás. Essa é uma atitude essencial que a ajuda a se recuperar. "Não tenho certeza do que preciso nesse momento", diz Ellyn agora. "Minha jornada tem sido extraordinária, mas ainda não acabou. Estou me desenvolvendo."

Feedback pode ajudar você a crescer

Otimistas confrontam a adversidade diretamente, solicitando feedback e enfrentando esses fatos. Isso é o que Ellyn aprendeu com a experiência. Ela enfrentou seus chefes, seus clientes e sua equipe. Dito isso, muitas mulheres acham que o feedback solicitado é desconfortável, e isso é compreensível. Ele com frequência colabora para uma postura defensiva e é difícil verificar essa resposta de modo a entender bem os fatos.

Você pode esperar e aprender essa habilidade na próxima vez que enfrentar uma adversidade. Ou pode se preparar ao simular essa experiência. Veja aqui como: escolha sua própria situação adversa — seus projetos atuais fracassaram, digamos —, então preveja todos os resultados possíveis para ela, anotando-os. Atribua uma probabilidade para cada um. No caso de Ellyn, ela deve ter previsto três resultados para seu péssimo desempenho: ser demitida, pedir demissão com raiva ou aceitar o feedback e trabalhar para consertar a situação. Quando ela pensar a respeito (talvez com a ajuda de um colega confiável), poderá estimar as possibilidades como 5%, 15% e 80%, respectivamente. Essa abordagem a ajuda a ganhar distância suficiente para ver as coisas com clareza, sem que as emoções turvem sua perspectiva. O ato de comentar sua análise com mais pessoas provavelmente revelará outros resultados em potencial que você pode não ter cogitado. O simples ato de anotar num papel ajuda.

Uma segunda abordagem também ajudará você a ganhar distância ao anotar as coisas. Aqui, seu objetivo é olhar a situação de diferentes perspectivas. Anote o que de fato aconteceu naquela situação adversa, mencione cada elemento que lembrar. Descreva como cada pessoa envolvida deve ter visto isso. Agora, identifique quais observações são fatos e quais são crenças. Então, revele as consequências de suas crenças. Por exemplo, tivesse Ellyn se colocado no papel de seu chefe, ela teria descoberto alguns fatos novos para desafiar suas crenças originais. Como estava na defensiva, estava focada nela mesma e não percebeu de imediato como os outros também foram afetados pela situação. É útil procurar as pessoas que você confia e que têm uma visão privilegiada do fato. Elas podem fazer um diagnóstico mais preciso. Peça que analisem sua descrição da situação, ou sua visão do que aconteceu. Se você não tem ninguém com quem conversar, reflita sobre o que aconteceu a partir de todos os ângulos, assumindo a perspectiva de cada um dos envolvidos. Se incluir isso em sua rotina, vai limitar sua exposição à ruminação. Diagnóstico e ação se tornarão a resposta prática para a adversidade.

Uma terceira abordagem pode ser útil na hora que você estiver recebendo um feedback formal. Se já sabe que ficará tensa e na defensiva, prepare-se com antecedência. Assegure--se de estar descansada e com a cabeça fria; é difícil permanecer aberta e flexível quando se dormiu pouco. Ensaie algumas perguntas previamente que a deixem confortável, como "Diga mais", "O que eu poderia ter feito de diferente?", "O que posso fazer para desenvolver essa habilidade?", "O que você fez para desenvolver essa habilidade?". Você pode até anotar para uso próprio algumas palavras-chave (por exemplo, "defensiva", "faça perguntas") num bloco para lembrar na hora.

O feedback, inclusive as críticas, pavimentam o caminho para o crescimento. O tempo e, mais uma vez, as líderes nos disseram: aprenda o que puder com os erros e fracassos. Às vezes, você pode resolver o problema e se recuperar. Outras vezes, tudo o que pode fazer é aprender e seguir em frente. Sua próxima oportunidade está à sua espera.

Capítulo 9
Pronta para mudar

Sentei-me numa sala cheia de advogados, banqueiros e conselheiros. Eu, que nunca tinha feito isso antes, disse: "Agora precisamos conversar sobre o que vamos fazer." E todos começaram a falar, blá-blá-blá. Todo mundo queria ter a palavra. Eu disse: "Vamos começar de novo. Vou perguntar a cada um e gostaria de uma resposta bem concreta sobre o que acham que devíamos fazer. Não olhando para trás, mas vislumbrando como é possível avançar." Depois disso, a reunião se transformou numa fantástica discussão.

Karen Moses, COO da Origin Energy

Líderes bem-sucedidas são capazes de inspirar suas empresas na direção de um objetivo compartilhado que é pleno de significado. Todos se movem na mesma direção, alinhados. Acontece a mesma coisa com o objetivo pessoal da líder: ela inicia uma jornada em direção a um lugar brilhante no horizonte. E, se estivermos num conto de fadas, surgirão desafios ao longo do caminho, mas ela chegará com segurança e viverá feliz para sempre.

Mas isso é realidade. Obstáculos de fato atrapalham, e às vezes eles aparecem na vida. As circunstâncias mudam. É nesse momento que a líder percebe que é hora de acertar o curso. Essa é a coisa mais difícil para todas: você precisa estar especialmente focada nos compromissos e, ao mesmo tempo, estar disposta a se deixar levar quando já não é possível ter a solução ideal.

Adaptabilidade é nossa próxima habilidade para você. Achamos que as mulheres começam com uma vantagem natural. Se você é mãe, está familiarizada com a necessidade de fazer mudanças repentinas. Qualquer uma que passou pela experiência de ver seu filho botar uma loja abaixo sabe do que estou falando. Qualquer uma que teve adolescentes em casa sabe melhor ainda que é preciso se adaptar cada dia a necessidades imprevisíveis.

Se você é mãe, se adaptou de diversas maneiras. Você também teve que fazer concessões entre a casa e o trabalho. O simples fato de ser uma garota faz com que aprenda mais do que seus colegas sobre atender as necessidades dos outros durante sua criação.

Portanto, por que temos que nos preocupar com adaptabilidade se já estamos preparadas? Muitas mulheres ignoram essa vantagem natural quando vão para o trabalho. Pesquisas indicam que diante dos desafios, elas se desdobram, mergulham ainda mais fundo no trabalho para manter a superioridade. Você pode vencer, mas com frustrações tremendas e um forte desânimo, para dizer o mínimo. Pior, você não procurou outras opiniões que poderiam ser mais eficientes agora. Isso é tudo, menos demonstrar adaptabilidade.

Não é preciso abrir mão do sono para encaixar tudo mais quando a situação muda. Você não precisa descobrir o acordo impossível que faz todo mundo feliz. Em situações profissionais desafiadoras, fazer a mesma coisa de forma mais intensa pode ser o pior a se fazer (nada menos do que quase arruinar a situação). O que se tem de fazer é descobrir soluções alternativas — um atalho ou mesmo uma estratégia totalmente nova.

Isso é adaptabilidade. Pense a respeito de como um caminho diferente se revela naquele momento, mesmo se ele é apenas uma pausa para reflexão.

Adaptabilidade é certamente uma exigência para uma líder como Christine Lagarde, a primeira mulher a atuar como ministra da economia, finanças e trabalho para uma nação do G-7. Antes disso, ela foi a primeira presidente do Baker & McKenzie, um dos maiores escritórios de advocacia do mundo. A experiência de Christine como uma nova liderança minimiza o impacto da adaptabilidade.

Resolvendo um impasse

Christine diz que sabia ter os requisitos de uma líder, mesmo quando ainda era uma garota competindo na equipe francesa de nado sincronizado. "Logo que comecei a nadar, virei treinadora da equipe júnior. Eu adorava fazer aquilo, pois desfrutava da confiança dos outros e isso me dava uma dose extra de energia", conta. "Acho que sempre fui uma líder de várias maneiras. Você precisa aceitar o trabalho se tem as habilidades, as inclinações, e, o que é mais importante, se as pessoas de fato acreditam que você pode ajudá-las. Ser uma líder tem muito a ver com ajudar os outros a realizarem o que eles têm capacidade de realizar."

Quando nos encontramos com Christine, perguntamos se sua jornada de 19 anos até o topo do Baker & McKenzie foi muito tumultuada. Ela riu. "Seria legal dizer: 'Sim, foi terrível. Tive todas aquelas montanhas para ultrapassar, e todos aqueles obstáculos para superar.' Mas não, foi uma caminhada maravilhosa, muito por causa da química entre minha personalidade, minhas aspirações, e os valores e princípios da empresa."

Dito isso, ficaram surpresos quando Christine assumiu o timão. "Nós tínhamos acabado de atravessar uma fase — isso acontece em todas as empresas — em que estouramos o orçamento. Foi durante a bolha da internet. A gestão estava desacreditada e fora muito criticada", explica. "Havia total falta de confiança na governança da empresa. Como consequência, a autoestima estava baixa. A principal tarefa que defini para mim mesma, e então para a equipe, foi a de rejuvenescer a companhia e restaurar a confiança. Nós profissionais somos fantásticos tanto para nos elogiar quanto para nos criticar, mas em vez de deixar todo mundo olhando para o próprio umbigo, eu os forcei a olhar para o cliente em primeiro lugar. Analisamos a empresa inteira em termos de tomada de decisão, práticas, estrutura e como nós nos descrevíamos."

Christine enfrentou ampla resistência. "Poucos profissionais podem ser mais conservadores do que advogados", explica. "Somos treinados para ter aversão ao risco, e encorajar mudança numa empresa é provavelmente o maior dos desafios." Seus predecessores a desencorajaram a tentar. "Eles disseram: 'Você não vai conseguir. É muito difícil. Você vai acabar quebrando a cara. Não faça isso.'"

Mas ela fez, ao longo de muitos anos. O estilo escolhido foi inclusivo e adaptativo. Primeiro, ela consultou todas as filiais espalhadas pelo mundo porque sabia que a aceitação delas seria crucial. "Eu precisava garantir que todo mundo estava junto nessa", conta. "O processo duraria o tempo que fosse necessário. Então, passamos pela fase de analisar, mensurar, fazer *benchmarking* e aconselhamento. No final do quarto ano, acho que chegamos lá. Tínhamos revirado cada pedra, analisado todos os ângulos e podíamos apresentar nossas ideias aos sócios. Precisávamos de 75% dos votos para seguir em frente."

Christine foi para a assembleia de sócios preparada para colocar o plano de mudanças em votação. "Foi uma longa sessão de explicações e de discussões. Pense numa mulher com seiscentos sócios, todos achando que sabem mais do que você, porque são os donos e com todo o direito querem dizer o que eles têm que dizer. Conversamos até as quatro da tarde e pensei que tínhamos abordado tudo. Eu disse: 'Vamos fazer a votação.' A contagem deu 72% a favor. Naquele momento, encerrei a reunião e só retornamos no dia seguinte."

O que você teria feito se estivesse na posição de Christine?

"Você pode imaginar que durante aquela noite nós trabalhamos duro, discutimos bastante. Quase não dormi", lembra. "Estava sob enorme pressão dos membros que integravam os 72%, bem como de meus predecessores, para conseguir implantar o projeto. A maneira que o voto da maioria tinha sido conquistado no passado mudou a opinião de alguns durante a noite, trabalhando nos corredores e garantindo que conseguiríamos convencer os outros 28%. Tive um último encontro às seis horas da manhã com o comitê executivo global. Discutimos e decidimos o que fazer."

Se houve algum momento para testar a adaptabilidade da líder, foi esse. Christine entrou na sessão plenária com os seiscentos sócios. "A maioria estava esperando votar novamente segundo nossa recomendação, mas então eu disse: 'Isso é o que teria acontecido nos velhos tempos. Haveria algumas mudanças de opinião, reformulações e pressões até que o projeto conseguisse passar, mas eu não quero que isso aconteça dessa maneira.'"

Para a surpresa dos sócios reunidos, ela disse: "Vamos trabalhar mais um ano e fazer o que for necessário, mas quero que vocês fiquem felizes com isso porque esse é o nosso projeto, a nossa estrutura e a nossa empresa."

Foi uma decisão difícil abandonar a própria agenda, adiando a implementação do projeto por um ano, mas isso foi um divisor de águas na história da empresa. "Voltamos no ano seguinte, e a votação foi de 99%", conta ela orgulhosa. "A maior parte das pessoas disse que conseguimos esse percentual por causa da maneira que lidamos com a votação anterior, porque eu respeitei suas visões. Isso se alinha muito aos valores que a empresa cultiva — inclusive o respeito, a tolerância e a diversidade."

Não muito tempo depois, Christine saiu para trabalhar no governo. Como ela conta, foi preciso um telefonema — e vinte minutos — para que ela optasse por um novo caminho. Nós também adoramos essa história porque ela destaca que a adaptabilidade e a tomada de decisões vão juntas.

"Eu estava no meio do trabalho de fusão de nosso escritório de Nova York com outra empresa da cidade", lembra Christine. "Era um projeto muito estimulante no qual eu tinha trabalhado durante quatro anos e meio." De volta a Paris, no entanto, as coisas se encaminharam para outra direção. "Eu sabia que o governo francês estava trabalhando na formação de uma nova equipe que seria anunciada na sexta-feira de manhã", conta. "Na quinta-feira de manhã, quando acordei, recebi um e-mail dizendo que o ministro das finanças queria conversar comigo urgentemente." Aquilo só podia significar uma coisa: um convite para me juntar ao novo governo.

Ela decidiu manter o plano de ir para a academia de ginástica. No caminho, telefonou para seus principais sócios e conseguiu falar com três deles. "Não pedi conselhos para mim", explica. "Queria saber suas opiniões sobre como a empresa em que eu trabalhei por 25 anos reagiria se eu saísse. Se os três tivessem dito: 'Christine, nós precisamos de você. Você tem que ficar', eu teria ficado, mas eles falaram: 'Trata-se de uma convocação e você deve colocar o país em primeiro lugar. Nós lidamos com a fusão e a concluímos.'"

Quando ela voltou da academia, havia uma nova mensagem, desta vez do próprio primeiro-ministro. "Então, eu liguei para ele e conversamos durante vinte minutos. Fiz algumas perguntas que achei necessárias. Houve um silêncio e depois eu disse: 'Quanto tempo tenho para pensar na proposta?' Ele respondeu: 'Quanto tempo quiser, mas não vou desligar o telefone'", conta. Portanto, com as bênçãos dos sócios, Christine deixou os Estados Unidos e aterrissou em Paris no dia seguinte como Madame Ministra.

Como ela foi capaz de tomar uma decisão tão rápido? "Confiei em meu instinto. Cometo erros, eu sei, mas verifiquei com a família (meus dois filhos). Eles deram as opiniões mais importantes que ouvi. Pensei muito sobre a empresa, porque eu estava abrindo mão de muita coisa, mas ela foi incrível a esse respeito."

Tranquila sob a incerteza

Os professores Ronald Heifetz e Marty Linsky, de Harvard, sustentam que muitos líderes fracassam em lidar com os desafios da adaptação porque não conseguem dar o salto mental de fé para seguir um novo caminho que não tenha um resultado garantido. Por exemplo, desenvolver um novo negócio, alcançar uma nova base de clientes, e forçar qualquer tipo de inovação são desafios versáteis — e um pouco assustadores também. Em cada caso, você não sabe o que vai acontecer, pois não dá para ver muito além. É mais do que ficar confortável com a imprecisão; é ficar confortável com a incerteza também.

Heifetz e Linsky usam uma metáfora irresistível para líderes enfrentando desafios de adaptação. Pense em você "na pista de dança e no balcão" ao mesmo tempo. Quando você está na pista, interage próximo às pessoas ao redor, mas não pode ver muito além delas. Pode até se perder no momento. Você sente o que as outras pessoas sentem, mas não tem muito distanciamento ou perspectiva.

Agora troque de posição. Imagine-se no balcão, olhando para a pista de dança. Você consegue enxergar padrões — o que está acontecendo em todo o espaço. Reenquadre para ver se essa visão mais ampla pode ajudá-la a identificar novas direções ou insights.

Uma coisa é imaginar essa experiência extracorpórea no balcão, flutuando sobre a confusão, outra é fazer isso no calor do momento. O que você enfrenta na pista de dança é um fluxo de emoções das pessoas ao redor, e também as emoções que você pode estar sentindo; possivelmente raiva, confusão, ansiedade, medo ou frustração.

Muitas situações, não apenas mudanças importantes, provocam esses sentimentos. Você está em confronto direto com um valentão. Sua equipe está absolutamente contra seguir na direção que você se comprometeu a seguir. A alta administração está criticando o plano que você passou seis meses desenvolvendo. Os clientes a estão renegando. Você está no olho do furacão, e isso pode fazer você se sentir mais ou menos como uma pugilista no oitavo assalto — enfraquecida, sem perspectivas e desejando que o oponente desista ou acabe logo com a luta. Portanto, o que e como faz?

Aqui vão algumas sugestões para reconquistar seu equilíbrio no momento. Digamos que está numa reunião e que as coisas não vão bem. Você conhece os sinais: o coração disparado, você interrompe as pessoas e fala rápido demais, você está na defensiva. Este é o sinal para recuar. Lembre-se das três reações da humanidade ante o perigo: lutar, fugir ou permanecer imóvel. A parte ancestral de seu cérebro sequestrou você, mas dá para se desvencilhar.

Primeiro, respire profundamente e conte até dez — tempo suficiente para apertar o botão reiniciar. Agora você tem algumas escolhas. Se puder, saia da sala por 15 minutos para analisar o que de fato está acontecendo. Busque a distância física que você precisa para ver o panorama da situação. Se sair não for possível, imagine que você é uma observadora da reunião e faça uma "verificação de realidade expressa". Coloque-se no lugar de outra pessoa, talvez de alguém oposto a você, para conseguir uma visão diferente. No mínimo, pare de falar e tente escutar e entender o que está por trás dos comentários das pessoas. Faça perguntas para sondar com maior profundidade suas declarações. Se estiver liderando a reunião, peça para recapitular — circule pela mesa e ouça a visão atual de cada participante. Ao refletir com tranquilidade, poderá ver a situação de forma diferente.

Quando o desafio não exigir adaptações imediatas, procure mentores e padrinhos para uma perspectiva mais detalhada. Esses funcionários seniores não estarão tão desatentos e podem ajudá-la a entender o panorama geral da empresa. Você pode também recorrer (discretamente) a pessoas que estão no centro do processo com você. Como elas estão se sentindo? Leve-as para o balcão com você. Quem apoia o que você está fazendo? Quem se opõe? Como o processo está de fato acontecendo?

Observar do balcão não é suficiente. Ter as duas perspectivas é muito útil, especialmente quando o ambiente está mudando de forma rápida ou significativa, e as pessoas estão ansiosas e não sabem o que se espera delas.

Portanto, não passe tempo demais no balcão; perceba quando for a hora de voltar a dançar. Fazer as perguntas difíceis pode ajudar você a ter um pouco de perspectiva. Também é uma ótima tática para coletar informações vitais. Pense naqueles detetives da TV, Columbo e Kojak, que há muito não existem. Columbo, com seu sobretudo puído, faz educadamente uma porção de perguntas; às vezes, a caminho da porta, a pergunta que ele faz soluciona o caso. Por outro lado, Kojak demonstra sua lógica superior de maneira intimidadora. Columbo é especialista em ouvir, Kojak é especialista em falar. Seja mais como Columbo quando precisar se adaptar.

Acima de tudo encontre aliados que possam apoiá-la, protegê-la ou reforçar sua causa. Mas procure a oposição também. Conhecer as objeções dos adversários e abordar os desafios vai tornar seu plano melhor.

Na pista de dança você pode também ser uma fonte de inspiração poderosa para outras pessoas. Foi o que Christine fez quando enfrentou os sócios naquela segunda manhã. Ela era a prova viva da crença no respeito mútuo. Não é de se surpreender que tenham aceitado a proposta no ano seguinte.

Mas assim como grande parte das mulheres trabalha demais para serem apreciadas, não espere que as pessoas gostem de você. Quando estiver à frente de uma mudança na empresa, haverá perdas. Nem todo mundo ficará do seu lado e alguns tentarão bloqueá-la. À medida que forem revelando sua insatisfação, você poderá encontrar resistência numa pessoa nova: você mesma. Enfrentar os próprios medos em primeiro lugar a tornará uma líder melhor.

Sempre versátil

Lembre: ir e vir em sua jornada de liderança não é apenas uma coisa boa, mas esperada. Toda líder com quem conversamos teve que se adaptar às reviravoltas do caminho conforme novas oportunidades, aventuras e desafios se apresentaram. Quando não nos adaptamos, profissional e pessoalmente, perdemos perspectiva e nos tornamos pessoas rígidas, deixando que o mundo nos aprisione e que nossas emoções se turvem.

De tempos em tempos é preciso replanejar de modo consciente: pense em seus objetivos e se deve mudá-los. A fórmula que funcionou para você no passado pode não mais se encaixar nas atuais circunstâncias. E quando você vir (ou sentir) os sinais de que as coisas estão se fechando, respire fundo e corra para o balcão. Não queremos que você mude seu jeito de ser aberto a mudanças.

Capítulo 10
A jornada, não o destino

O otimismo tem guiado Eileen Naughton pelas curvas da estrada, por meio dos altos e baixos profissionais e pessoais. Com uma atitude flexível, ela busca regularmente a próxima oportunidade para explorar sua paixão: como repórter, como guia de turismo, como executiva de revista. Depois de poucos anos em seu trabalho dos sonhos, como presidente do Time Group, Eileen foi demitida. Atual diretora de plataformas de mídia do Google, ela ainda está caminhando, ainda otimista e mulher da Renascença.

As raízes da jornada

Meu pai era um imigrante da Irlanda que trabalhou para a companhia telefônica de Nova York. Minha mãe era muito ocupada com a criação dos seis filhos. Eles contavam que fôssemos bons alunos, que respeitássemos os professores. Nossa casa era cheia de regras — fazer as coisas a tempo, manter o quarto arrumado, comer de garfo e faca, nunca responder a um parente, ir à igreja. Sou uma pessoa ordeira, mas também sou uma exploradora. Confiança e autoestima faziam parte de mim.

Alguma coisa desde o começo me conectou com as palavras e com o ato de me expressar. Lembro que no quinto ano tive o primeiro poema publicado no jornal local, e, sabe, gostei da sensação: uma ode ao sapateiro que tinha uma sapataria em frente ao nosso edifício. Isso provavelmente instilou em mim uma eterna paixão por sapatos! Então, no sétimo ano, recebi o prêmio Daughters of the American Revolution por um ensaio sobre Thomas Jefferson. Tive que lê-lo diante de senhoras ricas em seu restaurante favorito. Os joelhos tremiam; nunca tinha falado em público antes.

Depois da faculdade, recebi duas propostas de trabalho. Uma era para trabalhar num banco de investimentos num programa de trainees em Wall Street, e a outra era a vaga de redatora numa agência de notícias. O banco teria sido uma carreira mais lucrativa, mas eu sabia que gostava de escrever. Por isso, fui a Nova York para cobrir tudo, desde viagens até reformas de casa e desfiles de moda. Tive problemas com meu chefe, e depois de um tempo vi que precisava pedir demissão. Eu queria voltar para a Europa, pois falava duas línguas, e achava que trabalhar como guia de turismo era como ter férias pagas.

Depois de dois anos de diversão, chegou a hora de encarar as coisas com mais seriedade. Trabalhei no MasterCard International, em Nova York, como gerente de comunicações no departamento de relações públicas, até descobrir que precisava de um MBA. Fui para Wharton, conheci meu marido e nos mudamos para a Europa.

O começo de nossas verdadeiras carreiras aconteceu em 1989, quando voltamos a Nova York. Nunca me imaginei encarando dia e noite uma tela de negociações em Wall Street. Isso teria acabado com minha alma. Sabia o suficiente sobre o que gostava para virar a proa de meu navio em direção à publicidade. Sabe, eu sempre segui minhas reações mais naturais. O jornalismo sério foi uma delas.

Portanto, é provável que não seja coincidência eu ter procurado uma oportunidade de trabalho no Time Group. Comecei a trabalhar na divisão de produção — não muito incrível e não para onde os MBAs iam! Isso não importava. Trabalhar na Time, sim. E após 18 meses, fui chamada para ser gerente de negócios editoriais da *Fortune*. Lembro-me do aviso de um colega: "Você está cometendo um grande erro. Se quer uma carreira em finanças, o editorial não é o lugar para onde você deve ir." Mas eu estava indo aprender como se faz uma revista.

Adorei. Nosso negócio estava indo bem e recebi uma incrível oportunidade de ajudar a reorganizar o modelo de negócios da *Fortune*. Foi durante a gravidez de meu segundo filho e eu estava com um barrigão de oito meses. Tudo era maravilhoso.

O único grande desafio

Um dia, tudo parou. Nós tínhamos um encontro com um geneticista. Recebemos a terrível notícia de que nosso primeiro filho tinha uma deficiência chamada síndrome do X frágil e que ele nunca viveria de forma independente ou levaria uma vida normal. Havia também uma chance em duas de eu passar o gene para o bebê que gestava.

Aprendi tudo isso numa terça-feira às três da tarde. Na manhã seguinte, eu era uma das três palestrantes do encontro anual de gestão da Time Warner. O evento seria transmitido para todos os escritórios pela primeira vez. Nosso presidente do conselho estaria sentado na primeira fila. Obviamente, era uma imensa honra ser escolhida. Lembro-me de voltar para o escritório do hospital Mount Sinai para terminar os malditos slides e definir o que ia dizer.

Normalmente, eu estaria supernervosa ao falar em frente a uma multidão tão solene. Mas, quando acordei no dia seguinte, percebi que a pior coisa que poderia me acontecer tinha acontecido. Foi libertador. Não acho que percebi naquela manhã quão profundamente essa deficiência afetaria a vida do meu filho. Eu estava em choque.

Eu me levantei e fiz um bom trabalho. Percebi que nunca teria medo de mais nada na vida. Eu ia ficar bem, assim como meu filho. Nós íamos dar um jeito.

Aquele momento de certa forma me libertou. Eu sabia que precisava trabalhar para pagar a ajuda, mas também sabia que o trabalho seria um ótimo antídoto para a dor. Isso contextualizou o resto da minha vida. Algumas coisas que poderiam parecer difíceis ou importantes não pertenciam mais à categoria de coisas difíceis e importantes. Aprendi a abraçar as diferenças e a ser menos rígida.

Não, eu não entrei em crise. Lembro-me de ter chorado incontrolavelmente antes do segundo bebê nascer. Era tão triste e assustador imaginar se ele também teria a síndrome do X frágil. Mas eu tive uma filha, perfeitamente saudável, e parti para o terceiro filho. Nunca se sabe exatamente o que o futuro nos reserva.

Acho que meu marido e eu nos levantamos e agimos como se tivéssemos uma missão. Eu me tornei especialista na síndrome, e conseguimos um monte de tratamentos para nosso filho, porque nos primeiros anos você acredita que pode consertar e então um dia aceita que não pode. Mas sou otimista por natureza. É difícil algo me deixar deprimida.

Colocamos Patrick num internato especial em Boston. Foi uma decisão difícil. A vida dele não é o que esperávamos, e é muito pesado criar uma criança com uma deficiência profunda, mas não nos falta amor e alegria em fazer isso. Nós conversamos toda noite. Quando Patrick foi pela primeira vez para a escola, não conseguia comer usando garfo e faca. Agora ele está realizando coisas ousadas. Tem um metro e noventa de altura e é feliz e engraçado.

Um dia, quando nosso diretor financeiro veio conversar comigo sobre trocar de cargo para comandar um programa de gestão de custos, sabia que a empresa precisava fazer isso e não podia recusar. Fiquei preocupada com minha popularidade, mas confiei no sistema, e tudo funcionou muito bem. Foi uma ótima maneira de conhecer o Time Group e sua administração. E ninguém me odiou!

Então, em janeiro de 2000, anunciaram que a Time Warner e a AOL estavam se fundindo. Houve dança nos corredores. Nossas ações estavam em alta. A ideia era brilhante, mas, como se viu, o negócio da AOL não era o que se imaginava. Fui escolhida para trabalhar na integração — outra oportunidade de crescimento. Naquele verão, a chefe de relações com os investidores da Time Warner pediu demissão, junto com sua vice. Lá estávamos nós, uma empresa aberta sem ninguém para tomar conta das relações com os investidores em meio a uma fusão complexa. O presidente do conselho da Time Warner me chamou para conversar e disse que eu era, de longe, sua favorita para comandar o setor. Eu pensei: "Hã? Como assim?"

Eu sabia que cuidar das relações com os investidores era uma tarefa que exigia tanta força pessoal que eu só poderia fazer aquilo por alguns poucos anos. Mas também pensei: "Vai ser divertido participar da fusão desses dois gigantes! Emoção pura." E foi mesmo. Quando olho para trás, acho que foi minha Bagdá pessoal.

Cerca de 18 meses depois, recebi uma ligação de Ann Moore, que é a atual presidente do conselho do Time Group. Ela disse: "Eileen, tenho uma tarefa muito interessante para conversar com você." E eu pensei: "Uau, ainda bem. Agora vou voltar para lá." Deixei que ela gastasse dois minutos descrevendo as tarefas da revista *Time* antes de aceitar e dizer: "Por que eu não faria isso?" Eu estava assustada, mas sempre quis trabalhar na *Time*. Nunca, nem nos sonhos mais ousados, pensei que trabalharia aqui como presidente. Houve apenas três ou quatro presidentes na *Time*, e nenhum deles era mulher. Era meu emprego dos sonhos se tornando realidade.

Durante essa parte da minha jornada de vida, acho que me tornei uma boa líder. Fui capaz de me tornar uma porque estava muito conectada com o temperamento, a cultura e o ambiente de trabalho. Em primeiro lugar, e acima de tudo, aprendi a estabelecer relações de confiança. Você precisa demonstrar que está disposta a tomar decisões difíceis: não pode tolerar desempenhos ruins, precisa ter uma equipe que vai enfrentar uma enxurrada de críticas com você. E precisa querer fazer isso por ela. Acho que montar uma ótima equipe é a característica mais importante de uma líder — a capacidade de tocar as pessoas, de lhes dar visão e direcionamento a um objetivo, de mostrar-lhes o caminho e de recompensá-las quando chegarem lá, dando elas passos pequenos ou gigantes.

Além disso, percebi desde o início que era uma das pessoas mais sinceras do grupo. Sou educada, tenho boas maneiras e sei ficar em silêncio. Não falo coisas grosseiras, mas chamo erro de erro se vejo um. Não é pessoal, e sim profissional. Não acho que seria respeitada se deixasse um problema crescer ou se mantivesse a pessoa errada na posição errada por muito tempo e não resolvesse a questão. Para mim, é importante que essas decisões sejam transparentes e baseadas em fatos ou em números. Isso é mais importante do que ser admirada. Com a experiência, você exercita mais o músculo da decisão. Tenho três filhos, um marido, um trabalho e uma vida. Não tenho tempo a perder.

Emprego dos sonhos ou não, no início de 2005 as coisas não estavam indo muito bem para a empresa. As consequências da fusão com a AOL foram claras: a Time Warner continuaria a funcionar com um desempenho financeiro abaixo do esperado. Ao mesmo tempo, o modelo de impressão estava sob ataque, e os custos dos insumos — papel, tinta, transporte e correio — cada vez mais altos. Havia uma ampla transferência de leitores para a internet. A *Time* estava na encruzilhada dessa mudança profunda. Tínhamos tido nosso melhor ano em

2004, mas no fundo acho que eu sabia que aquele ano nunca mais se repetiria.

Portanto, no final de 2005, Ann Moore tomou a decisão de fazer uma demissão em massa para salvar a empresa. Ela tinha que cortar um bocado de custos — e olhou primeiro para o grupo de profissionais seniores da divisão. No dia 13 de dezembro, houve uma limpa completa, de 65 pessoas.

Ann veio me ver — sua voz estava instável — e ela disse que tinha tomado algumas decisões. Cortara meu cargo e o do meu chefe. Depois que saiu do escritório, liguei para meu marido e disse: "Querido, meu cargo foi eliminado." Como minha voz começou a falhar, ele disse: "Isso é ótimo! Você acabou de receber o passe livre!" Toda a equipe me levou para jantar naquela noite e acabou tomando vodca demais. Só me lembro de entrar num carro preto e de dizer: "Até mais, pessoal." E fui para a cama.

De certa forma foi um grande alívio. No último ano de minha gestão tive escolhas muito limitadas, investimentos limitados e responsabilidades limitadas sobre o que podia fazer. A empresa funcionava sob um manto de suspeição e de falta de confiança. Não era um ambiente em que eu pudesse prosperar.

Mas então as coisas se definiram. No primeiro dia eu ainda estava chocada. No seguinte, fiquei com raiva. Não me senti à vontade ao longo do mês seguinte, porque estava habituada a ter controle sobre minha vida. Passei a fazer ioga e a cuidar da casa e da família. Só em março consegui me sentir livre.

Eu queria trabalhar. E estava bem claro para mim que eu precisava ter três condições atendidas no próximo emprego: ele precisava ser baseado num modelo de negócios digital; as perspectivas de crescimento precisavam ser nítidas e definidas; e eu precisava de uma equipe de liderança que tivesse demonstrado um conjunto de princípios e valores fundamentais com os quais eu pudesse me conectar.

Dessa forma, recusei empregos na área editorial, e quanto mais procurava, pesquisava e conversava com as pessoas, mais parecia que o Google preenchia todos os requisitos. Procurei por um *headhunter*, que disse: "Eileen, eu tenho uma oportunidade lá, mas não sei se é algo que você consideraria aceitar." Aqui estou, vindo da presidência da *Time*, para a direção de publicidade e vendas de mídia do escritório do Google em Nova York. Perguntei a ele: "Qual é o tamanho do negócio?" Estava avaliado em mais de quatrocentos milhões de dólares. "Grande o suficiente", pensei. Um negócio de verdade.

Encontrei a equipe do Google em Nova York e recebi um convite na terceira semana de junho, pelo que me lembro. Tirei o verão de férias e comecei em setembro.

Eu trouxe muitas habilidades e experiências para o Google, mas também tive que aprender muito. A natureza do trabalho me atraiu de imediato, por ser uma empresa moderna. Adorei a reação do consumidor ao Google, e tem coisas incríveis aqui — inovação tecnológica não apenas no espaço ao redor do anúncio, mas na maneira com que você coleta a informação e a torna útil em sua vida. Foi por uma razão semelhante que me senti atraída pelo Time Group no início. Também é muito diferente. É baseado em trabalho de equipe, tem uma cultura não muito centrada em hierarquias. Gostei disso.

Não me arrependo de ter ficado na *Time*. Bem, eu diria que a única queixa pode ser a de ter ficado tempo demais quando o texto escrito já estava em situação crítica. Lembro que passei 17 anos na Time Warner e só posso ter deixado de ver e de estar atenta às coisas por causa da lealdade cega que tinha à empresa.

Acho que de certa forma tive sorte também. Existem diversos tipos de erros estúpidos e de situações corporativas difíceis acontecendo pelos Estados Unidos. Foi um período infeliz para muitas pessoas na indústria. Nós apenas tivemos uma dose antecipada disso na Time Warner. Portanto, meu conselho é: cuide-se. Dê-se ao luxo de pequenos mimos, tenha em mente que a perfeição e o equilíbrio perfeito não existem. Eu geralmente era perfeccionista. Para você ter uma ideia, eu fazia toda a comida dos meus filhos quando eram bebês. Quando olho para trás, eu me espanto. O que será que eu estava pensando? Esqueça a perfeição e o equilíbrio. Sua melhor aposta é o desequilíbrio organizado. Às vezes parece que é o caos, mas isso não me faz perder o sono à noite. Eu sei que a melhor coisa que posso fazer quando algo não deu certo num dia é dormir um pouco e refletir a respeito durante o banho na manhã seguinte.

Tenho motivação e ambição, mas de certa forma minha expectativa é zero. Sempre estive à procura da próxima coisa estimulante e bacana a fazer. Não tinha muito a ver com status e salário. Focar na jornada em vez de no destino é uma maneira bonita de descrever o gerenciamento de uma carreira.

Recentemente, descobri algo que eu tinha escrito na Itália quando tinha 25 anos. Estava limpando o armário e encontrei uma lista de "coisas que quero fazer na vida". Eu queria aprender italiano. Feito. Queria tocar violão. Não fiz. Queria ter um lindo jardim. Feito. Queria ter uma família. Fazendo. Queria trabalhar na *Time* quando tinha 19 anos. Feito. Sou grata pela oportunidade.

Ainda tenho muitos anos de trabalho pela frente. Quero olhar para trás e ser capaz de dizer: "Uau, foi uma ótima vida. Às vezes difícil, mas sempre estimulante. Tem sido interessante."

Parte Três
Conectividade

Capítulo 11
Um caminho para a integração

> Nós não realizamos nada neste mundo sozinhos. O que quer que aconteça é resultado da tapeçaria da vida de alguém — todos os fios individuais, uns presos aos outros, criando alguma coisa.
>
> *Sandra Day O'Connor, ex-juíza da Suprema Corte dos EUA*

Aqueles fios a que a juíza aposentada O'Connor se refere são as suas conexões — os relacionamentos que construímos ao longo do caminho. Praticamente todas as mulheres com quem conversamos para o projeto concordam que a conectividade tem sido essencial para sua ascensão, mas também para seu senso de realização mais profundo. Sabe-se que pessoas com redes de relacionamentos e mentores fortes desfrutam de mais promoções, de melhores salários e de maior satisfação no trabalho. Líderes femininas, em particular, se beneficiam do desenvolvimento profissional e de um ativo apoio na carreira. E, quando estão no comando, elas com frequência conquistam um desempenho superior de sua equipe por causa de sua habilidade de se conectar.

Portanto, construir relacionamentos é parte de seu dia de trabalho. Não se trata apenas de avançar; é parte da manutenção de seu bem-estar e de sua equipe.

Conectividade é a essência da Liderança Equilibrada porque atende a uma profunda necessidade humana. Uma líder com fortes conexões com colegas e equipes pode compartilhar seu senso de significado e sua missão — inspirando-os a também se comprometer de forma extraordinária com o trabalho. A conectividade pode ainda gerar sabedoria, energia e alegria para os envolvidos. A CEO da Xerox, Anne Mulcahy, disse: "Uma das maneiras mais importantes de ser bem-sucedida é criar um exército de pessoas que te apoiam. É legal ter o suporte da pessoa para quem você trabalha, ou da equipe, mas o apoio mais importante que você pode ter é o das tropas."

A ciência da inclusão

Mulheres têm uma aptidão natural para construir relacionamentos. Para os biólogos evolucionistas, essa capacidade remonta ao papel da mulher na pré-história, que foi o de aumentar as chances de sua prole e de sua tribo sobreviverem. Portanto, enquanto o cérebro do macho continuava reagindo ao medo e ao estresse do enfrentamento, a fuga ou a inércia diante da ameaça, as mulheres pré-históricas aprenderam a trabalhar juntas e a ajudar umas às outras a proteger suas crianças e a sobreviver. Assim, elas desenvolveram hormônios "sociais", como a oxitocina, que é liberada nos momentos de estresse e que suspende a atividade na amígdala, ponto de origem da agressividade. Essa é a razão, quando as coisas dão errado no trabalho, pela qual os homens tendem a gritar uns com os outros e as mulheres tentam contornar as diferenças. Nossos instintos de sobrevivência ancestrais estão bem vivos.

As mulheres se beneficiam dessa natureza de muitas formas. Você é provavelmente melhor do que os homens ao seu redor em "supervisão e amizade" — a manifestação moderna do mecanismo de sobrevivência pré-histórico que nos compele a tomar conta do grupo e a zelar pelo seu bem-estar. Fica claro que essa tendência à inclusão pode ajudar você a se tornar uma líder altamente eficiente, capaz de mobilizar talento e comprometimento inspirador.

A arte de se relacionar

Para Amanda, conexões eram um mecanismo de sobrevivência já na infância. Bem cedo, sua família se mudou da Inglaterra para a África e ela passou de comportada garota inglesa a "criança selvagem africana, de pés descalços correndo pela mata", conta. "Meu irmão mais novo e eu brincávamos a maior parte do tempo, correndo em círculos no meio do nada. Eu já era uma exploradora inteligente."

Esse período idílico acabou ab-ruptamente dois anos depois, quando Amanda foi enviada para um colégio interno na Inglaterra. "Lembro que tentei me convencer de que aquilo era uma coisa boa", conta. Por sua conta, Amanda descobriu que a felicidade e o sucesso dependiam de construir os relacionamentos certos. "Foi assim que sobrevivi, tendo que criar minhas próprias conexões quando ainda era bem pequena. Voar da Zâmbia para a Inglaterra por conta própria, passar a noite no aeroporto de Heathrow e então voar para algum outro lugar." Sua volta não durou. "A Inglaterra não funcionou para mim, eu era africana demais naquela época. Então fui para aquele incrível internato na Suazilândia. Aquela escola era minha comunidade. Você provavelmente vai encontrar uma habilidade em comum entre nós — como se tornar parte de uma equipe."

Mais tarde, a habilidade de relacionamento de Amanda a ajudou bastante. No início de sua carreira, ela comandou uma equipe no desenvolvimento de um novo conceito de negócio. Foi um desafio gerenciar uma coleção eclética de especialistas talentosos — e independentes. Acostumada às pessoas com individualidades, Amanda se lembra de como construiu "uma missão e um sucesso conjunto". Segundo ela, "nós nos reportávamos ao CEO a cada três meses, o que minha equipe achou assustador e inspirador ao mesmo tempo. Tom era brutal quando não gostava da direção em que as coisas iam. No início, era eu diante dele, mas pouco a pouco a equipe inteira se juntou a mim; fiz questão de termos uma voz coletiva. Nós preparamos o projeto com uma antecedência de seis a 12 meses porque éramos muito entrosados".

Amanda diz que nunca perde a motivação de construir novas conexões. Mais recentemente, ela procurou o executivo-chefe da divisão de pesquisa e desenvolvimento da IBM, que marcou um encontro para sua equipe. "Fiquei com dor de estômago ao tentar imaginar o que íamos conversar durante oito horas. Estava pensando: 'Por que fiz isso?' Mas foi só começar e o tempo voou. Aqueles cientistas foram incríveis. Sempre me espanto com o fato de que, se você pedir, a maioria das pessoas vai conversar com você", afirma. "Isso me faz ver que não existem limites, apenas aqueles que você cria para você mesma."

Como Amanda faz para construir relacionamentos fortes e poderosos com tantos homens e mulheres? "Ouvindo, ouvindo, ouvindo", ela nos disse. "Tem a ver com chegar a um ponto em que entendo o que motiva o outro. Não se trata do que motiva você. Mulheres são naturalmente melhores nisso, eu acho. Homens são caçadores. Nós cultivamos. Sei que isso soa terrivelmente simplista, mas eu acho mesmo que isso responde por grande parte da construção de relacionamentos."

Tempos atrás, Amanda aprendeu a arte da reciprocidade — dar o primeiro passo e oferecer assistência, começar uma conexão em paralelo com o outro. "Relações simplesmente acontecem", diz. "Algumas pessoas que me orientam de maneira ativa e a quem eu me reporto são de fato bastante mandonas no que tange manter uma relação. Na verdade, gosto muito disso, de ter pessoas de fora de sua vida trazendo perspectiva para sua eficiência e seu impacto."

Por que precisamos de relacionamento estratégico

A desvantagem de nossas habilidades naturais de conectividade reside no fato de que a maneira com a qual gostamos de nos conectar nem sempre é a mais efetiva de se relacionar no trabalho. Como as mulheres usam o tempo para construir relações, muitas de nós tendem a manter um pequeno número de relacionamentos mais profundos com pessoas que pensam de forma semelhante. Os homens, por outro lado, costumam construir redes vastas e superficiais, o que lhes dá uma gama mais ampla de recursos para oportunidades profissionais. Isso coloca as mulheres em desvantagem nas empresas. O típico executivo do sexo masculino possui uma rede de relacionamentos muito maior do que uma mulher do mesmo nível.

Portanto, enquanto os homens se sentem confortáveis com relacionamentos construídos a partir de interações profissionais, as mulheres continuam a procurar por amizades sinceras. Algumas não acreditam em construir redes de relações por causa desse contexto diferente. Mesmo quando fazem, muitas não têm tempo para enriquecer essas redes. Com frequência, isso acontece porque elas vão para casa para o segundo turno (maternidade e dona de casa), enquanto os homens continuam se relacionando depois do expediente. Qualquer que seja a razão, muitas mulheres não dedicam o tempo necessário para construir redes de relações profissionais.

Vamos ser claras. Essa parte não é opcional. Você precisa mesmo de relacionamentos profissionais e de habilidades conectadas para ser uma líder eficiente. É preciso uma rede numerosa e equilibrada, seja você um ser corporativo ou não. E caso precise desenvolver relações mais próximas com pessoas seniores, ou ir além do círculo profissional imediato, queremos que pense imediatamente a respeito de construir relações profissionais. Não se trata de conhecer estranhos numa situação forçada. Estamos falando da verdadeira rede de relacionamentos — criar e manter conexões com os colegas, consumidores, clientes, mentores e simpatizantes, e também com amigos que nos ajudam a desenvolver e a ter um impacto positivo.

Na época de nossa entrevista, Amanda estava há dez dias num novo emprego na empresa, recém-saída de uma fusão. Ela não tinha muita certeza de nada — quase tudo estava mudando ou era novo: a cultura da empresa, os chefes diretos e a natureza do trabalho. Amanda não tinha expectativas de um clima de tranquilidade a curto prazo. Ela não conhecia os novos colegas, e não sabia se seu papel e se seu conjunto de habilidades seriam apreciados pela Thomson, empresa que estava comprando a sua e que tinha sua própria herança de pragmatismo e gestão focada nos resultados financeiros. A cultura da Reuters era mais aberta ao experimentalismo e às ideias criativas. "Acho que vai levar um tempo. Os negócios da Thompson são grandes e bem-sucedidos a seu modo", diz Amanda. "Preciso começar relações confiáveis e úteis. Tomara que os executivos da Thompson percebam a tempo o tipo de contribuição que podemos dar." Isso é construir redes de relações profissionais por alguém que sabe o que está fazendo.

É claro que manter a rede atualizada é outro ponto positivo de Amanda e uma das coisas de que ela mais gosta no trabalho. "Você precisa mesmo se dedicar, já que os relacionamentos não acontecem de graça. Reservo uma hora e meia em minha agenda toda semana para fazer isso. Está lá escrito 'Ligar para as pessoas'. Tenho tido algumas surpresas incríveis com isso, apenas mantendo a rede atualizada." Essas conversas abastecem Amanda com novas ideias, ajudam-na a finalizar seus projetos e funcionam como um aconselhamento permanente.

Na essência das redes: padrinhos

Esse último ponto é importante: Amanda recebe proteção quando precisa porque desenvolve relacionamentos com diversos padrinhos — mentores que têm poder para fazer as coisas acontecerem. Sim, você pode chegar ao topo sem ter um padrinho, mas sua jornada será mais fácil, e talvez mais rápida e certamente mais agradável, com alguém ajudando e apoiando você. Padrinhos são bem melhores do que mentores, embora o ideal seja ter ambos em sua rede. Mulheres com mentores têm mais chances de avançar no mesmo ritmo dos homens.

Um padrinho é ainda mais valioso do que um mentor. Ele acredita em você e por isso está disposto a colocar a mão no fogo para criar oportunidades e para protegê-la quando as cartas estiverem na mesa. Ele não a acompanha apenas porque isso faz parte da análise de desempenho. Você também o ajuda a ter sucesso, e ele se beneficia muito desse relacionamento. Isso torna a relação muito mais gratificante. Com um padrinho na equipe, você nunca está de fato sozinha.

Em retrospecto, o primeiro chefe de Amanda foi também seu primeiro padrinho. Ele viu algo em Amanda e deu uma chance a ela. "Foi ele que exigiu de mim meu máximo", conta. "Lembro que uma vez ele me deu um negócio específico para tomar conta. Não foi por querer, mas fiz tudo errado, e a coisa não acabou bem. Não era um negócio muito grande, menos mal, mas eu deixei meu marido maluco na época porque eu não me conformava com o que estava acontecendo." Amanda implorou ao chefe para tirá-la daquela missão. Surpreendentemente, ele se recusou, mas depois explicou: "Você está aprendendo muitas coisas que, francamente, eu preciso que você aprenda. Isso está funcionando muito bem."

Amanda encontrou seu terceiro (e atual) padrinho no CEO Tom Glocer, que mantém o mesmo título na nova empresa que resultou da fusão. Ela recebeu a missão de apresentar ao comitê um plano de inovação. "Tive que ir bem além de minha zona de conforto para escrever um projeto persuasivo para o comitê", afirma. "E quando o apresentei, terminei falando para Tom: 'Nós vamos fazer isso e você vai liderar o projeto.' Nunca vou esquecer que ele se virou e disse 'Por quê?' de uma maneira irritada. Aí, pensei: 'As coisas não estão indo bem.'" Amanda continuou a apresentação e explicou em detalhes por que acreditava que apenas a liderança visível e o envolvimento do CEO poderiam fazer o esforço de inovação ser bem-sucedido. "Acho que isso construiu o relacionamento ideal", diz ela agora. "Ele sabia que eu ia um pouco além da média das pessoas. E eu fui."

Tom encorajou Amanda a manter a mente aberta, o que ela fez com alegria. "Depois, avisou a todo mundo o que íamos fazer de modo que não deixássemos que as ortodoxias do negócio nos atrapalhassem", conta. Ainda assim, ideias arrojadas a colocaram em situações de risco de demissão mais de uma vez. É nesse momento que ter um padrinho faz a diferença. Por exemplo, ela se deparou com uma onda de oposição interna quando sua equipe sugeriu um plano para desenvolver um negócio de informações sobre condições meteorológicas e preços de commodities a fazendeiros na Índia via telefone celular. Se o plano funcionasse, a agência Thomson Reuters teria em mãos uma imensa e valiosa fonte de informações sobre negócios na Índia, replicável em outros mercados. Mas ninguém jamais tinha criado algo desse tipo para o consumidor. "Agora isso é mesmo muito arriscado", diz Amanda. "Quando sentamos e escrevemos o plano de negócios, há dois anos, eu podia ver essa grande oportunidade e também uma enorme incerteza. Todo mundo na empresa que se opôs ao plano daria a óbvia e brilhante declaração: 'Se você me der o dinheiro, faço a empresa dobrar amanhã.' Muitos achavam que nós éramos totalmente malucos."

Mas Amanda sabia que Glocer tinha desafiado sua equipe e a apoiaria. Isso fez toda a diferença. "Passei por alguns momentos tumultuados um pouco antes, enquanto colocava as ideias no papel. Muita gente mais experiente me disse: 'Não dá para fazer isso. É melhor você desistir.' E eu continuei pensando: 'Hmm, certo.' Achavam que eu estava no caminho errado, mas eu tinha certeza de que não estava. No fim, se Tom não tivesse me apoiado eu não teria seguido em frente."

Neste momento, você deve estar pensando: "Então como eu consigo um padrinho? Quem é o padrinho adequado para mim e como eu faço isso acontecer?" Além disso, nós vamos lhe mostrar quem é mais adequado para ajudá-la a se desenvolver e o que pode fazer para cultivar esse relacionamento. Se você está mais adiante em sua jornada como líder, nós vamos ajudá-la a se tornar uma madrinha eficiente. Acreditamos que qualquer empresa interessada em formar líderes só tem a ganhar ao investir num exército de padrinhos e madrinhas para acompanhar a próxima geração.

Capítulo 12
A empresa como sua família

Como é possível encarregar cinquenta mil pessoas de fazer o trabalho? Isso depende de como deixamos que elas participem. Em vez de "Deixe-me dizer a resposta" usamos "O que você acha que devemos fazer?". Será que fizemos com que se sentissem importantes ou fizemos com que se sentissem inúteis? O que estava implícito na mudança era esse elemento fundamental, e isso de fato fez toda a diferença.

Brenda Barnes, presidente do conselho e CEO da Sara Lee

Quando perguntamos às líderes sobre conexões, quase todas falaram de suas equipes e das pessoas na empresa com a mesma, ou até com mais, intensidade do que sobre seus padrinhos mais experientes. Elas falaram sobre a mágica das equipes e de seu orgulho em ver a empresa unida. E registraram a mesma satisfação com o fato de observar o crescimento dessas pessoas que sentem em relação a seus próprios membros familiares. Na realidade, elas com frequência descrevem suas empresas como famílias.

Embora esta não seja uma descoberta inovadora, a inclusão é uma característica valiosa da liderança, e a ênfase que nossas líderes colocaram nisso foi muito forte para ser ignorada.

Conforme aprendemos, mulheres são biologicamente programadas para buscar e para cultivar relacionamentos. O reflexo ancestral de cuidar e de ter intimidade sobrevive nos dias atuais, transmitido por meio de hormônios sociais que ainda influenciam nossa sobrevivência e nosso sucesso.

Um grande exemplo é a CEO da Xerox, Anne Mulcahy, que entrou na empresa em 1976, quando era recém-formada, e da qual nunca mais saiu. Seu instinto para cuidar, desenvolver intimidade e incluir definiu sua liderança. Famosa por seus exemplos de cidadania corporativa, a Xerox em 2001 foi flagrada por uma investigação da SEC, uma espécie de Comissão de Valores Mobiliários dos Estados Unidos, num esquema de fraude contábil que a fez declarar 6,4 bilhões de dólares em lucros a menos para fins de Imposto de Renda. As ações entraram em queda livre. Anne tomou as rédeas da situação e foi responsável por liderar a incrível recuperação da Xerox, o que foi possível porque todos se esforçaram junto com ela. Seu estilo como CEO, como se viu depois, era exatamente o que a empresa precisava naquele momento crítico.

Modelo de família

Anne se lembra de sua infância como um período simples, normal e muito reconfortante. Seus pais eram não tradicionais: eles tratavam Anne, a única menina, exatamente da mesma maneira que tratavam seus outros quatro filhos. "As expectativas eram altas para mim e também para meus irmãos", conta Anne, "então, me sinto bastante abençoada por ter crescido num ambiente com muito apoio, tanto da família quanto dos amigos".

Anne escolheu a Xerox para começar porque valorizava a reputação e os valores da empresa, como a inclusão e a responsabilidade social. Uma vez lá dentro, ela encontrou um ambiente favorável. "Nos primeiros vinte anos de carreira, só tive satisfações com o que fazia, eu me sentia valorizada e sabia que estava dando uma contribuição, mas não muito mais do que isso", explica. A empresa se tornou uma espécie de família para Anne, e muitos colegas sentiam a mesma conexão.

Ela entrou no departamento de vendas porque gostava do foco nos resultados quantitativos e dos prêmios financeiros. Ainda eram tempos incipientes para mulheres no corporativismo dos Estados Unidos, mas ela confiava nos valores que os pais tinham lhe ensinado: ela podia conseguir o que qualquer homem tivesse conseguido, bastava trabalhar. Só lhe ocorreu que poderiam existir fatores contrários quando ela deixou de ser promovida. "Lembro-me de uma entrevista não muito bem-sucedida que fiz para um cargo de gerente de vendas depois de alguns anos", conta. "Um dos frutos bons de minha criação foi que nunca realmente passou pela minha cabeça que eu não tivesse conseguido a promoção porque era mulher."

Anne insistiu e por fim conseguiu o cargo gerencial, numa equipe de vendas do estado do Maine — não exatamente uma boa oportunidade. Para completar, os integrantes de sua equipe eram homens muito experientes que estavam naquele lugar havia muito tempo. As cartas em sua mão não lhe eram favoráveis. Você aceitaria esta aposta?

Ela aceitou. A missão era decisiva para ela. "Foi uma daquelas ótimas experiências em que, quando você dá uma chance às pessoas, se dispõe a conhecê-las e de fato trabalha em conjunto, elas assumem a responsabilidade e se esforçam", comenta Anne. "De repente, elas começam a querer fazer mais do que estavam habituadas." Ela aprendeu que você pode às vezes realizar coisas incríveis mesmo quando parecem impossíveis — por meio das equipes. Ela também adorou tirar o melhor das pessoas e percebeu que tinha um talento para liderar.

Anne seguiu apostando em desafios maiores até que se viu dirigindo a filial de Nova York, o melhor território da América do Norte. Ela estava pronta para subir no grupo executivo, mas, com crianças pequenas em casa, tinha outras prioridades também. Apenas de seus amigos considerarem uma decisão suicida para sua carreira, ela recusou uma promoção para dirigir o projeto de qualidade corporativa e se reportar diretamente ao presidente da Xerox dos Estados Unidos. Ela disse "Não, obrigada", porque aceitar este cargo significaria se mudar com a família para Rochester.

Mesmo assim, não foi uma decisão difícil de ser tomada, ela garante. Ao contrário, ela assumiu uma posição no marketing que no fim a levou a um trabalho em recursos humanos, uma área em que nunca havia pensado em atuar, mas que acabou proporcionando seu grande salto. "Foi uma época em que a empresa estava passando por uma mudança radical e o trabalho no RH era atraente porque o tema era mudança de gestão e eficiência organizacional", explica. "O RH se tornou um facilitador para o futuro da empresa, e eu fiquei estimulada com isso." Esse trabalho acabou sendo crucial em seu aprendizado sobre liderança. "Eu gosto mesmo de consertar as coisas, sejam problemas pessoais ou profissionais", conta. "Com muitas pessoas inteligentes ao redor e energia suficiente para enfrentar o problema, tudo tem solução."

Ao longo do caminho, Anne se manteve conectada com toda a empresa por meio de um grupo de pessoas que contribuiu para seu sucesso. "Não acho que existe alguém que tenha sido mais ajudada do que eu", diz. "Ter e manter contato com essas pessoas são ações tão valiosas em termos de ter um conhecimento que nos permite fornecer rumos para a direção da empresa. Sou apenas a beneficiária de uma enorme cadeia de pessoas que têm me apoiado e que está disposta a me ajudar. É o verdadeiro motivo de nosso sucesso."

O alcance e a profundidade de suas conexões se mostraram muito úteis quando Anne se tornou CEO e enfrentou o desafio de recuperar a empresa. Desde o início ela encarou a tarefa como um esforço de equipe que agiria sobre toda a empresa.

"Acho que se você deixa as pessoas saberem que de fato têm as chaves do reino, elas sentem que é verdade", explica. "As pessoas da Xerox sabiam que para mim a única maneira de resolver as coisas era ter seus corações e mentes ao meu lado. Isso foi revigorante e motivador para elas."

Muitos CEOs não obtêm os resultados que desejam porque não possuem esse tipo de conexão, diz Anne. "Tenho observado que alguns líderes muito inteligentes e brilhantes não têm seguidores. Se você só pode ter uma coisa, foque nisso. Existem muitas pessoas que podem tomar decisões e ajudar a dirigir a empresa, mas ter seguidores é de fato o segredo para as grandes empresas, para as quais o alinhamento é tudo. É assim que se consegue fazer as coisas. Acho que os funcionários sabem que eu acredito neles, que me importo, que reconheço o poder que vem da adesão de pessoas em torno de objetivos. E se isso é visível, então acho que eles são capazes de matar por você aqui."

Amplas conexões por meio da empresa também impõem um novo conjunto de responsabilidade sobre a líder inclusiva. "Eles passam a esperar algo de você, pois a conhecem", afirma Anne. "A necessidade de continuar a garantir que você não os desaponte, ou ao mundo exterior, é a pressão mais significativa que você recebe como CEO ou como líder de qualquer coisa. A única coisa que você não quer fazer é deixar essas pessoas na mão. Portanto, precisa se assegurar de que vai continuar a atender às expectativas e honrar o privilégio de ter um trabalho como esse." Esse nível de inclusão significa estabelecer e manter a confiança — algo que você pode fazer apenas se for verdadeira consigo mesma.

Quando surge uma comunidade no ambiente de trabalho, ele se torna compensador, além de ter ajudado Anne a atravessar os tempos difíceis. "Tem tudo a ver com relacionamentos e experiências. É um banco emocional que você constrói. Ele ganha consistência com o tempo", ela diz. "Não sei como as pessoas podem trabalhar de forma racional. É preciso ter emoção e paixão associadas ao trabalho para de fato tirar o melhor da empresa. Aqui isso é imbatível. Talvez as mulheres fiquem um pouco mais à vontade do que os homens quando se referem à empresa com palavras como *amor*, *emoção* e *paixão*."

Para Anne, amor e inclusão remetem diretamente à sua família. E ela os aplica diariamente na maneira como lidera. São a mesma coisa.

Deixando o instinto guiar

Anne Mulcahy prosperou ao ouvir seus instintos. Ao seguir o impulso de cuidar e fazer amizades, ela incluiu uma ampla área da "família" Xerox em sua rede de contatos. E quase todas as mulheres que entrevistamos e que falaram sobre equipes compartilham os sentimentos de Anne. Você também está vendo paralelos em sua vida?

Pense a respeito de como os grupos sociais e profissionais têm sido importantes para as mulheres. A história é repleta de exemplos de grupos femininos que sobreviveram por gerações e que proporcionaram um conforto único a seus membros. Por exemplo, o movimento das sufragistas conquistou a vitória por meio de ações coletivas e de apoio, e os fóruns políticos femininos existem ainda hoje. Ou pense nos grupos informais — os círculos de costura a que nossas avós pertenciam ou os clubes de bridge que muitas mães adoram. Você pode ser membro de um clube do livro ou de um grupo similar que preencha a necessidade instintiva de pertencimento.

Querer pertencer é também uma característica que pode nos ajudar a liderar e a nos conectar com um amplo mundo feminino em nossas áreas de escolha. Por exemplo, a faculdade de administração de Stanford cria grupos de mulheres que se encontram toda semana ao longo dos dois anos de duração do curso. Esses grupos, chamados Mulheres da Administração, com frequência sobrevivem por anos após a formatura. Muitas participantes citam essa experiência como uma das mais inesquecíveis da escola.

E se o nosso instinto por integração nos ajuda a conquistar a prosperidade por meio das conexões, ele também facilita a conversão de um ambiente hostil em algo mais aberto e seguro. Nós podemos provar isso, mas não precisamos; se você algum dia trabalhou num setor majoritariamente masculino sabe do que estou falando. Mulheres são habilidosas construtoras de grupos. Líderes usando a inclusão criam um ambiente melhor para todos ao redor, iniciando um ciclo de energias positivas e de novas ideias que o acompanham. Conforme Anne nos mostrou, quando líderes cultivam essa aproximação e se importam com os integrantes de suas equipes, elas descobrem que os funcionários ficam determinados a fazer as coisas mais incríveis de que são capazes. Então, quando uma equipe é bem-sucedida, seu sucesso facilita a ampliação da experiência de inclusão para mais equipes, possibilitando mais sucesso para a empresa.

Praticar a inclusão tem benefícios afins para os líderes também. Os que cultivam as pessoas ao redor são capazes de ler detalhes emocionais de suas vidas. Não surpreende que muitas mulheres tenham ótimos QEs (quocientes emocionais), coletando percepções muito além do que as palavras podem contar. Diversos estudos mostraram que elas compreendem mais sobre o que se passa numa dada situação do que os homens. E ter essas fontes de informação adicionais torna você uma tomadora de decisões mais eficiente. Você mesma pode comprovar isso. Após uma reunião, pergunte às mulheres que compareceram o que aconteceu. Depois, faça a mesma pergunta aos homens. Na maior parte dos casos, elas lembrarão muito mais sobre a reunião e vão mencionar detalhes emocionais que os homens não perceberam. Além disso, alguns detalhes podem explicar atitudes e comportamentos não falados, e isso pode influenciar suas decisões em alguns casos.

E a coisa fica ainda melhor. Embora tenhamos sempre ouvido que devíamos diminuir o tom de nossas emoções no ambiente de trabalho, usar estes instintos e habilidades — ver a verdade emocional de uma situação e dedicar algum tempo cuidando para despertar o talento nos outros — pode nos tornar excelentes líderes.

Faça bom uso de seus instintos

Você já pode ser uma líder inclusiva. Se ainda não chegou lá, pode confiar em seus instintos para se tornar uma. Pense a respeito. O que a motiva a se conectar com os outros? Como se sente quando está comandando um grupo e como se sente quando está trabalhando sozinha? Tire um momento para refletir sobre como os outros têm cuidado de você. Lembra-se das vezes em que precisou de uma porta aberta para poder dizer o que se passava em sua cabeça? E das vezes em que não sabia como agir e procurou um colega mais experiente para pedir orientação? O que pode tê-la ajudado então — um caminho claro, uma grande ideia, conforto ou mesmo um gentil empurrão para seguir em frente — pode ser algo que lhe possibilitará ajudar os outros.

Mesmo se você é uma competidora apaixonada, pode ficar ainda mais satisfeita fazendo parte de uma equipe. Para muitas mulheres, pertencer é uma fonte de realização. Portanto, se você não faz parte de um grupo, pense em como mudar isso. Existe alguém em sua área ou em sua empresa de quem você pode se aproximar?

Será possível formar um grupo — reunir mulheres com o mesmo comprometimento? Olhe além do escritório se puder. Pode ser renovador fazer parte de um grupo onde os dramas de sua empresa não são conhecidos. Você pode ter uma perspectiva nova e conhecer gente que valoriza sua contribuição para o grupo, a despeito do que está acontecendo no trabalho.

Uma vez que você tenha liberado o poder da compreensão para si mesma, aplicá-lo no trabalho se torna mais fácil. Comece, como muitas líderes fizeram, garantindo que os membros de sua equipe sejam pessoas em quem você pode contar. Uma vez que esteja cercada de gente talentosa, você vai querer desenvolvê-las, cuidar delas e lhes dar crédito. Quanto mais você festeja estar ali, melhor você se sente.

Homens são treináveis também, portanto não os exclua. Seu talento de interpretar pistas (ele vem do fato de sermos mães de bebês que se comunicam por meio de expressões faciais) será de grande valor para eles. Muitos sentem falta dessas pistas. Mas ler sinais emocionais é uma habilidade que pode ser aprendida e ensinada.

A inclusão — cultivar o sucesso em equipe e os sentimentos de pertencimento — é uma das vantagens que as mulheres trazem para a liderança. Colocar em prática essa habilidade ajuda não apenas a nós mesmas como as pessoas e as empresas à nossa volta. O ciclo positivo criado leva a um sucesso maior do que você poderia imaginar. Portanto, não desperdice essa vantagem.

Capítulo 13
A reciprocidade forma relacionamentos

Eu estava conversando com o executivo de uma das empresas do grupo e pedi a ele um conselho sobre meu filho mais novo, que é tão aficionado por computadores que me deixa um pouco preocupada. Ele se virou e disse: "Não o censure, deixe-o brincar o quanto quiser. Quando eu estava crescendo, meus pais decidiram me deixar livre para fazer o que eu quisesse no computador. Essa é a razão pela qual me tornei o fantástico engenheiro que sou hoje!" Pensei bastante sobre o que ele disse. No final das contas, é assim que se constrói relacionamentos: com os dois lados compartilhando.

Patricia Nakache, sócia da Trinity Ventures

Construir relacionamentos é algo que as mulheres fazem bem, certo? Somos programadas para fazer isso; procuramos as pessoas quase de maneira instintiva. Mas relacionamentos no trabalho são uma história bem diferente.

Trata-se de algo que os homens fazem, e muito bem. A visão deles sobre construir relacionamentos começa com sua própria programação de instintos sociais. Como eles conseguem entrar numa quadra de basquete e jogar com pessoas que nunca viram na vida? Por que tantos homens gostam de sentar ao lado de quarenta mil fãs num estádio? "Se você fizer uma lista de atividades realizadas em grandes grupos, é provável que surjam muitas coisas que os homens gostam de fazer mais do que as mulheres: esportes coletivos, política, grandes empresas e redes de relacionamentos na área de economia", destaca o psicólogo Roy Baumeister.

Como essas redes se baseiam nas conexões mais casuais, elas podem ser abertamente fundamentadas em trocas. Ao mesmo tempo, as conexões podem ser poderosas porque as duas partes enxergam potenciais benefícios. Em poucas palavras, isso é reciprocidade. As duas partes se beneficiam, simplesmente assim. É por isso que as redes abrangentes e superficiais dominam a maior parte dos ambientes de trabalho, e esta é a razão pela qual elas predominam entre os homens.

Inclinadas a buscar relacionamentos profundos, muitas mulheres são dissuadidas pela camaradagem instantânea que percebem quando os homens se reúnem. Com frequência, eles dizem que tudo se resume ao adágio: "Você coça as minhas costas e eu coço a sua." Isso é um tiro certeiro para desestimular muitas mulheres que consideram de mau gosto essa demonstração de reciprocidade em estado bruto.

A ideia de cultivar a amizade de alguém com o único propósito de tentar conseguir algo dessa pessoa simplesmente não parece correta. As mulheres dão muitas razões para não tomar iniciativa: é ousado, o outro pode estar muito ocupado ou pode rejeitar a abordagem; é descaradamente mercantilista, e assim por diante. O curioso é que mulheres que em sua rotina praticam a reciprocidade com marido, filhos e amigos têm mais chances de se dar bem em contextos profissionais.

Bem, está na hora de reformular. Lembre-se de que a reciprocidade é a essência da Regra de Ouro: "Faça pelos outros o que gostaria que fizessem por você." Reciprocidade é o que Jonathan Haidt chama de "cola que mantém toda a sociedade unida", a razão pela qual este lema está presente em quase todas as religiões, do budismo ao zoroastrianismo. Não apenas a reciprocidade é importante para nosso êxito como cidadãos e seres humanos, como ela também constrói o sucesso profissional: o que você dá aos outros quando oferece ajuda ou encorajamento também vai receber de volta. E isso não significa abrir mão de seu talento — e desejo — para fazer conexões mais profundas.

Aprender a agir com reciprocidade ajudou Denise Incandela, presidente da Saks Direct (negócio da internet da Saks Fifth Avenue), a transformar a *start-up* numa entidade de verdade. Denise criou a Saks Direct quando ela entrou na empresa em 1999 e a lançou logo em seguida. Depois, quase a perdeu quando a bolha da internet explodiu, mas conseguiu recuperar a saúde financeira da empresa. A reciprocidade em seus relacionamentos fez toda a diferença entre o fracasso e o sucesso.

Antes e depois da reciprocidade

Denise chegou à Saks revigorada por uma carreira de cinco anos como consultora. Não foi uma transição fácil, ela destaca. "Quando aceitei o emprego, estava construindo esse site que era muito vago a respeito de sua função. Eu também estava construindo uma empresa, mas não tinha experiência em dirigir uma. Aqueles primeiros anos foram duros. Fiquei muito estressada desenvolvendo as habilidades que eu precisava ter, e cometi muitos erros."

O site Saks.com foi lançado no auge da euforia da internet. Denise e seus colegas construíram uma infraestrutura e uma empresa para faturar cem milhões de dólares, acreditando que as vendas cresceriam rapidamente até quinhentos milhões. "Em nosso primeiro ano só vendemos 14 milhões", conta. "Imagine a sensação de derrocada. Perdemos muito dinheiro e eu tive que demitir 40% do pessoal que tinha acabado de contratar. Eu não tinha rede de segurança nem plano de contingência. Não falei: 'Nós vamos construir o site devagar, enquanto conquistamos o mercado.' Fui ingênua. Pensei que daria certo e não deu. Foi horrível em termos emocionais."

Em retrospecto, Denise vê com clareza que o principal problema não foi apenas o plano de negócios extremamente ambicioso e, em decorrência disso, exagerado. O que depôs contra sua liderança foi o que ela não fez: sua *start-up* não tinha conexões importantes com executivos experientes na área que poderiam ter ajudado o site e Denise.

Como isso pode ter acontecido com alguém tão competente? Quando foi trabalhar na Saks, ela achava ser inteligente o suficiente e que bastava arregaçar as mangas, trabalhar 16 horas por dia e fazer o que tinha que ser feito. Mas isso não era suficiente. "O que eu não percebi é que precisava construir relacionamentos e que nunca seria bem-sucedida sozinha", diz ela agora. "Só teria sucesso se tivesse outras pessoas garantindo o sucesso do negócio." Quando o empreendimento fracassou, ela conta que teve por um momento a sensação de que ninguém realmente se importava se ele daria certo ou não. "Era culpa minha e eu precisava assumir a responsabilidade por aquilo."

Denise se viu sozinha e deprimida. "Fiquei recolhida durante seis meses. Eu só ia ao trabalho e voltava para casa", lembra. "Mas não queria continuar naquele estado permanente de desespero, então disse para mim mesma: 'Ou você descobre alguma outra coisa para fazer ou faz o que tem em mãos dar certo. Você tem um tempo curto e precioso nessa terra — por que continuar desperdiçando-o dessa forma?' Foi como se eu tivesse dado um clique. Eu pensei: 'Ou você fica motivada com o site e o torna rentável, que é o que não conseguiu fazer antes, ou vai embora.' Então eu percebi que podia dar a volta por cima e me recuperar."

Com um visual melhorado e o importante apoio de seu chefe, Denise dedicou-se a restabelecer o negócio. O chefe a ajudou por meio de um feedback estilo "morde e assopra", e era disso que ela precisava. "Eu me envolvi em diversos relacionamentos que não deram certo e ele me disse o que fiz de errado", conta Denise. "Depois, ele conversou com pessoas que prejudiquei, dizendo: 'Nós precisamos dar uma segunda chance a ela. Ela está aprendendo. Está entrando no espírito.' Se eu tivesse que apontar algo muito útil para mim — mais ainda no longo prazo, pois isso exige maturidade — foi a capacidade de aceitar feedback.

Denise sabe que ela teve sorte de conseguir uma segunda chance. "Para falar a verdade, a maior parte das pessoas que tem esse tipo de experiência, de lançar sites na internet, foi demitida." Portanto, ela recomeçou, desta vez colocando a reciprocidade em primeiro lugar. "Comecei refletindo sobre quem era importante para o sucesso do negócio", explica. "A maneira com que abordei esses relacionamentos não tinha como objetivo o que ia obter dessa pessoa, e sim o que podia fazer por ela. Como faço para que alguém se engaje de maneira incondicional no negócio? A maneira de conseguir isso não é apenas me vendendo ou apresentando as necessidades do empreendimento, mas falando de algo que eu pudesse fazer por uma pessoa. Grande parte de minha rede de relacionamentos tem sido feita pensando no negócio, não apenas segundo meu ponto de vista, e sobre o que este negócio pode fazer por outras áreas da empresa — como direcionar o tráfego para a loja e divulgar marcas que eles estão investindo."

Lentamente, porém com segurança, Denise construiu pontes. Um de seus maiores desafios foi convencer uma executiva sênior em particular que se ressentia da novata Denise. "Ela deve ter pensado: 'Lá vem essa jovem pretensiosa com um MBA de Wharton e cheia de ideias sobre como mudar o mundo.' Não era daquela forma que achava que as coisas deviam ser feitas, então ela era uma barreira, uma verdadeira opositora", afirma. Seguindo o conselho de outro colega sênior, Denise levou a executiva para almoçar e a confrontou. "Eu disse a ela: 'Nós começamos com o pé esquerdo e tenho a sensação de que você não gosta de mim e não me respeita, e eu sinto muito por isso. O que posso fazer para consertar essa relação? É muito importante para mim que a gente trabalhe bem juntas.' Ela ficou chocada. Às vezes, é necessário partir para o confronto, mas de maneira profissional. Em um ano eu tinha construído uma base muito sólida de relacionamentos, a ponto de ter pessoas torcendo por mim em todas as áreas da empresa. Aquela executiva ficou bem mais próxima de mim depois disso."

Construir relações fortes — com colegas, executivos experientes e com a própria equipe — fez toda a diferença entre o fracasso e o sucesso para Denise. "Tenho uma equipe fabulosa que construí ao longo dos anos", conta. "Trabalhar com pessoas inteligentes que têm paixão pelo que fazem com certeza me enche de energia." Compartilhar o sucesso e aprender com elas fortaleceu Denise e fez dela uma líder mais forte e confiante. "Em determinado momento comecei a perceber que estava ficando boa no que estava fazendo e que adorava ir para o trabalho", conta. "Ainda tenho muito o que aprender, mas conhecer as pessoas foi provavelmente uma das lições mais importantes para mim em toda a minha carreira."

Olhando para trás, ela diz: "Meu primeiro bebê foi a Saks. com e meu segundo bebê foi minha filha. Não acho que ela, ou meu marido, vão gostar de ouvir isso, mas é a verdade."

Construindo relacionamentos

Pessoas que são boas de conectividade sabem que os relacionamentos começam quando você oferece alguma coisa primeiro, bem antes de precisar de ajuda em troca. E se você não tem certeza do que deve oferecer a um colega mais experiente ou a um chefe? Uma hora você descobrirá.

Quando as pessoas recebem algo, sentem-se na obrigação de agir com reciprocidade. Isso é verdade, não importa sua cultura ou país de origem, porque a reciprocidade está muito enraizada no comportamento humano — nossos ancestrais aprenderam cedo que, se dividissem a comida enquanto houvesse fartura, receberiam comida quando precisassem. Hoje em dia, o brinde antecipado se tornou uma comprovada técnica de promoção de vendas usada por todos, desde marqueteiros com amostras grátis até entidades filantrópicas com lembrancinhas. Naturalmente nos sentimos obrigados a dar após receber.

Você pode usar a reciprocidade para um objetivo melhor — iniciar uma relação com alguém que você não conhece, ou que não conhece bem. Neste caso, uma troca de informações pode ser um acordo justo. Uma líder bem conhecida comentou conosco sobre dois candidatos que estava considerando para um trabalho. Um deles ligou e pediu o emprego diretamente. Demonstrou ter iniciativa. Mas o outro ligou para dizer que estava pensando sobre o desafio profissional e lhe ofereceu suas ideias escritas num papel, detalhe que a líder achou útil. Qual candidato você acha que ela escolheu?

Se ainda acha a ideia de reciprocidade um pouco estranha — comece de maneira discreta. Tente enviar um artigo que você acha que pode ser interessante para um executivo com quem trabalhou recentemente. Você ficará surpresa com como a maioria das pessoas fica satisfeita de ser lembrada. E preste atenção — com frequência, pessoas lhe dão pistas que facilitam o início de um relacionamento de reciprocidade. Elas falam sobre algo de que precisam e no fim é algo que você pode oferecer. Outras vezes você precisa refletir um pouco sobre isso em casa. Comece descobrindo mais sobre a pessoa que quer conhecer. Agora, pense no presente que você pode dar e que vai ajudá-la.

Aqui segue uma lista preliminar do que você já tem para oferecer:

1. **Você tem know-how.** Você pode ter alguma análise relevante ou acesso a uma informação valiosa para a pessoa que você quer em sua rede. Se quiser encontrar uma maneira de ser útil para alguém superior a você, pense de qual dado ele pode precisar e a melhor maneira de fazê-la chegar a ela. Por exemplo, talvez você possa encontrar a informação num podcast, carregá-la num MP3 player, e então lhe emprestar o aparelho. Ou então, leia um livro importante e envie o resumo do que ele narra.
2. **Sua rede de contatos.** Com frequência, você conhece pessoas que podem ajudar aquelas que você deseja conhecer. Mesmo para as mais experientes, são grandes as chances de que conheça alguém que possa ajudá-la. Pesquise sua caderneta de endereços em busca de contatos que seu "alvo" possa achar interessante, ou útil, conhecer.
3. **Seu radar.** Às vezes, a coisa mais importante para a outra pessoa é saber o que as pessoas da empresa pensam. A executiva sênior não tem o mesmo acesso à fofoca que você; ela raramente ouve a verdade sem rodeios. Compile o que tem ouvido, sintetize a mensagem e a apresente de maneira equilibrada.
4. **Seu tempo.** Isso vale mais do que imagina. Se você aceitar tarefas de um colega sobrecarregado ou ajudar alguém a realizar mais, com o tempo seu presente será lembrado. Comece se voluntariando para ajudar com um projeto do interesse da pessoa que quer conhecer.
5. **Seu ouvido.** Você pode ser uma boa ouvinte e um alto-falante. Como uma líder nos disse, ela valoriza a honestidade, algo raro em sua empresa. Conforme ensaia para

uma reunião importante, ela quer que as pessoas lhe digam exatamente o que pensam, desde que se comuniquem com gentileza.

6. **Apoio à família.** A família concentra grande parte das prioridades das pessoas. Pense a respeito do que você pode fazer para ajudar o filho ou a esposa da pessoa que você está tentando conhecer melhor. Talvez a esposa dele esteja tentando aprender mais sobre uma indústria e você tenha contatos importantes. Seria fácil conseguir uma oportunidade para ser apresentada a ela e começar a construir um relacionamento.
7. **Suas perguntas.** Fazer boas perguntas pode transformar você num valioso conselheiro. Isso não é simples. Você tem que fazer o trabalho de casa para entender que tipo de pergunta ajudaria outra pessoa a avançar em seu raciocínio. Questões do tipo "E se?" com frequência são úteis.
8. **Sua habilidade.** Deixe a imaginação vagar. Que tipo de abertura você pode encontrar em alguém para conhecê-lo melhor? Uma líder que conhecemos ficou amiga de uma colega júnior, que se ofereceu para reformatar sua apresentação com um design mais bacana. Encantada, ela então ajudou quem a ajudou primeiro.
9. **Sua oferta em aberto.** Mesmo se você não tem algo específico a oferecer agora, deixando a outra pessoa saber que está disponível para ajudar é uma forma de reciprocidade, mesmo que isso tenha um preço para a outra pessoa. Você a está forçando a agir primeiro — dando a ela uma tarefa — e isso faz sua oferta ser menos atraente. Use essa abordagem quando estiver sem ideias. De todo modo, oferecer não ofende.

Conectar-se é também uma questão de química e de disposição. Pessoas extrovertidas adoram a emoção de conhecer outras e parecem encontrá-las em todos os lugares. Mas se você é tímida, apenas a ideia de entrar numa sala cheia de rostos desconhecidos pode lhe dar uma indigestão. Colocar-se lá a deixa vulnerável, e isso parece arriscado. Mas dê a si mesma uma boa razão para conhecer essas pessoas (sua carreira, sua felicidade) e você logo vai descobrir que está envolvida e se divertindo.

Use reciprocidade regularmente

Não importa se você pensa em reciprocidade como uma troca ou como algo mais significativo, nós acreditamos de verdade que ela é uma ferramenta indispensável para líderes — em seu caminho para o topo e quando já estão lá. Você pode ainda se sentir desconfortável em dar o primeiro passo, mas lembre-se de que aquele homem no final do corredor não hesita em tentar se comunicar e oferecer ajuda, com o nítido objetivo de um dia ter algo de volta. Portanto, por favor, dê aqueles desconfortáveis primeiros passos e se permita comunicar com regularidade.

Não pense em reciprocidade como algo mecânico: faça um favor, espere, receba algo em troca, repita. Tenha em mente que você está desenvolvendo uma habilidade. O tempo entre dar e receber pode ser de anos, então a reciprocidade precisa se tornar um hábito regular. Semeie essas sementes hoje.

Por fim, não fique competindo. Nem todo mundo vai agir com reciprocidade da maneira que deseja. Às vezes você pode nunca saber como retribuir um presente. Existem pessoas que recebem, mas não dão; se você se deparar com um aproveitador contumaz, simplesmente o esqueça e vá em frente. Com qualquer outra pessoa, você vai desfrutar dos bons sentimentos que surgem quando se ajuda os outros. Isso também é um presente.

Capítulo 14
A trama que você tece

Somos todos seres humanos. Se sua mente é aberta e você passa as vibrações positivas de quem está disposta a aprender, se está aberta, em vez de fechada, vai ter outras pessoas surgindo em sua vida.

Carol Shen, diretora-gerente da Estée Lauder da China

Esqueça aqueles salões de baile impessoais dos hotéis. Esqueça o discurso de elevador. Deixe os cartões de visita na bolsa. Estamos quase começando a nos relacionar e nenhum desses itens será necessário.

O fato é que você já tem uma rede de contatos, mas provavelmente não a cultiva da maneira que deveria. Vamos lhe mostrar como usá-la para crescer profissionalmente. Isso não é tudo o que sua rede pode fazer. Ela pode ajudá-la a fazer a diferença no mundo. E ela faz ainda mais uma coisa. Imagine o ambiente em que você mais deseja estar; depois, encha-o de pessoas, cada uma oferecendo algo especial. Agora, misture-se a elas. Sentiu o calor? Esse senso de pertencimento é uma necessidade humana básica e isso é o que uma rede planejada significa.

Projetar sua rede de contatos pode ser uma aventura estimulante, mesmo para alguém que é naturalmente tímida.

Carolyn Buck Luce transformou a atividade numa de suas principais habilidades, apesar de sua natureza reservada. Atualmente, ela é a líder mundial do setor farmacêutico da Ernst & Young LLP e uma voz bem conhecida nas questões femininas.

A estrada para novos objetivos

Com oito anos, Carolyn definiu suas visões sobre se tornar uma líder mundial. "Eu tinha realmente grandes ambições", conta. "Fui muito pelo discurso de John F. Kennedy. Ele disse que podíamos ir à Lua, e eu acreditei. Ele disse que devíamos nos candidatar para tarefas internacionais, e eu fiz isso. Realmente respondi a seu chamado."

Carolyn se vê como uma mistura de sua mãe — uma desinibida defensora de mudanças superando a timidez para se candidatar a juíza depois de 25 anos trabalhando como advogada — e de seu pai — também advogado, com uma forte personalidade e uma queda para o risco. "Como filha do meio, parecia que eu estava sempre tentando subir mais, ou correr mais rápido, ou pular no lago sem saber nadar", comenta. "Sempre me senti no limite, tentando novas coisas. Tenho uma pergunta que não me sai da cabeça: 'Por que não?' Sempre detestei me sentir presa."

Tornando-se adulta nos anos 1960, Carolyn admite que talvez tenha tentado muitas coisas. Ela era revoltada e claramente uma estudante relapsa. "Ninguém achava que eu seria capaz de realizar alguma coisa", lembra. "Eu estava testando todas as regras sociais apropriadas e inapropriadas da época. Mas aprendi que tinha controle para saber a hora de parar, que não importava o que as pessoas diziam, só eu poderia saber o que era melhor para mim."

Suspensa da escola no último ano do ensino médio depois de organizar uma passeata e palestra sobre a invasão do Camboja, Carolyn fracassou em sua primeira tentativa de entrar para a faculdade. Acabou na Ohio State porque a universidade aceitava inscrições fora do prazo habitual exigido pela maioria das universidades norte-americanas. Uma vez lá, Carolyn "sabia" exatamente o que queria: uma transferência para Georgetown, onde poderia correr atrás de sua ambição de liderar. De repente, ela só poderia tirar notas excelentes. Conseguiu. Depois, mudou o curso de graduação de línguas românicas para russo e administração (fazendo quatro anos em três). Conseguiu. Carolyn estava a caminho.

Designada para a União Soviética, Carolyn participou de um curso rápido de conexão e relacionamentos para sobreviver. "Fui designada para Tashkent, no Uzbequistão, depois para Baku, no Azerbaijão, e então para Moscou, e o ambiente era hostil", conta. "Como eu não falava a língua fluentemente, as pessoas não acreditavam no que eu tinha a dizer. Eu precisava ser capaz de me comunicar com aquela multidão e de me relacionar com as pessoas de forma pessoal, de forma que os dois lados pudessem deixar as suspeitas de lado. Durante 18 meses de imersão sobre como estabelecer relacionamentos sob circunstâncias realmente difíceis, aprendi a importância de ser voltada para o outro e de entender os objetivos dos outros. Aprendi a entender não apenas o que estavam pensando, mas o que estavam sentindo, e, acima de tudo, aprendi a me sentir responsável por aquilo."

Com a vida encaminhada, com seus habituais altos e baixos, Carolyn se sentiu motivada a entrar em ação. Ela definiria seu próximo pacote de objetivos de longo prazo e então projetaria explicitamente sua rede para conseguir chegar aonde queria. Ela começou com pessoas que já conhecia e ali conseguiu ajuda para conhecer outras pessoas. "Sou uma ótima planejadora", afirmou. "Sempre defini objetivos para dez anos e então tentei alcançá-los. Parte de meu plano era incluir cinco objetivos interessantes dos quais eu não soubesse nada a respeito. Não estou me referindo a objetivos concretos, e sim a coisas que desejava aprender por serem importantes para o meu conhecimento."

Ela realmente cultivou essa habilidade até fazer quarenta anos, quando seu casamento terminou e as exigências de uma carreira de uma década no setor bancário foram demais para uma mãe solteira. "Saí do banco quando me divorciei", conta. "Então, tinha meu próprio corretor, mas, falando em termos financeiros, era muito difícil criar minha própria empresa tendo que sustentar as crianças. Queria que elas soubessem que a coisa mais importante era sustentá-las."

Assim, ela começou a procurar uma nova carreira. "Uma vez que você escolhe seus objetivos, precisa se perguntar: 'Quem preciso conhecer?' É preciso estar muito focada em conhecer essas pessoas." Carolyn reconhece que precisava de diferentes tipos de relacionamentos, cada um com seus protocolos. "Na verdade, criei um quadro com cores diferentes para cada objetivo e comecei a mapear minha rede."

Ela identificou duas ou três pessoas que precisava conhecer para cada objetivo. Até saber mais a respeito delas e compartilhar de seus interesses, ela pediu recomendações de pessoas que deveria conhecer. Em troca, essas pessoas a ajudaram a ampliar seu pensamento e, importantíssimo, sua rede de relacionamentos. "É muito satisfatório ser capaz de criar uma constelação de relacionamentos, e vê-los crescer", observa. "De repente, você percebe que está no meio de tudo. Pessoas estão lhe procurando e você pode ajudá-las. É assim que cheguei à Ernst & Young. Não fazia parte dos meus planos."

Para Carolyn, as alianças estratégicas são a essência de sua rede: "Quem está na sua rede? Como você sabe quando pode ajudar as pessoas e quando elas podem ajudá-la?" Ela também destaca a necessidade de ser diligente na construção da rede — tamanho é importante. "Para cada padrinho, você precisa de cinco relacionamentos com mentores", diz.

"E para cada mentor, você provavelmente precisa de 25 alianças estratégicas. Os homens fazem isso muito bem, mas com frequências as mulheres dizem para si mesmas: 'Eu tenho um mentor, é o suficiente.' Você sabia que mais de 50% do capital intelectual da empresa consiste no patrimônio relacional da empresa? É provável que 75% do capital de uma pessoa sejam os relacionamentos."

Carolyn é ótima em toda a mecânica de construir uma rede de alianças estratégicas e na contagem de quantos mentores, aliados e padrinhos ela precisa. Mas o verdadeiro segredo do sucesso da rede de Carolyn é sua empatia e simpatia. "Sou muito tímida por natureza, mas tenho uma tendência de querer conhecer pessoas", conta. "Se eu ficar dependente da timidez, nunca vou a uma festa, mas, uma vez que estou lá, entro no clima. E estou sempre interessada em quem está lá, no que estão pensando e sentindo. Raramente conheci uma pessoa de quem eu não gostasse. Existe algo para gostar nas pessoas. Uma lição que aprendi — e ainda estou melhorando nisso — é que a melhor maneira de aprender sobre os outros é ser menos interessada em si mesma e mais nos outros."

Carolyn usou o mesmo conselho quando completou cinquenta anos. "Eu sabia que quando fizesse sessenta ia querer ter 'opções', e estar numa posição de fazer a diferença. Então, escolhi um partido político para ajudar. Até então nunca tinha ajudado a angariar fundos. Escolhi uma universidade e, naquela época, eu não era uma pessoa conhecida por minhas opiniões, muito menos envolvida em dar aulas em grandes instituições acadêmicas. Perguntei a mim mesma: 'Como posso fazer mais pela liderança feminina fora do trabalho?' Então, escolhi as fundações. Também escolhi a área farmacêutica como novo foco de trabalho."

O conselho de Carolyn é definir seu foco desde cedo e investir tempo em planejar sua rede. "Você não pode construir uma rede quando precisa dela", destaca. "Aí é tarde demais.

É preciso construir antes. Isso soa como algo muito 'planejado', mas é mais como sonhar."

Em seu papel de professora e mentora, Carolyn tem provocado muitas discussões sobre por que algumas pessoas não usam seus instintos naturais de conexão no trabalho. "Construímos relacionamentos baseados em conhecer a personalidade do outro", comenta. "Mas, quando vamos trabalhar, sentimos que é preciso transformar essa habilidade de se relacionar num negócio. Isso soa como uma imposição, e as mulheres não se impõem aos amigos, elas ajudam os amigos. Precisamos reconhecer que construir uma rede de relacionamentos não é uma imposição, especialmente se você está focada em como pode ajudar os outros."

"As mulheres são diferentes. Nós temos essa habilidade natural de dar e não estamos dando. Minha ideia de alianças estratégicas desbloqueia isso, pois dá início a uma troca valorizada. Estou interessada no que você está fazendo, e você pode se interessar pelo que eu faço. Por que não compartilhar informações? Nunca se sabe quando podemos precisar uma da outra."

Atualmente, o mapa de objetivos mais recentes de Carolyn lhe proporcionou muitas conexões novas no trabalho, na academia e na filantropia. Ela também tem o que chama de comitê de diretores, uma meia dúzia de pessoas escolhidas a dedo que ela considera seus modelos. "Elas tiveram carreiras muito bem-sucedidas e se tornaram pessoas que eu gostaria de ser", comenta. "Eu as conheci ao longo dos anos e perguntei uma a uma se aceitavam ser membros do meu comitê. Cada uma tem um propósito e uma habilidade que valorizo. Elas se conhecem porque são todas amigas minhas, mas nunca se encontraram em grupo. Elas me incentivam a fazer a coisa certa pela razão certa. Quando quero refletir sobre algo, são essas pessoas em que confio. Converso com elas sobre partes importantes de minha vida, inclusive meu papel como mãe, filha e esposa."

Para Carolyn, conectar-se com pessoas via objetivos é o que ajuda a definir significado na vida. "Nada nos atrapalha, a não ser nossos próprios modelos mentais", garante. "Se tudo o que você tem está concentrado numa coisa — seu trabalho, por exemplo —, então você não está vivendo a vida com plenitude. Para mim, descobrir e criar significado tem a ver com possuir uma série de projetos importantes para trabalhar neles ao mesmo tempo — projetos comunitários, projetos baseados em reivindicações de amigos, projetos para aprender uma nova habilidade, projetos de retribuição à família, entre outros."

Você está conectado

Muitas mulheres acreditam que socializar é bom para elas, mas preferem não ter que fazê-lo. E é fácil encontrar exemplos de socialização inadequada — alguém fingindo interesse em qualquer coisa que a pessoa mais importante da sala esteja interessada — que são desagradáveis para você. Dá para entender por que muita gente não gosta de fazer isso.

As redes de relacionamentos não têm a ver com política. Têm mais a ver com conectar-se e demonstrar interesse por outra pessoa, bem como oferecer ajuda. Elas também acabam sendo o segredo para o crescimento pessoal e profissional. Portanto, vamos replanejar as redes de uma forma que você considere interessante: uma rede em desenvolvimento reúne todas as pessoas que demonstram "interesse ativo em sua carreira, também no sentido de agir para vê-la se desenvolver". Isso é algo para se ficar animado.

É bom começar a fazer o planejamento de sua rede listando quem você conhece que pode ajudá-la a crescer e a progredir. Veja aqui nossa sugestão: faça uma lista com todos que estão em sua rede hoje e que satisfaçam esses dois critérios: (1) pessoas com quem você trabalhou, tanto direta quanto indiretamente nos últimos dois anos; (2) pessoas com quem você teve contato moderado há mais de dois anos. (Você pode querer voltar às pessoas com quem se relacionou bastante no passado.)

Depois, pense sobre como cada pessoa influenciou sua carreira. Qual nível de influência elas têm em sua empresa? Quão conectadas elas são? Agora, considere o tipo de relacionamentos em sua rede — pense cuidadosamente sobre quem você conhece em diferentes empresas, indústrias, papéis e grupos sociais. Você conhece executivos seniores fora de sua empresa que poderiam fornecer orientação ou mesmo ser um padrinho, criando novas oportunidades para você? Não se esqueça de considerar as relações que lhe dão a sensação de pertencimento e significado. Essas pessoas podem não pertencer ao seu mundo profissional, e você pode não estar pensando nelas como parte de sua rede.

Uma vez que você listou as pessoas de sua rede, está pronta para classificar suas relações no mapa. O eixo horizontal mostra como você se sente confortável ao trabalhar com cada pessoa. Já o eixo vertical mostra o poder de cada pessoa. Use o esquema a seguir como guia.

Mapa de relacionamento

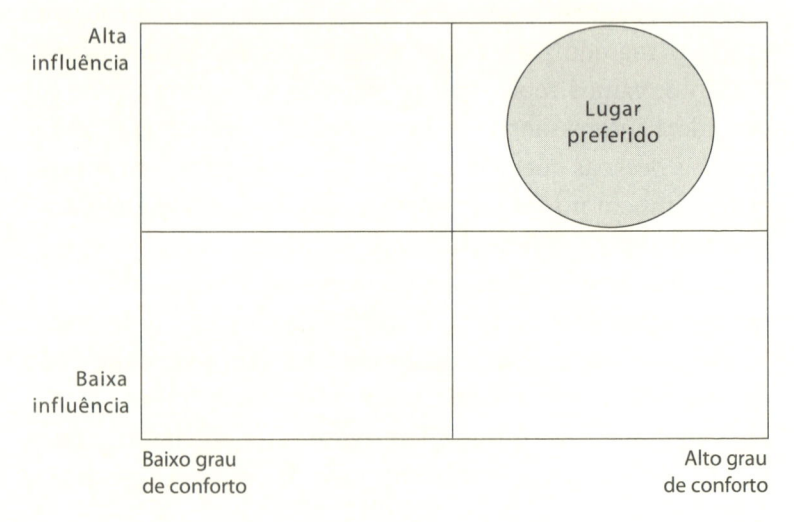

- Alta influência / Baixa influência (eixo vertical)
- Baixo grau de conforto / Alto grau de conforto (eixo horizontal)
- Lugar preferido: quadrante superior direito (alta influência + alto grau de conforto)

Quem está em seu "lugar preferido" — no quadrante superior à direita? Se houver muitas pessoas nesse quadrado, você está em grande forma. Este é o lugar em que você coloca, ou é capaz de cultivar, seus padrinhos. Se ninguém preenche os requisitos, isso é perfeitamente normal. Depois de usar este exercício com centenas de jovens mulheres, sabemos que a maioria precisa de mais nomes nesse quadrado. Você pode achar que o quadrante mais cheio é o inferior à direita — ocupado por colegas cujas amizades significam muito, mas que não detêm o poder e a influência de acelerar seu desenvolvimento. Parte da estratégia de Carolyn era encher esse quadrado — uma ideia ótima para começar o planejamento de sua rede. Mas não pare lá.

Dê uma olhada no quadrante superior esquerdo — as pessoas influentes que ainda não a estão ajudando. Talvez porque você ainda não tenha feito nada para conhecê-las melhor? Em geral, essas pessoas influentes parecem inacessíveis, intimidadoras. Talvez a fofoca sobre elas tenha afetado sua percepção. Uma mulher mais experiente nos contou que ela evitava trabalhar com um determinado executivo sênior no começo de sua carreira por causa do que tinha ouvido a respeito dele. Quando ela ignorou o que ouvira e se aproximou dele, descobriu que era divertido trabalhar junto dele. No fim, ele se tornou um de seus padrinhos mais importantes, uma relação que durou muitos anos. Lembre-se de que o que você ouve no corredor nem sempre é verdade. E, mesmo se for, pode não ser verdade para você.

À medida que você olha para o planejamento de sua rede, tire as próprias conclusões. Ela é equilibrada? Onde você precisa investir? Será que está na hora de cair no mundo e descobrir mais pessoas para conhecer?

Torne-se uma especialista em conexões

Nosso conselho essencial para criar uma rede numa palavra? Diversifique! Conforme ensina Carolyn, pense bem fora da própria unidade de negócio, divisão ou mesmo empresa: não limite seu potencial. Cada empresa representa um sistema social único. Mais sistemas criam mais possibilidades. Uma rede diversificada também melhora seu conhecimento ao aumentar a abrangência de informações que você coleta e fornecer pontos de vista alternativos.

Isso é especialmente importante quando você está considerando uma mudança significativa. As pessoas que a conhecem são condicionadas a pensar a seu respeito de uma maneira. Elas são inconscientemente influenciadas. Além disso, as pessoas em sua empresa e em sua profissão podem estar cegas a oportunidades em outras áreas. Se você está planejando uma transformação profissional, o acesso a novas conexões será extremamente importante. Durante essas fases de transição, às vezes um pouco de criatividade pode abrir novas portas, mas isso exige um par de olhos revigorados para enxergar as oportunidades. Mesmo se você estiver bem instalada, permanecer aberta a novas conexões e ideais nunca é uma coisa negativa. Faz a gente crescer.

Outra maneira de pensar sobre relacionamentos está no contexto das redes formais e informais. Em sua empresa, os mentores mais experientes se dedicam ao seu desenvolvimento? Programas como esse são estabelecidos com as melhores intenções, mas não acreditamos que superem o poder das redes informais, aquelas que você trama. Elas se desenvolvem organicamente, baseadas nos interesses em comum e nas afinidades mútuas. Como pode imaginar, elas são significativamente mais influentes para uma carreira do que as redes formais. Portanto, vá além de seus consultores indicados. Nesse caso, ir além é uma coisa boa. E olhe para trás para levar junto colegas mais jovens também. Eles já estão observando você como parte de sua rede. Nunca é cedo demais para liderar.

Como começar? Como sugere Carolyn, defina objetivos de longo prazo e identifique os cinco que de fato a estimulam (certifique-se de que apenas um deles esteja ligado ao trabalho). Concordamos sobre essa quantidade e encorajamos a não pensar pequeno. Isso a ajuda a aventar as diversas possibilidades, especialmente no começo de uma aventura, quando você não sabe o que (ou mais adequadamente, quem) vai encontrar.

Então use a regra dos "seis graus da separação": descubra quem você já conhece que pode ajudá-la a dar os primeiros passos rumo a seus objetivos. Cinco pessoas que você conhece podem criar conexões com muitas outras; a compatibilidade de relações cresce em progressão geométrica. Pergunte a seus colegas se conhecem pessoas em outras empresas que podem estar interessadas em encontrá-la para debater sobre o assunto que você quer. Use uma lista de verificação ampla para encontrar todas as possíveis conexões: família, amigos dos amigos, integrantes de associações profissionais, clientes e consumidores, vizinhos, colegas de escola e funcionários.

Você está no caminho certo. E logo conhecerá trinta ou quarenta novas pessoas por meio de seus cinco objetivos. É uma alegria olhar para trás e ver o que você criou: uma comunidade de pessoas interessantes e interessadas que já a apoiou ao compartilhar algo valioso.

Mas ainda não chegamos lá. Lembre-se de que, como outras coisas dinâmicas, as redes se enfraquecem com o tempo se não forem bem cuidadas. Afinal de contas, não se trata apenas de pessoas que você conhece, tem a ver com a qualidade de seus relacionamentos. Você pode comprar um software especial para controlar a atividade de sua rede, mas somos fãs dos tradicionais lápis e papel, ou de uma simples planilha, para rastrear quais relacionamentos você está cultivando e com que frequência entra em contato com eles. São necessárias diversas interações antes de as pessoas começarem a conhecê-la.

Adoramos o mapa de pessoas de Carolyn. Ele é do tamanho de uma parede, foi divertido de fazer e, uma vez iniciado seu preenchimento, foi muito prático de usar. Você vai encontrar padrões interessantes nele. Outra maneira de enriquecer ainda mais sua rede é apresentar pessoas que se desconhecem. Torne-se uma intermediária.

E mantenha-se focada no desenvolvimento pessoal — no seu e no de todo mundo que você incluiu em seu mapa. Afinal, quanto mais você ajuda alguém, mais chances tem de essa pessoa ajudá-la, e melhor você vai se sentir. É a reciprocidade em ação novamente.

Um dia, como Carolyn, você poderá ver que o que realmente criou é um mapa da vida. "Olhei meus objetivos em busca de temas em comum, o que em troca me ajudou a moldar uma visão de meu propósito: ajudar mulheres e crianças que não podem se ajudar", afirma. "Consegui unir esse propósito com minhas responsabilidades de mãe porque ensinei a meus filhos como tirar o melhor da vida. Sou a conselheira deles sobre objetivos e redes. E tem sido mais importante para mim do que muitas outras coisas."

Capítulo 15
Nos ombros dos padrinhos

Acabei me associando provavelmente à pessoa mais poderosa e atenciosa da cidade, David Rockefeller. Pensei: "Posso ser a mecânica que usa e alavanca seu poder e seu comprometimento com a cidade de Nova York para conseguir reconstruir esses bairros." Essa é a mágica.

Kathryn Wylde, presidente do conselho e CEO da organização Partnership for New York City

Você tem no trabalho alguém que a apoia? Alguém que vai lhe garantir que receba o reconhecimento e o sucesso que merece? Isso é trabalho do padrinho. Se você tem um, valorize esse relacionamento. Não se engane: quase todas as líderes de sucesso que conhecemos têm padrinhos que apoiam sua ascensão.

Ainda não conseguiu um? Vamos lhe mostrar como você pode cultivar um padrinho. E se já tem um, nós lhe damos os parabéns e torcemos para que se torne uma madrinha também. Você será recompensada em alegria por sua generosidade de oferecer confiança, tempo e esforço.

Ruth Porat é vice-presidente do conselho do Morgan Stanley, mãe de três filhos e venceu não uma, mas duas vezes um câncer de mama. Ruth tem cultivado padrinhos e buscado apoio neles ao longo de sua carreira: do início, quando ela era uma das raras mulheres na área de investimentos, até hoje, como sócia experiente. Seus padrinhos a ajudaram a prosperar num trabalho que ela adora.

A história de Ruth

Ruth nos ensinou a distinção entre um mentor e um padrinho. Existem duas diferenças básicas. Em primeiro lugar, mentores dispensam sabedoria, enquanto padrinhos se envolvem. Em segundo lugar, um padrinho acredita em você; o mentor pode não ir tão longe. À medida que for lendo essa história, observe as diferenças entre ambos.

Ao completar dois anos como sócia, o presidente do conselho da empresa de um cliente, na área de consumo de massa, convocou um dos diretores-gerentes da empresa de Ruth para lhe dizer que gostaria de uma mulher para comandar a apresentação para o comitê. Naturalmente, seus consumidores eram mulheres, e o ponto de vista feminino era essencial. O diretor-gerente então chamou Ruth e avisou que ela faria a apresentação. "Nunca estive numa reunião de comitê, muito menos havia feito uma apresentação desse tipo", conta Ruth. "Eu estava apavorada, e ele disse: 'Quer tenha sucesso, quer não, você está escalada. Vá!'"

Ela obteve sucesso. "Foi incrível", recorda. "Eu me lembro até do erro que cometi naquele dia, mas tenho na memória que, no geral, eu me saí bem. Ele apostou em mim." A perseverança e a determinação de Ruth são parte de sua formação e as razões pelas quais ela foi para Wall Street para começar. Ela nasceu na Inglaterra, onde seu pai estava cursando a universidade com o objetivo de trazer a família para os Estados Unidos. Ele fugiu do Holocausto que se aproximava, percebendo que a única maneira de chegar aos Estados Unidos era ao atender uma demanda que alguém tivesse. Ele aprendeu física sozinho e, quando Ruth tinha três anos, conseguiu um emprego de professor em Harvard. A família se mudou para Massachusetts, depois para a Califórnia, depois voltou à Inglaterra e finalmente se reinstalou na Califórnia quando Ruth tinha dez anos. Não é de surpreender que a perseverança, a vontade de aprender e a disposição para correr riscos sejam parte da formação dela.

Trabalho duro também. A mãe de Ruth também tinha uma carreira: era psicóloga e sempre trabalhou. "Quando eu chegava em casa da escola, não encontrava ninguém. Tinha que fazer tudo sozinha", lembra Ruth. "Para mim, era óbvio que eu precisava trabalhar."

Portanto, Ruth estudou economia em Stanford e se mudou para Washington D.C., onde trabalhou no Departamento de Justiça. Mas Ruth não ficou nessa área. "Quando estava na faculdade, de repente percebi que havia essa coisa chamada fusões e aquisições; isso me fascinou porque tinha um pouco de estratégia, mas então você podia de fato finalizar uma transação."

Naquela época, Wall Street tinha três escritórios de advocacia, e Morgan Stanley era o maior. Lá, Ruth encontrou as pessoas, a ética e a cultura de que gostava, e assim foi trabalhar no departamento de fusões e aquisições em 1987 — pouco antes da crise. Ela se lembra de pensar: "O que eu fiz? Para onde minha carreira vai agora?"

No limite de suas forças, Ruth se esforçou e se lembra de gostar do trabalho que fazia. "A gente contava o número do que chamávamos de todos contra todos — correr para casa após trabalhar a noite toda, tomar um banho e voltar imediatamente. Mas isso foi uma das fases mais estimulantes, porque todos os negócios que estávamos fechando estavam na primeira página do *Wall Street Journal*."

O departamento de fusões e aquisições desde cedo deu a Ruth muito contato com pessoas experientes em sua carreira.

"Bem jovem tive a oportunidade de ver como devemos nos portar quando alcançamos o nível sênior. Trabalhei para lendas da Wall Street", diz, citando sete. É fácil entender por que ela se considera uma pessoa de sorte; seu aprendizado foi o primeiro passo para encontrar um padrinho.

De fato, o conselho de Ruth é que você esteja muito atenta para encontrar um padrinho. "É sua responsabilidade encontrar um padrinho ou uma madrinha. Se está trabalhando para alguém que não vai correr riscos por você, saia dessa porque essa pessoa não vai mudar. Esse é o fim de uma carreira. Já trabalhei com homens — sempre trabalhei com homens. Por mais bem-intencionado que alguém queira ser, os preconceitos estão enraizados. Então, você tem que falar para si mesma: 'Não terei a mesma oportunidade a não ser que mude de chefe.' Um dos maiores problemas que as mulheres têm é que trabalham muito, abaixam suas cabeças e acham que trabalhar duro chama atenção. E trabalhar duro para o chefe errado não é percebido. Trabalhar duro para o chefe errado resulta numa coisa: o chefe aparece bem na foto, e você fica no mesmo lugar."

Cultivar padrinhos em potencial para ajudá-la é o próximo passo. Para isso, é importante reconhecer qual de seus pontos positivos seu padrinho pode ressaltar. Você conhece Ruth — entre seus pontos positivos, perseverança, engenhosidade, bom julgamento e integridade.

Desde o início, Ruth entendeu que seu padrinho precisava de algo dela também. "Eu não fui idiota o suficiente para pensar: 'Ele está fazendo isso porque tem um coração gentil'", diz. "Ajudei sua carreira e não havia dúvida de que eu o apoiava, mas era mais divertido trabalhar direto e realmente dedicar tempo aos clientes, de modo que foi uma boa barganha para mim."

Quando um de seus mentores saiu do Morgan Stanley para uma empresa concorrente em 1992, Ruth foi junto. Ela comandou a área financeira do grupo de seu padrinho em sua nova empresa por dois anos. "Quando eu estava pensando em sair do Morgan Stanley com ele, não acho que tenha sido clara como deveria com as pessoas no comando da empresa sobre as razões que me levaram a sair e sobre o que me preocupava em ficar", comenta. "Até meu pai falou: 'Não compreendo por que você está saindo. É um lugar tão íntegro, e você sempre respeitou isso.'"

Tão logo saiu, Ruth se arrependeu. "Se eu tivesse colocado todos os problemas sobre a mesa, aposto que eles teriam sido resolvidos. Eu não queria de fato ir embora", diz. "Tendo investido tantos anos no Morgan Stanley, acho que devia a mim mesma, e devia a eles, agir de forma mais direta. E quer saber? Eles podem ter dito: 'Não podemos atender a suas expectativas e é melhor que você saia.' Provavelmente eles teriam percebido que eu tinha algumas expectativas razoáveis. Se existe uma grande lição é a de que, se você está pensando em ir embora, é melhor falar sobre todos os problemas para não se arrepender depois."

Apesar do forte relacionamento com seu padrinho, Ruth não gostou do trabalho nem da cultura da nova empresa. Ela se lembra de pensar: "Meu Deus, destruí completamente minha carreira. Quero voltar e não tenho essa opção."

Dois anos depois, Ruth teve a opção de retornar ao Morgan Stanley, mas apenas se ela aceitasse voltar para um cargo inferior, sem o título de diretora administrativa. Isso foi duro de engolir porque todos os colegas eram diretores. Ela se lembra de dizer ao chefe: "Você quer me ferrar? Estou muito chateada. Não quero ser um exemplo. Não quero voltar e ver as pessoas falando: 'Se ela nunca tivesse saído, teria tido uma grande carreira.'" Ela se lembra, no entanto, do que o CEO lhe disse: "Não se preocupe com isso, pois vamos ter um ano duro. Em dois anos você vai olhar para trás, e garanto que vai se sentir feliz por ter tomado essa decisão."

Ela acreditou em sua palavra. Ambos sabiam que havia um risco, mas Ruth escolheu confiar nele. E com essa confiança, ela conheceu outros padrinhos. Vários diretores administrativos garantiram que lhe dariam cobertura. "Eles me disseram: 'Sabemos que é difícil regressar.' Foi a decisão certa."

Alguns anos depois, Ruth foi diagnosticada com câncer de mama. "O bacana é que fui capaz de olhar para trás e dizer: 'De fato, tenho muito orgulho do que fiz profissionalmente. Sou muito feliz por ter casado e tido filhos. Todo mundo precisa fazer a própria escolha sobre como preencher a vida, mas estou satisfeita por ter feito algo mais do que o trabalho'", disse. "Estou falando isso porque uma em cada três pessoas terá câncer. Todo mundo terá que lidar com alguém passando por isso. Você pode não ter tanto tempo quanto pensa. Portanto, certifique-se de estar tão equilibrada quanto gostaria, e tão cedo quanto possível."

Ter um padrinho foi um fator crítico para Ruth lidar com o câncer. Ela se lembra de que, quando foi diagnosticada, o chefe mundial de investimentos (outro padrinho) lhe dissera que ele achava que o trabalho provavelmente seria responsável por parte de sua recuperação. "Ele queria que eu soubesse que quando entrei era para mim, não para Morgan Stanley. Achei que era uma ótima mensagem. Ele sabia o quanto eu gostava de trabalhar", conta. "Quero continuar fazendo isso por muito tempo, e espero que seja por mais algumas décadas. Para mim, ter a riqueza profissional e a riqueza pessoal é muito importante."

Melhor um padrinho do que um mentor

Você tem mentores? Mentores se baseiam em suas experiências e sabedoria para guiá-la com bons conselhos. É bom ter mentores, e quanto mais melhor.

Mas mentores não mudam a trajetória de sua carreira. Como Ruth explicou, um padrinho faz as coisas acontecerem. Ele trabalha em seu nome, envolvendo-se em sua carreira. Isso pode significar portas abertas para novas oportunidades. Um padrinho também a protege quando você está passando por apertos ou quando cometeu um erro. Você ainda precisa apresentar resultados, mas não está mais sozinha.

Padrinhos são benéficos de muitas maneiras não óbvias. Por exemplo, seu padrinho pode ajudá-la quando você não estiver presente, ao combater preconceitos de gênero que infelizmente ainda persistem. Todo mundo sabe que determinados comportamentos que funcionam com homens produzem com frequência resultados indesejados para mulheres. Quando um homem é agressivo, outros homens podem não se ofender. Quando uma mulher se mostra forte, ela é considerada ambiciosa. Os homens podem se gabar, mas, se uma mulher fizer o mesmo, ela é vista como uma pessoa direta demais. E, perversamente, homens com frequência desdenham de uma mulher que não exige reconhecimento, concluindo que ela não está preparada para a liderança. Parece uma situação nova, não parece? Bem, padrinhos a defendem e reclamam se estiver sendo avaliada injustamente.

Como já estiveram naquela situação antes, os padrinhos podem ser guias especializados para as armadilhas e para os becos sem saída que existem em qualquer empresa. Um padrinho pode ser precioso ao iniciá-la sobre a política organizacional, as normas culturais e as maneiras aceitáveis de ganhar visibilidade e liderança. Essas são questões sutis nas quais um conselheiro sênior preocupado com seus interesses pode ajudá-la.

Por fim, um padrinho pode ser sua melhor fonte de feedback, além de ajudá-la a manter o bem-estar emocional ao enfrentar questões de desenvolvimento. Você confia no fato de que ele tem a melhor intenção a seu respeito, então se prepara para se abrir e entender os acontecimentos. Vocês estão juntos nessa.

Encontrando um padrinho

Onde se escondem todos esses padrinhos, quando eles poderiam ajudá-la a se desenvolver e a avançar?

Poucas pessoas têm a sorte de entrar numa empresa com um padrinho. Se ainda não encontrou o seu, então está na hora de se esforçar para conseguir um. Se você está no início da carreira, converse com os colegas para entender como eles encontraram pessoas bacanas para trabalhar junto. Com frequência, padrinhos criam ligações com pessoas menos estabelecidas a partir de um interesse em comum ou de alguma paixão por determinado tipo de trabalho. Muitos querem passar sua experiência e reagem bem a alguém que demonstra entusiasmo de verdade por seu trabalho. Relacionamentos informais podem se transformar numa relação de compadrio se e quando você conseguir mostrar a ele o que pode fazer.

Portanto, invista um tempo em pensar sobre seus pontos positivos e suas paixões. Lembre-se da regra dos "seis graus da separação" e identifique os líderes seniores que atuam na área de trabalho ou na disciplina de seu interesse. Procure-os e deixe que saibam de seu interesse (distribuindo reciprocidade).

Outra boa ideia é procurar por padrinhos em potencial entre as "figurinhas fáceis": homens e mulheres que já foram padrinhos. Enquanto muitos executivos experientes não possuem a inclinação, aqueles que encontram satisfação nisso tendem a continuar como padrinhos ao longo do tempo. Portanto, descubra quem já apadrinhou alguém na empresa. Procure saber mais sobre as redes informais em que seus colegas estão conectados, ou simplesmente pergunte quais mulheres experientes os ajudaram ao longo da carreira.

Obviamente, outros podem ter identificado os mesmos padrinhos, e é possível que exista uma longa lista de pessoas à sua frente, muitas delas compartilhando a mesma paixão que o homem ou a mulher por quem desejam ser apadrinhados. Não se preocupe. Seu próximo passo é encontrar alguém que tem as características de um bom padrinho, mas que ainda não é o centro das atenções. Você pode conseguir convencer esse líder a se tornar seu padrinho.

À medida que você começa as listas de padrinhos em potencial, aumente suas chances de sucesso conhecendo mais de um. Então, conforme vai ficando mais familiarizada com os pontos positivos e o conhecimento de seu padrinho em potencial, dê um passo atrás e avalie novamente. Vocês compartilham uma paixão por interesses profissionais específicos? A pessoa está na melhor posição para influenciar significativamente sua carreira? Você se sente confortável conversando com a pessoa sobre questões profissionais e pessoais? Pode não haver química entre você e seu padrinho em potencial. Não tem problema: continue procurando até encontrar o par perfeito. Vale a pena investir nisso.

Apesar de termos conhecido líderes que foram bem-sucedidas sem um padrinho, não há dúvida de que ter um em sua equipe é uma grande vantagem. É quase certo que o padrinho acelere seu crescimento, aumente sua sensação de pertencimento em relação à empresa e a ajude a encontrar significado no que está fazendo.

Não se trata de uma via de mão única. Quem oferece atos de bondade e de doação ganha em contrapartida o senso de realização. Padrinhos podem ver você e os outros como a herança deles para a empresa. Ou podem simplesmente desfrutar desses relacionamentos pessoais. Alguns começam a fazer esse trabalho de orientação cedo na carreira porque existem sempre pessoas talentosas surgindo depois deles.

E é por isso que torcemos para que você se torne parte do círculo, tornando-se madrinha da próxima geração de mulheres.

Capítulo 16
Membro da tribo

Shirley Tilghman é uma geneticista molecular e a primeira presidente mulher da Universidade de Princeton. Como outras líderes, ela tem pais maravilhosos, que sempre lhe disseram que ela poderia ser o que bem quisesse. E ela quis ser cientista. Isso poderia ser o fim da história, mas Shirley teve a sorte de conhecer e cultivar seu talento para se relacionar com os outros. Isso a levou para fora do laboratório e a colocou no caminho da liderança.

Mentores-modelo

Sempre me perguntam: "Quando você soube que queria ser uma cientista?" E minha resposta sempre é: "Quando eu não quis ser uma cientista?" Sempre adorei números e quebra-cabeças. Desde que me entendo por gente, fui estimulada nesse interesse por matemática e nunca, nem por um minuto, pensei que isso seria inapropriado para uma mulher. Sempre tive uma boa dose de autoconfiança, e isso leva a uma série de coisas muito positivas. Permite, por exemplo, que você seja sociável; que se sinta confortável ao tentar coisas novas e que seja destemida em relação às dificuldades. Acho que fui bastante corajosa como criança, graças a esse senso de absoluta segurança sobre quem eu era. E isso só aconteceu porque meus pais me fizeram acreditar no meu verdadeiro valor.

Mas foi um professor de história no ensino médio que realmente mudou minha visão de mundo. Ele foi o primeiro professor a ver que, embora fosse uma boa estudante e uma cidadã-modelo, eu era no fundo menos engajada intelectualmente com o mundo do que deveria ser. Em vez de dizer "Nossa, que menina boazinha!" e "Bom trabalho", ele disse: "Você precisa usar mais o cérebro, precisa se desafiar mais. Há muito mais coisa acontecendo no mundo do que há nesse seu mundinho em Winnipeg. E aqui está o que você precisa fazer para se engajar." Foi um momento crucial. Ele abriu meus olhos por meio do Clube de História, que funcionava depois das aulas. Em determinado ano, investigamos cada religião que existia num raio de 150 quilômetros de nossa cidade. No outro ano, exploramos as instituições políticas. Foi uma experiência extraordinária que abriu minha cabeça, e esse professor foi sempre um modelo para mim.

Tive muita sorte com os mentores que encontrei ao longo da vida. Quando estava no terceiro ano da Queens University, em Kingston, Ontário, o professor Brock me disse que eu nunca seria uma grande química. Eu era uma boa estudante, mas ele percebeu que estava sendo bem-sucedida ao me esforçar de maneira excepcional, e não porque havia algo em mim que entendia a química num nível visceral. Às vezes, é importante entender no que você *não* vai ser bom para descobrir no que se destacar. E ele se importava comigo o suficiente para ter esse tipo de conversa delicada.

Ainda bem que eu estava preparada para ouvir. Já estava começando a pensar em outras áreas científicas em que talvez pudesse dar uma contribuição maior; embora difícil, foi uma conversa que me levou à biologia molecular — campo em que fui capaz de provocar um impacto.

Por que fracassei na química e tive sucesso na biologia molecular? À medida que me aprofundei na química, ela se tornou mais abstrata. Para muitas pessoas, o tema fica mais fascinante conforme a química fica menos concreta, mas eu a achei cada vez menos atraente em termos intelectuais. Eu não estava interessada na química que era basicamente um monte de equações num pedaço de papel. O que me fascinou na biologia molecular é que as perguntas que você faz permitem imaginar um benefício em potencial para alguém, algum dia, se você puder encontrar as respostas para elas.

Desde o dia em que entrei no laboratório de meu mentor para o Ph.D., ele me tratou como uma colega. A expectativa dele era a de que eu trouxesse ideias e as colocasse em discussão, de modo a propor alternativas para o que ele estava sugerindo. A maneira que você lida com as pessoas tem uma tremenda influência no modo como elas se sentem a respeito delas mesmas, e esses dois homens me trataram como uma cientista séria. Portanto, eu me achei uma cientista séria em decorrência disso.

Minha inclinação era ser desinibida, mas até isso exige coragem. No primeiro ano da faculdade, fui a um seminário que meu futuro mentor de Ph.D. estava dando. Levantei minha mão e disse: "Posso não ter entendido completamente o que você disse, e posso ter entendido tudo errado, ou talvez não tenha escutado, mas...", e então fiz minha pergunta. Ainda me lembro de Richard Hanson se aproximar de mim depois da aula e dizer: "Nunca mais faça uma pergunta dessa maneira. Não tem por que você se desculpar por fazer uma pergunta." Como descobri depois, foi uma boa pergunta; ela estava na cabeça de muitas outras pessoas também.

Padrinhos que abrem portas

Você pode ser o mentor de alguém pelo simples fato de ser um profissional modelo ou por ser um bom professor. Ser um padrinho, no entanto, é uma coisa diferente. Isso significa recomendar seus estudantes para cargos e empregos, mencionar seus nomes quando as pessoas estão preparando listas de palestrantes, indicá-los para prêmios e promover suas carreiras em geral. Tive a sorte de ter Phil Leader como um padrinho maravilhoso. Muitas coisas boas aconteceram no início de minha carreira porque ele contou aos outros sobre minhas contribuições em seu laboratório.

Existe um estereótipo sobre cientistas que preciso desfazer: o de que somos pessoas solitárias escondidas em laboratórios escuros, vestidas com jalecos, e que não nos comunicamos nem criamos redes de relacionamentos. Nada, em minha opinião, poderia ser mais distante da verdade. Para ter sucesso como cientista, você precisa, primeiro e acima de tudo, fazer bons experimentos. Mas é de fato fundamental que você frequente encontros e participe de seminários e converse sobre seu trabalho mais amplamente do que apenas publicar artigos. No começo, isso é uma coisa muito difícil de fazer em geral. Você vai a encontros e não conhece ninguém, bem como ninguém a conhece. Você precisa iniciar todas as conversas, o que exige um talento e uma habilidade a serem desenvolvidas, porque isso realmente ajuda seu trabalho científico a ser mais amplamente discutido. E nesses encontros a princípio constrangedores você ainda coleta um imenso volume de novas informações. A ciência, de acordo com meu ponto de vista, é uma atividade extremamente social.

Lembro-me claramente dos primeiros encontros de que participei, quando forcei a mim mesma a me sentar perto de alguém para me apresentar, explicando quem eu era e aproveitando a ocasião para fazer perguntas. É preciso ter coragem para entrar numa nova comunidade, onde precisa se afirmar, mas no final da conversa você em geral está dizendo a si mesma: "Bem, até que foi fácil. Por que achei que seria tão difícil?"

Quando as oportunidades surgem, é preciso aproveitá-las, e sou grata por meus padrinhos terem aberto essas portas para mim. Relativamente cedo em minha carreira fui convidada a atuar na seção de estudos do Instituto Nacional de Saúde. Havia painéis de análises para bolsas de estudos. Isso foi no início de 1980, quando as agências governamentais da área científica receberam a missão de encontrar mais mulheres. Fosse eu um homem, não teria sido convidada. Portanto, tive que enfrentar uma escolha: digo não porque a única razão que eles estão me chamando é porque sou mulher, ou digo sim porque, se participar do painel e me sair bem, será muito mais fácil para eles no futuro pensarem nas mulheres como ótimas analistas e não simplesmente como uma maneira de preencher a cota? Aceitei a oferta e no fim presidi a seção de estudos. É óbvio que eu estava nervosa no começo. Muitas pessoas que eram meus heróis, pessoas que eu reverenciava, estavam trabalhando comigo.

Mais tarde, o premiado cientista Bruce Albert me perguntou se eu gostaria de participar do Conselho Nacional de Pesquisa para estudar a possibilidade de sequenciar o genoma humano. Esse era um comitê formado por ganhadores do prêmio Nobel, os grandes da genética no século XX, e eu era a única mulher do comitê e certamente a pessoa mais nova. E eu sabia perfeitamente por que tinha sido convidada.

Muito do que fazíamos precisava de julgamentos científicos, e, no final das contas, era uma decisão política investir ou não bilhões de dólares no sequenciamento do genoma humano. Adorei aquele comitê; foi uma das coisas mais intelectualmente estimulantes que já fiz na vida. E aprendi muito observando Bruce presidindo o comitê. Ele tinha um estilo que nos fez superar todos os tipos de conflitos. O sequenciamento genético era uma questão sujeita a dúvidas, e não se tratava de um grupo tímido, muito menos com uma visão consensual. Tivemos muitas discussões acaloradas, e um dos integrantes acabou por renunciar em protesto. Mas, no fim, demos início ao Projeto Genoma.

Depois disso, acabei me envolvendo mais e mais com o mundo político em Washington, com frequência por causa de Bruce, que foi infatigável em me pedir para fazer coisas. Acho que foi o começo do caminho que me levou ao trabalho atual.

Liderando por meio dos outros

Tive muita sorte por passar a vida fazendo o que gostava, e gosto da ciência. Não mudaria nada sobre isso, a não ser talvez alguns fracassos, mas a decisão de ser uma cientista, essa eu não mudaria.

O modo pelo qual me tornei presidente da universidade foi ao aceitar ser membro do comitê de buscas para identificar o sucessor de Harold Shapiro. Depois de cerca de quatro meses envolvida no processo, o presidente do comitê perguntou se eu aceitaria sair e me candidatar ao cargo. Foi talvez a maior surpresa da minha vida. Francamente, nunca me ocorreu fazer nada a não ser garantir que tivéssemos um presidente que apoiasse as ciências da vida.

Eu seria a primeira presidente da história recente não formada em Princeton, mas acho que ele percebeu o meu profundo envolvimento. Conversamos sobre o que é e o que não é Princeton, seus pontos negativos e positivos. Ele deve ter percebido, em minhas visões sobre essas coisas, que ambos entendíamos bem a universidade — coisa que mais tarde percebi não ser verdade — e que eu enxergava a universidade com os pés no chão. Acho que percebeu no comprometimento a perspectiva de alguém que também enxergava o quanto precisava ser feito.

Um de nossos administradores certa vez me descreveu como tendo a capacidade de me imaginar no lugar de outras pessoas. Acho que tenho empatia e que isso é muito importante quando se comanda um lugar como Princeton, que se considera uma família. A outra coisa importante é o respeito e o orgulho pelo que estamos fazendo. Eu me levanto todos dias com a sensação de que o que faço é muito importante. Tenho orgulho de minha instituição e quero que ela sempre aja com correção. Também tenho um profundo respeito por ideias, pela vida intelectual e pela liberdade de expressão que a universidade representa. Esse é o prazer que se extrai ao fazer coisas pelas quais se é apaixonada. Não consigo imaginar como seria estar num emprego em que basta cumprir o horário, sem me importar com o que acontece.

Quando é necessário, posso ser bastante incisiva, tomar uma decisão e aguentar as consequências, algumas muito difíceis. Estou preparada para fazer isso, mas desejo entender como a pessoa do outro lado da minha decisão vai se sentir.

A responsabilidade de meu papel é enorme. Eu a sinto com seriedade, todos os dias, à medida que tomo decisões que afetam a universidade. Esta é uma instituição adorada e muito importante, e a sensação de que algo terrível poderia acontecer nela durante minha gestão é um pensamento angustiante. Por outro lado, se você é completamente avesso ao risco, nunca vai fazer sua instituição avançar. Entretanto, é preciso avaliar os custos e os benefícios de cada decisão e tentar seguir um caminho que continue a avançar a missão da universidade enquanto procura diminuir os riscos para sua reputação ou a de seus estudantes, corpo docente e equipe. Trazer outras pessoas nesse processo deliberativo pode ser muito útil e, às vezes, essencial.

Há dois anos nós nos deparamos com a arriscada decisão de eliminar inscrições antecipadas. No início da década de 1990, com praticamente todos os colegas na educação, adotamos um sistema com dois processos de admissão, no outono e na primavera. O processo antecipado visava principalmente aos estudantes que desde sempre souberam onde queriam cursar a faculdade. Mas ele se transformou em algo diferente e passou a ser usado amplamente por estudantes, que acabavam por ter muitas vantagens. Bons orientadores educacionais tinham descoberto que a chance de ser admitido antecipadamente era maior do que pelo processo de admissão regular e, como resultado, tínhamos dois grupos de candidatos e estávamos dando aos "antecipados" maiores chances de entrar.

Por isso, há cerca de cinco anos, começamos a pensar em eliminar a admissão antecipada porque ela parecia ser intrinsecamente injusta. Quando decidimos acabar com ela, havia apenas uma outra universidade, Harvard, que tinha tomado a mesma decisão, só que uma semana antes. Foi uma decisão arriscada porque poderia ter afetado nossa capacidade de atrair bons alunos. Então nós nos baseamos numa enorme quantidade de informações e procuramos o Comitê de Administração em busca de seu apoio por causa do risco envolvido. Passamos pelo menos três horas discutindo a questão, juntos.

O aspecto mais importante nessa decisão em particular foi conseguir unir o grupo certo de pessoas em torno da ideia e fazer com que pensassem no futuro. Isso incluiu a reitora de admissões, pois não podíamos tomar uma decisão desse porte a não ser que ela desse seu apoio. O reitor de graduação e outros funcionários administrativos seniores da universidade também apoiaram a decisão. Em resumo, precisávamos de um consenso.

Detesto estereótipos, mas, observando líderes de ambos os sexos, parece ser preferência instintiva das mulheres reunir as pessoas em torno de um tema. Nesse caso, foi de grande ajuda não ter uma porção de vozes fortes se opondo. Estávamos todos muito preocupados em manter o nível competitivo e acho que foi um exercício de paciência para testar nossas ideias, diversas vezes com um grande número de pessoas, e ouvir suas reservas, pensando em como podíamos amenizar as preocupações e os riscos que elas aventavam.

Padrinhos das líderes do futuro

Uma das coisas mais importantes que as líderes podem fazer é antecipar a responsabilidade dada às mulheres, proporcionando a oportunidade de elas perceberem seu potencial e seus talentos. As mulheres tornam-se líderes com talvez um pouco menos de autoconfiança do que os homens. Portanto, se você pode antecipar a oportunidade de elas demonstrarem suas capacidades, você vai formar líderes com muito mais frequência do que se as mantiver no mesmo ritmo dos homens. Trata-se tanto de convencê-las de que elas têm o potencial para ser bem-sucedidas quanto de convencer as pessoas da empresa desse fato. Acreditamos que as mulheres não sabem quando estão prontas. Elas se reprimem.

Eu tive muita sorte de ter uma oportunidade bem cedo, bem como o apoio de pessoas incrivelmente prestativas, mas nem todas as cientistas têm a mesma sorte. Conheço muitas incríveis que precisaram lutar por cada conquista e que foram reprimidas por mentores que foram tudo menos mentores, pois se ressentiam de seu sucesso. O mundo lá fora é muito duro.

Portanto, se está realmente comprometida em ver mulheres no topo de sua empresa, pode ser necessário fazer as coisas de modo um pouco diferente no que diz respeito a homens e a mulheres. As mulheres têm sido muito bem-sucedidas em Princeton e têm alcançado posições de liderança seniores, e isso começou, creio, nos tempos do meu predecessor. Estamos enviando ótimas líderes para todo o mundo, e tenho muito orgulho disso.

Parte Quatro
Comprometimento

Capítulo 17
Ultrapassando o limite

Eu estava no ensino médio, quando apenas uma entre 27 garotas praticava esportes, e queria competir na equipe de tênis. Havia apenas uma equipe de tênis masculina, então disse ao técnico que queria jogar. Pensei que ele fosse ter um ataque cardíaco, mas acabou dizendo: "Se você quer jogar, vou deixar você tentar." Joguei contra um cara de quem gostava muito. Como previa, ganhei, e o técnico me admitiu. Agora, se eu não tivesse conseguido, eu teria voltado? Com certeza.

Donna Orender, presidente da
Associação Nacional de Basquete Feminino

Comprometimento é o que reúne tudo: quando você escolhe cruzar uma linha invisível entre ser uma pessoa para quem as coisas acontecem e uma pessoa que faz as coisas acontecerem. Isso significa quebrar os laços que circunscrevem sua carreira e sua vida. Ter o compromisso de fazer isso é uma das melhores coisas que você fará por si mesma em toda a sua vida. Exige coragem e vontade de lutar pelo que deseja, mesmo quando está de fato lutando contra a própria resistência e medo. Isso libera uma energia inacreditável.

Vamos tornar isso viável. Comprometimento significa ser levada em consideração, decidir seu desenvolvimento, escolher aproveitar as oportunidades que têm um fator de risco e enfrentar seus medos mais profundos. É uma tarefa grande, e, uma vez que você se dedica a ela, não tem retorno.

Entre as líderes que conhecemos e que transformaram suas vidas ao aproveitarem a oportunidade de ir além, está a dame Stella Rimington, a primeira diretora-geral dos serviços de segurança da Grã-Bretanha, mais conhecido como MI-5. Crescendo na década de 1960, Stella entrou num mundo profissional que não acolhia mulheres. Seu primeiro emprego foi como arquivista, organizando documentos em paróquias e em vilarejos para os historiadores usarem.

Quando ela se casou e o marido aceitou um trabalho na Índia, fechou uma porta e abriu outra. "Abri mão de trabalhar para acompanhar meu marido e ser a esposa de um diplomata, mas acabei sendo recrutada pelo MI-5 num coquetel. Aceitei me alistar no auge da Guerra Fria, e a Índia era o palco central, era onde o Oriente encontrava o Ocidente", lembra. "Havia espiões em todo lugar, e você tinha a sensação real de que estava no coração de um mundo misterioso. Então, aceitei pensando: 'Uau, isso é divertido, meio James Bond, eu acho.'"

No final das contas, Stella se deu muito bem nesse trabalho. Nos 27 anos em que trabalhou na agência, ela foi uma das primeiras mulheres a sair de escriturária para analista, depois para um trabalho de campo, depois para supervisora, até chegar ao topo. "Uma vez que você tenha algo a apresentar, as ideias preconceituosas das pessoas sobre você tendem a mudar", destaca. "Em vez de pensar: 'Ela é mulher, não pode fazer isso', eles pensam: 'Espera aí, ela acabou de fazer isso. Talvez possa fazer aquilo.'"

Missão difícil

Apesar de ser uma criança ansiosa que cresceu durante a guerra na Inglaterra, Stella encontrou sua voz bem cedo. "Eu tinha a determinação de fazer alguma coisa. Queria uma vida estimulante. As pessoas me perguntavam: 'O que você quer ser quando crescer?'; e eu lhes dizia: 'Quero ser piloto de avião.' As mulheres não podiam ser piloto naquela época, mas eu pensei: 'Isso parece ser um emprego bacana, e quero fazer isso.'"

O comprometimento começa quando você encontra sua voz. Isso é fácil para algumas mulheres, mas, para outras, levantar a voz já é assustador. No entanto, para comandar você precisa ser ouvida, precisa ter presença, precisa se mostrar, pois isso faz com que as pessoas vejam como você pensa e como interage sob pressão. Então comece a trabalhar nisso hoje. Quanto mais você espera, mais difícil fica para se afirmar — e mais fácil se torna para as pessoas a negligenciarem.

Uma profissional experiente em investimentos nos contou como ela aprendeu a se afirmar: "Toda segunda-feira, eu participava de uma reunião com altos executivos. No começo, apenas escutava. Aprendi com eles porque estavam todos ali. Depois de um tempo, comecei a falar. Ninguém quer falar nada idiota, mas você fez seu trabalho, então você precisa falar sobre ele." Qual foi o segredo? Prática. Ela começou relatando as análises que fazia. Ela observava os homens que admirava e aprendia com eles. Com o tempo, as pessoas se dirigiam a ela em busca de opiniões.

Faça como Stella, e dê um passo de cada vez. Voltando à Inglaterra na década de 1970, Stella continuou a trabalhar depois de suas licenças-maternidade, mas no escritório. "Achava-se que as mulheres podiam lidar com papéis e com alguma análise de inteligência", conta. "Isso é muito importante, mas não é trabalho de inteligência de ponta. Não é como estar na rua, recrutando recursos humanos e comandando equipes. Eu descreveria isso como estar numa caixa de vidro, confinada por todos os lados."

Então, Stella e algumas colegas resolveram se afirmar. "Nós, mulheres — e existiam poucas até então —, meio que nos unimos e dissemos: 'Por que temos uma carreira completamente diferente da dos homens que são exatamente como nós?' Pela primeira vez, o alto escalão começou a se perguntar a respeito, porque precisava encontrar uma resposta. Sua situação era complicada pelo fato de que a legislação contra a discriminação sexual tinha acabado de ser aprovada." Stella se lembrou de que "eles decidiram promover algumas mulheres. Obviamente, as escolhidas se saíram muito bem. Atualmente as mulheres se saem bem até mesmo nas áreas mais perigosas."

Você também pode aprender a buscar o que deseja. Só precisa saber o que quer. Surpreendentemente, o segredo do sucesso em geral é apenas pedir. Suas próprias noções preconcebidas podem limitar suas definições do que é possível. O medo de rejeição faz com que algumas pessoas não peçam. Às vezes temos medo de não estarmos prontas. Talvez algumas tenham medo de vencer. Mas, se não falar, ninguém saberá o que você quer. O pior é que eles imaginam que você não está interessada ou talvez nem mesmo esteja qualificada. Portanto, sonhe um pouco e então descubra a sua voz.

No caso de Stella, pedir a colocou para dentro, embora ela ainda tivesse que provar que podia fazer o "trabalho de um homem" no campo. Seu teste prático, o padrão para agentes masculinos, era entrar num pub, aproximar-se de um estrangeiro e tirar o máximo de informações possível. Então precisava manter a tranquilidade quando um oficial superior entrasse e revelasse seu disfarce. "Era um exercício totalmente inadequado para alguém como eu, porque o pub que eles escolheram era num lugar meio barra-pesada perto da Estação

Vitória, cheio de homens não exatamente simpáticos", recorda Stella, rindo. "Eles estavam encostados no balcão bebendo cerveja, vestindo casacos puídos, quando comecei a conversar com um cara que estava nitidamente surpreso e pensou que minha profissão fosse outra." No momento em que o oficial entrou no pub, Stella ficou aliviada. "Para falar a verdade, eu me senti muito pouco à vontade naquelas circunstâncias e comecei a imaginar se isso era o tipo de trabalho que eu queria de fato fazer."

Descobrir sua própria voz não tem a ver apenas com se afirmar. Aprender a falar e a refinar a mensagem é uma forma de resolver o problema, e, assim como todas as atividades de resolução de problemas, a preparação é importante. Reserve um tempo para fazer uma pesquisa e reveja o que deseja conseguir. Seja específica. Você tem mais chances de ser bem-sucedida se analisar todas as situações, visualizando o que pode acontecer numa discussão e planejar como superar qualquer resistência.

É seu futuro

Não há nada como sentir que se está no controle para que se tenha a coragem para falar e para se colocar no caminho das oportunidades, assumindo os riscos diretamente. Quando você se sente dona da situação, o comprometimento e a energia aumentam. Melhor ainda, você fica menos propensa a se irritar com o retorno negativo ou com ataques cujo objetivo é tirá-la da linha de frente.

O direito de posse é também o precursor do sucesso; portanto, não espere para ser escolhida. Descubra maneiras de criar novas oportunidades. Como? Stella tinha uma regra simples que a manteve em seu caminho: "Não gosto de trabalhar para pessoas que acho serem menos competentes do que eu", ela explica. "É provável que isso tenha me guiado, porque mesmo que eu não tivesse ambições de chegar ao topo, sempre senti que queria me destacar no próximo trabalho porque sabia que ele não estava sendo feito tão bem quanto eu acreditava que podia fazer." Isso é se comprometer.

Depois de dois anos como diretora de contraespionagem, Stella recebeu uma chance de trabalhar com contraterrorismo. "Acho que o chefe tinha alguma hesitação em me chamar porque não era minha especialidade", conta. "Mas não hesitei em dizer: 'Sim, eu adoraria.' Se alguém me oferece alguma coisa nova e interessante, então é isso o que quero fazer. Não acho que o risco de falhar tenha me passado pela cabeça. Acho que pensei: 'Se estão me pedindo para fazer isso é porque eles me conhecem, e conhecem o trabalho, e, se acham que posso fazer, eu tenho certeza disso.' Obviamente, nos momentos complicados você pensa: 'Meu Deus, o que estou fazendo aqui?' Mas nunca me ocorreu dizer: 'Eu não acho que seja capaz de fazer isso.'"

No fim da década de 1980, o MI-5 enfrentava o Exército Republicano Irlandês, que estava usando táticas terroristas para forçar os ingleses a saírem da Irlanda do Norte. A campanha incluía bombas em Londres e ataques a soldados britânicos na Alemanha. O trabalho se tornou ainda mais desafiador, comenta Stella. "Cerca de três dias após ter assumido o cargo, o voo 103 da Pan Am caiu em Lockerbie, na Escócia, por causa de uma bomba. Eu não tinha experiência em trabalhar com contraterrorismo. Uma das coisas mais difíceis que precisei enfrentar naquela época era: 'Qual é de fato meu trabalho?' Entendi que era garantir que quem estivesse no campo tivesse as habilidades e os recursos necessários e que as operações fossem propriamente preparadas. Se algo desse errado, era minha responsabilidade assumir as críticas e lidar com os ministros e com o primeiro-ministro. Achei bastante assustador no início, mas também bastante estimulante e muito satisfatório quando as coisas deram certo."

Stella é claramente um exemplo, mesmo se você não aspira a ser uma agente secreta. Considere o próximo marco em sua carreira. Você sabe o que precisa fazer para chegar lá? Você acredita que sua realização está em suas mãos? O que você está fazendo para alcançar aquele objetivo? Se suas respostas são "Não sei", "Estou sendo prejudicada por ele(a)", "Não acho possível" ou "Não há muito que eu possa fazer para que isso aconteça", vamos lhe oferecer algumas táticas para colocar toda essa hesitação para trás e enfrentar o desafio de frente.

Riscos vêm com oportunidades

No final das contas, conforme a história de Stella demonstra, comprometimento tem a ver com assumir riscos e, com frequência, o medo paira invisível. Escolher agir em nome de seu sonho raramente é um caminho sem perigo. As líderes que entrevistamos consideram isso parte do pacote. Algumas são destemidas; nasceram com (ou desenvolveram) a confiança e a coragem para mergulhar de cabeça; outras são mais circunspectas e usam técnicas analíticas para resolver problemas ao enfrentar riscos, tomar decisões e agir.

É difícil. "Se tudo fosse tão simples e fácil, não acho que você desenvolveria a rígida determinação necessária para aceitar um trabalho de alto nível", comenta Stella, que ao assumir a chefia do MI-5 ficou numa posição de risco pessoal sem precedentes. Pela primeira vez, o governo divulgou quem seria a diretora-geral. Os tabloides ingleses correram para descobrir onde ela morava, e, quando conseguiram, sua família teve que se mudar no meio da noite.

"Essa foi a época em que fiquei mais dividida, porque minha filha mais nova ainda morava em casa", afirma Stella. "Ela nunca contou aos colegas o que eu fazia. E então as pessoas perguntavam: 'Essa é sua mãe? Legal isso.' Quanto tivemos que morar secretamente, a correspondência não chegava em casa com nossos nomes. Minha filha teve que descobrir em quais amigos podia confiar. Esse foi o primeiro momento traumático."

Vamos ser francos? Carreiras — e vidas — são construídas sobre decisões que envolvem riscos. Pense na alternativa — fazer o que outros esperam que você faça. Não há problema, mas só se de fato essa é a coisa certa, baseada no que você conhece de suas forças, no que gosta de fazer e no que lhe traz significado. Mas e se não for assim? Trata-se de um risco ainda maior. O psicólogo de Harvard Daniel Gilbert, autor de *O que nos faz felizes*, pesquisou sobre a capacidade única do cérebro humano de imaginar o que pode acontecer sob certas circunstâncias, e visualizar o futuro. Tendemos a superestimar nossa infelicidade potencial em situações negativas, e isso nos impede de experimentar coisas novas. Gilbert descobriu que as pessoas que fazem escolhas e que aceitam riscos se sentem mais felizes mesmo nas situações negativas. Se você acha que a mudança que você está planejando é arriscada demais, pergunte a si mesma qual é a pior coisa que pode acontecer. Depois, descubra o que pode fazer para lidar com isso.

Stella é o exemplo vivo de como a clareza de visão e a confiança nas próprias habilidades diminuem os riscos. Uma das maneiras mais eficientes de reduzir o risco é tornar-se especialista em alguma área de sua escolha. Quando você começa com uma base sólida e experiente em determinada especialidade, os riscos associados a assumir um novo papel ou a ganhar mais responsabilidade diminuem.

E, conforme Stella percebeu no começo, as mulheres possuem uma vantagem natural que as ajuda a reduzir os riscos: a tomada de decisão colaborativa. "Uma das primeiras coisas que percebi quando me tornei diretora-geral foi que é muito importante ter ao redor colegas que são diferentes de você e que não têm medo de você, e que irão aconselhá-la sem medo ou favorecimento", diz. "Acho que, sozinha, não me sinto especialmente convencida de que sei a coisa certa a fazer. Muitas pessoas trabalham de forma controlada sob um comando. Os chefes pensam: 'Eu sei a resposta e sei que isso é o que vamos fazer.'"

Stella acredita que a melhor coisa é a pessoa que traz diversos pontos de vista e que ainda por cima trabalha em equipe. "Escolha os colegas não entre os que dizem sim, mas forme uma equipe que perceba a importância de avançar e de alcançar algum tipo de consenso", aconselha. "Comande essa equipe de tal maneira que todo mundo sinta que tem a oportunidade de apresentar seu ponto de vista. Então, todo mundo sai da reunião acreditando que a decisão tomada foi a correta. Essa é uma habilidade que você precisa aprender."

Muitas coisas podem impedi-la de se comprometer — criação, hábitos, desconforto com o enfrentamento, dúvidas —, mas escolher não se comprometer é como colocar uma enorme pedra em seu caminho. Se as condições irregulares já tornam seu caminho desafiador, você não precisa de mais obstáculos.

E quando realmente se compromete vai sentir o fogo queimando dentro de você para aproveitar o dia. Vá em frente, e coloque mais lenha na fogueira.

Capítulo 18
Levante-se e coloque sua opinião

Você não pode ter medo de ser o que é. Vivencie seus valores. Viva a sua vida. Uma mulher me confidenciou que "fugiu do escritório" para assistir à peça de sua filha e eu disse: "Pare agora mesmo! Eu nunca saí escondida de lugar algum. Eu caminho até a saída e, se alguém não gosta disso, azar. Não se preocupe comigo. Eu dou um jeito." Trate de se posicionar, de fazer o que precisa fazer e de se divertir com isso. Encare-os de frente e diga: "Se você não gosta disso, me demita e eu arranjo outro emprego porque sou talentosa o suficiente e muito comprometida."

Shelly Lazarus, presidente do conselho da Ogilvy & Mather

Muitas líderes nasceram ao se defender, mas boa parte desenvolveu esse aspecto da liderança por conta própria. Aos poucos aprenderam a se defender, a influenciar uma discussão e, por fim, a liderar. Defender-se não é importante apenas para seu desenvolvimento pessoal, é também parte de seu trabalho. Consideramos tão importante que ensinamos a técnica num curso presencial. Não se trata apenas de sua voz — é também sobre como você ocupa um espaço — para ganhar confiança e comprometimento daqueles ao seu redor.

Por que tantas mulheres relutam em se defender? Por que ficam quietas enquanto um homem sequestra a conversa? Ficamos surpresas com a infindável lista de razões que as mulheres apresentaram:

- "Eu não tenho nada de importante para dizer."
- "Tudo já foi dito ou alguém mais vai falar."
- "Os homens adoram falar, então deixe que falem."
- "Ações falam mais alto do que palavras de qualquer forma."
- "Não é meu papel."
- "Estou aqui para ouvir."
- "Sou nova aqui."
- "Sou a pessoa mais júnior."
- "Só consigo trabalhar fora da reunião."

Besteira. Talvez essa relutância em falar mascare medos profundos, tais como o medo de ser "descoberta", o medo de ser ridicularizada ou o medo de ser considerada inadequada. Nossa primeira linha de defesa é com frequência a racionalização e a fuga. Cave mais fundo para encobrir medos bem reais que podem ter sido úteis para você — até agora. Se você lhes der poder, eles vão dominá-la. Nossas entrevistas indicam que o medo leva muitas mulheres a definirem padrões tão altos que atrapalhariam qualquer uma. Muitas esperam tempo demais para entrar numa conversa. (Parece um pouco com a brincadeira de pular corda: desafiador para entrar e tão difícil quanto para permanecer.) Outras confundem respeitar com permanecer em silêncio.

Sabemos o quanto é difícil. E assuntos complicados são o tipo de coisa que, você agindo ou não, podem se complicar do mesmo jeito. As mulheres que se impõem com frequência sofrem também. Elas podem ser tachadas de agressivas, difíceis, adeptas da autopromoção, ou coisa pior. A pesquisa indica que mulheres quase sempre se sentem confortáveis em falar em nome de alguém, mas têm dificuldades para se posicionarem. Então, aguardamos os outros reconhecerem o que desejamos. Sim, aguardamos. Por quê? Porque isso "significa mais" se alguém mais perceber sem que a gente tenha que perguntar, as mulheres nos contaram.

E se você ainda não está convencida, vamos lhe dar mais razões para se posicionar! Enquanto você está esperando, os homens estão negociando o que querem e se autopromovendo. Mulheres negociam muito menos que homens: 20% delas nunca se envolveram numa negociação. Num estudo que comparou expectativas dos dois sexos em papéis similares, os homens imaginam que o máximo de seus ganhos seja 30% maior do que o que as mulheres imaginam para elas mesmas.

Julie Daum passou anos trabalhando com as líderes mais importantes do corporativismo norte-americano enquanto foi líder da unidade de negócio North American Board Services Practice, da empresa de consultoria Spencer Stuart. Sua força está em entender as pessoas e o que ela adora fazer é combinar pessoas com os cargos adequados. Não existe melhor pessoa para ajudá-la a encontrar sua voz.

Conversando com Julie

Lição 1: Pode não ser natural, mas você precisa se posicionar para ser considerada.

"Eu realmente não encontrei minha voz até que alguém me disse que eu poderia ter uma. Havia uma pessoa mais experiente que acreditou em mim e ele basicamente disse: 'Agora é com você.' Ele me deu o direito."

O que foi difícil para Julie foi entender o "como": "Como muitas mulheres, eu me lembro de pensar que você tinha o direito de falar apenas se soubesse a resposta certa — isso era o que era importante." Portanto, como muitas jovens mulheres, Julie gastou toda sua energia trabalhando diligentemente, convencida de que tinha que surgir com o número certo ou com a resposta certa.

Atualmente, Julie não consegue se imaginar-se não tendo essa voz.

Lição 2: Descubra uma maneira valiosa de contribuir.

Julie nos encoraja a pensar numa conversa ou numa reunião como um processo de buscar uma decisão. Isso torna ainda mais importante se posicionar e ser parte da solução do problema: "Pessoas descartam outras que não se posicionam", diz. "Se você não se expressar, as pessoas vão pensar que você não tem contribuição alguma a dar."

Ela tem uma tática testada, que diz que você deve colocar sua posição nos primeiros cinco minutos ou então tentar estar entre as primeiras seis pessoas a falar (as duas maneiras funcionam). Quanto mais tempo você espera para falar, mais difícil fica. "No início, era duro para mim porque sou tímida", explica Julie. "Eu me obrigava a levantar a mão e a me impor. Realmente precisava melhorar nisso."

Lição 3: Às vezes é preciso fazer uma escolha errada para descobrir sua voz.

Muitas mulheres começam com o pé esquerdo, e Julie compartilhou seu caso conosco: "Eu de fato tropecei no começo, porque escolhi um trabalho em que não podia fazer o que gostaria. Tive que me controlar, e levei alguns anos para admitir: 'Isso é errado, não estou feliz, não estou confortável.'" O que Julie percebeu é que é fácil entrar numa rotina de levantar todo dia e ir para o trabalho sem que o coração se emocione com aquilo. Um dia, ela pediu demissão. Tinha encontrado sua voz e era capaz de falar: "Preciso parar com isso e descobrir o que quero fazer."

Foi aí que ela agarrou a oportunidade que surgiu no que ela realmente queria. Ela aceitou uma boa perda de salário para trabalhar meio expediente como recrutadora de equipes numa *start-up*. E adorou fazer isso. "Eu tinha idade suficiente para saber que não estava lá pelo dinheiro. O importante era que eu queria fazer algo de que gostasse, algo em que fosse boa. Se era para me afastar de minha família, tinha que ser algo com significado."

Lição 4: Posicione-se por algo que a apaixone.

Em sua licença-maternidade, Julie descobriu sua paixão pela liderança feminina enquanto assistia às assembleias de confirmação da candidatura de Anita Hill, em 1992. "Tínhamos a mesma idade. Eu via como a carreira dela tinha sido e então via como aqueles homens a trataram", explica Julie. "Então, pensei: 'Não posso acreditar como evoluímos.'"

Julie então trabalhou para a Catalyst, uma organização não governamental que trata das questões trabalhistas femininas. Acreditando que a mudança deve começar no topo, Julie queria ajudar mais mulheres a entrarem na sala do conselho. "Começamos listando o número de mulheres, e ele era tão inacreditavelmente pequeno — você sabe, 50% da população é feminina, mas apenas 5% dos membros dos conselhos são mulheres."

A Catalyst publicou sua pesquisa e começou a ajudar os CEOs a identificarem possíveis candidatas. "Aquele relatório continua a causar impacto em termos de ajudar as mulheres a entrarem nos conselhos", diz. "Os números ainda não estão no nível que queremos, mas estão melhores. E nós mudamos o discurso. Atualmente, os conselhos podem não ter mulheres suficientes, mas eles pensam a respeito disso e discutem a questão."

Lição 5: A voz é um direito seu.

Julie reconhece que ninguém realmente sabe o que é importante para você a não ser você mesma. Se você não disser o que é, os outros vão ter que adivinhar ou, o que é mais provável, não considerar suas necessidades. "Você tem que saber o que é importante para você e então chegar para as pessoas e dizer: 'Quero poder fazer isso. Como posso fazer isso aqui?'"

Julie percebeu como foi fácil para um colega usar sua voz. "Ele disse: 'Não trabalho nos finais de semana. Trabalharei 24 horas por dia, cinco dias por semana, mas não trabalho nos finais de semana.' Depois de dizer isso, ninguém mais pediu que ele o fizesse. Lembro-me de pensar que nunca diria algo do tipo."

Mas, quando chegou a hora de atender às necessidades de sua crescente família sem abrir mão de sua carreira, Julie encontrou sua voz. "Estava disposta a fazer o que fosse necessário, mas precisava de certas coisas para fazer acontecer. Quando cheguei à empresa e falei: 'Isso é o que eu quero'; a resposta deles foi: 'Tudo bem.'"

Julie incentiva todas as mulheres a aprenderem a se impor, mesmo as integrantes do conselho que devem ser gratas a Julie.

Descobrindo sua própria voz

Você pode aprender a dizer qualquer coisa que seja precise ser dita. Isso apenas requer prática. Um de meus exercícios favoritos pode ajudá-la a começar imediatamente. Na próxima vez em que estiver participando de uma reunião, anote os nomes de todos os presentes. Então, discretamente classifique os comentários de cada pessoa numa escala de 1 a 5, na qual o número 5 se refere ao comentário mais perspicaz e o número 1 ao mais idiota. Faça isso durante pelo menos meia hora. Depois, calcule a pontuação média de cada pessoa. É provável que você se surpreenda com o resultado. A lição que se tira disso é que as pessoas falam o que pensam sem muito critério. Portanto, junte-se a elas.

Um segundo exercício pode ajudar a praticar sua maneira de conduzir as coisas. Primeiro, escolha um tema difícil:

peça algo que deseja, mas que tem vergonha de revelar. Você vai sentir isso quando perceber que o batimento cardíaco acelerou. Anote num papel o que deseja dizer em formato de tópicos, e então peça a uma amiga que ensaie a conversa com você.

Inverta os papéis e vivencie como seria ouvir sua solicitação, feita da maneira que você planejava originalmente. Agora, troque de papéis novamente com sua amiga e ajuste seu pedido. Não se reprima. Vá o mais longe possível nesse ambiente seguro, de modo que possa experimentar qual é a sensação de apresentar sua mensagem com mais vigor. Você vai ficar mais confortável com o que pode ser uma conversa desafiadora. Você está pronta para ela agora.

O meio é a mensagem

A maneira que você fala o que deseja falar é tão importante quanto o conteúdo. Apesar de a maioria das mulheres ter um escopo emocional mais amplo do que os homens, nem sempre é apropriado ou útil usar isso de forma espontânea. Não é nossa intenção reprimir sua paixão ou refrear seus impulsos. Escolha o tom cuidadosamente e organize os fatos para se expressar de forma convincente e eficaz.

As mulheres que desejam encontrar o tom certo podem aprender bastante com o trabalho de Marshall Rosenberg. Ele oferece uma maneira eficiente de resolver situações difíceis sem entrar em conflito. Imagine que Susie e Bob estão trabalhando numa força-tarefa, desenvolvendo recomendações para o lançamento de um produto essencial. Susie está sentada no escritório de Bob, torcendo para conseguir a aprovação dele a respeito de algumas questões complicadas. Bob verifica constantemente seu BlackBerry, atendendo chamadas e cumprimentando os colegas que passam por sua sala. Conforme isso continua a acontecer, Susie começa a se sentir insegura e cada vez mais ansiosa. Sua voz interna está se agitando: "Susie, você não tem nenhuma importância para esse cara. Ele não está nem aí para você. Dê um basta nisso!" Controlando suas emoções, mas encontrando uma maneira de expressar suas necessidades, Susie diz: "Bob, estamos sendo muito interrompidos hoje e eu me sinto frustrada. Preciso de sua atenção completa porque esta conversa é muito importante para as recomendações. Se você não pode manter o foco nesse tópico agora, vamos remarcar para um momento mais adequado para você."

Susie não levantou a voz ou fez críticas. Ela simplesmente comentou o que tinha observado, explicou como aquilo a afetava e por que era um problema. Além do mais, ela apresentou uma solução que também respeitava as necessidades de Bob. Consequentemente, Bob está aberto, ouve seu comentário e reage de modo afável. Em vez de ficar na defensiva e irritado, ele responde: "Você está absolutamente certa. Na verdade, estou esperando por notícias potencialmente ruins e estou distraído. Seria muito melhor remarcar para mais tarde. Se você quiser, podemos sair para um café e, assim, evitar interrupções."

O que o exemplo demonstra é como você pode confrontar alguém sem que as emoções tomem o controle. É uma tática tranquilizadora e contraintuitiva. Quando você consegue separar os fatos das emoções, combinando disponibilidade para escutar e empatia, você vai descobrir que o interlocutor fica menos resistente. Em troca, isso faz com que o ato de se impor seja menos intimidante. Teste essas novas técnicas em casa, com seus consumidores mais exigentes: seus filhos.

Um último detalhe sobre aprender a se impor: às vezes a melhor reação ao discurso de alguém é dizer não. Muitas líderes confessam que foi difícil mas fundamental aprender a lição de modo a se manter acima da crescente lista de compromissos. Dizer não é complicado porque quem recusa tem o poder. Você se preocupa que a recusa possa prejudicar uma relação valiosa. Infelizmente, muitas mulheres se esforçam demais para evitar dizer não. Algumas dizem sim quando não querem, outras dizem não de forma hostil ou evitam dizer alguma coisa.

Líderes precisam dizer não com frequência, e o especialista em negociações William Ury destaca uma abordagem eficiente: comece expressando genuíno interesse no interlocutor, então diga não de maneira clara e respeitosa. Ofereça uma alternativa que dê a ambos uma chance de continuar. Se fizer isso, você faz a outra pessoa se sentir bem, e oferece uma saída para ajudar que não a comprometa.

Quando a voz é fácil demais de encontrar

Para algumas mulheres, o problema não é encontrar a voz, e sim encontrar uma maneira de escutar. Uma overdose de paixão as inspira a continuar falando. Elas querem escutar, mas acabam falando. E o efeito é bem conhecido: quanto mais você fala, menos escuta.

Se você é assim, tente abrir um canal de conversação com os colegas, com os gerentes seniores, com os membros da equipe e também com as pessoas com quem você se relaciona fora da empresa. Aprenda o efeito que você provoca nos outros. Se está pronta para mudar, entre em contato com pessoas de sua confiança. Abordadas da maneira certa, elas vão ajudá-la a identificar as situações nas quais você perde o controle. Juntos, você pode combinar um sinal secreto para eles usarem em público e avisá-la. No calor do momento, esse sinal pode salvar a situação.

Você pode ainda treinar por meio de monitoramento seu comportamento em reuniões. Registre quanto tempo usa em comparação com os outros. Você pode diminuir o tempo de fala ao se limitar a fazer perguntas — uma ótima maneira de mostrar sua disponibilidade para os outros e, ao mesmo tempo, de permanecer envolvida. Você pode se abster de falar ao levar a mão à boca quando está ouvindo. Trata-se de um lembrete visual de sua intenção. Uma abordagem parecida é tomar notas, outra atividade que ajuda a focar no que os outros estão dizendo. Pratique de modo que, quando suas emoções começarem a aflorar e você precisar de apoio extra, consiga esperar até refletir sobre como deseja reagir.

Escutar exige concentração. Você sabe a diferença quando está de fato presente e não apenas escutando de modo a reagir (ou verificar se aquela pessoa concorda com sua visão bem formulada). Você não está apenas escutando para poder aprender, embora possa estar intrigada e curiosa. Você também está escutando para entender como aquela pessoa se sente; está aberta e vulnerável. Seu interlocutor saberá, e sua conversa será um sucesso, pois você estará verdadeiramente conectada.

Tendo presença

Por que algumas pessoas têm "presença" mesmo antes de falarem? A maneira como você se apresenta — como se movimenta, fica de pé e ocupa espaço — diz muito mais sobre você do que imagina. Se não acredita em nós, experimente fazer este exercício: reúna os colegas numa sala, entre e se apresente com um simples oi. Peça então que eles classifiquem seu desempenho, variando de 1 (um rato acabou de aparecer) a 10 (uma leoa acabou de entrar). Agora tente novamente, mas desta vez escolha um número que você gostaria de representar (digamos, 7 — ousada, confiante, assertiva sem ser agressiva — ou 5 — equilibrada e neutra). Não conte aos colegas; e, usando apenas a linguagem corporal e aquele cumprimento, veja que notas eles lhe darão. Você provavelmente vai descobrir que, para você, sua presença é mais vigorosa do que os outros acham. Na realidade, o que você pensava ser um 7 pode parecer mais com um 3 para eles. Você pode não agir de acordo com a maneira que almeja. Se for assim, esse é um ótimo feedback para ajudá-la a ajustar como caminhar, como ficar em pé, o tom da voz, a expressão facial, e assim por diante. Obviamente, situações diferentes exigem uma adequação. Combinar seu número com a ocasião também é uma arte.

Portanto, use tudo o que tem para ter uma presença de líder. Você pode até achar que passou do ponto para entrar no jogo, mas isso só ocorrerá quando os outros também souberem disso.

Capítulo 19
Faça sua própria sorte

Lembro o dia em que comprei o negócio em 1999. Fiquei do lado de fora da loja principal e chorei. Eu pensava: "Ai, meu Deus, o que fiz? Fiquei com essa enorme dívida bancária. O que foi que eu fiz?" Mas na realidade eu sabia o que estava fazendo, e sabia por que estava fazendo aquilo — para recuperar aquele negócio em seu melhor desempenho. Ele é agora a marca mais conhecida para mulheres jovens na Austrália.

Naomi Milgrom, presidente do conselho e CEO do Sussan Group

A principal lição sobre comprometimento é assumir a responsabilidade e fazer você mesma as coisas acontecerem. Você algum dia imaginou por que algumas pessoas parecem ter sorte? Todas as mulheres que entrevistamos se sentem sortudas. Olhando mais de perto, percebemos que elas se posicionaram para ser bem-sucedidas. Elas optaram por oportunidades de desenvolver novos talentos. Elas assumem riscos que criam novas oportunidades.

Quando assumimos o controle de nossas carreiras, fazemos a nossa sorte. Pessoas que assumem responsabilidade sentem que podem moldar o destino. Elas sentem que têm o controle e isso lhes dá confiança e comprometimento para seguir suas paixões, mesmo quando as chances de vencer não são tão boas. Do mesmo modo, quando as coisas dão errado ou quando o retorno é negativo, isso não a destrói porque você sabe que tem o poder de criar um resultado melhor no futuro. Agora, imagine como pode ajudar os outros a conquistar a dignidade e a energia que vêm da sensação de controle. Esse é o trabalho de uma líder. Olive Darragh, chefe de estratégia da Tudor Capital, uma das maiores empresas de fundos de *hedge*, é um exemplo maravilhoso de alguém que assumiu o controle — e que deu sorte.

É a sua vida

O começo de Olive foi tudo menos auspicioso. Ela nasceu na conturbada Irlanda do Norte. Filha mais velha de uma família de seis, amadureceu cedo "porque não teve outra opção".

Olive valoriza as memórias dos idílicos verões na fazenda. Mas ninguém pode escapar do tumulto político entre católicos e protestantes que se transformou em violência na década de 1970. "As coisas começaram a radicalizar a partir dos meus dez anos", recorda-se. "Até eu sair da faculdade, as confusões faziam parte de nossa vida." Na época em que realmente decidiu ir embora, mais de uma dúzia de amigos e conhecidos já tinham sido assassinados. "Em qualquer lugar a que eu ia, encontrava uma tristeza terrível. Um inacreditável desperdício de vidas."

Os pais de Olive abandonaram a escola quando bem jovens, para ajudar na fazenda; tempos difíceis exigiram isso. Mas isso lhes deu a determinação para apoiar os filhos a descobrir uma saída da pobreza. "Não tínhamos recursos nem mesmo a propriedade da terra. Não tínhamos nada, mas minha mãe é incrivelmente inteligente", comenta Olive. "Quando estávamos estudando cálculo na escola, ela passou a frequentar um curso noturno para aprender cálculo e, assim, poder nos ajudar."

Os pais de Olive imaginaram que ela poderia terminar o ensino médio e conseguir um bom emprego — caixa de um banco local, talvez gerente um dia. Olive começou a sonhar em sair da Irlanda do Norte e escolheu a Universidade de Edimburgo para ir. "Eu simplesmente sabia que queria estudar lá. Eu nunca tinha ido a uma cidade", comenta. Quando ela foi aceita e chegou a hora de começar as aulas, seus pais se despediram na estação das barcas. Olive agora teria de cuidar de si.

Dois anos depois, ela teve a chance de estudar na Universidade da Pensilvânia. "Entrei num avião e fui. Meu pais disseram: 'É uma ótima experiência. Não a desperdice.' Mas os primeiros meses foram terríveis. Odiei essa fase", diz Olive.

Em Edimburgo, Olive era uma das melhores estudantes, mas na Pensilvânia era diferente. Ela só acertou 33% de seu primeiro exame de contabilidade. Decidida a não fracassar, ela disse a si mesma: "Aguente firme, você só precisa se esforçar mais. Eles só ensinam de um modo diferente aqui." Apesar de estar aborrecida, Olive entendeu que precisava aprender aquele novo método.

E ela conseguiu, inclusive decidindo que fazer carreira nos Estados Unidos poderia ser interessante. Portanto, quando terminou os estudos na Escócia, Olive escreveu para todas as empresas de contabilidade. "Recebi oito cartas de recusa", lembra. "Eles diziam: 'Se você vier para a Grã-Bretanha e se der bem, sempre pode ser transferida.'" A empresa mais conhecida da época me ofereceu um emprego em Edimburgo, e eu estava quase aceitando. Então, uma noite, o telefone tocou durante o jantar. Um de meus colegas atendeu e disse: 'É alguém de Touche-Ross, da Filadélfia'; e eu disse: 'Conta outra', achando que era minha mãe. Mas ele insistiu, então peguei o telefone e um cara me disse: 'Recebemos sua carta e temos uma proposta para você. Você vem trabalhar aqui e nós pagamos sua passagem aérea de vinda. Se, no final de 18 meses não quiser ficar, ou se não gostarmos de seu trabalho, você paga seu voo de volta para casa.' Mal ele terminou de falar, eu sabia que ia aceitar. E quer saber do que mais? Esse homem não estava lá quando cheguei. Ele tinha se aposentado."

Parecia ser um acontecimento feliz — por um curto período. Sem o diploma reconhecido nos Estados Unidos, Olive só podia fazer trabalhos administrativos na empresa. Furiosa, ela decidiu fazer o exame de qualificação e, durante os nove meses seguintes, trabalhou com afinco e estudou o sistema norte-americano. "Um dia, uma carta chegou pelo correio com uma grande estrela prateada pregada. Parecia propaganda, então a joguei fora", conta Olive. "Semanas depois, o gerente me chamou em seu escritório, e eu pensei: 'Ele finalmente vai me despedir.' Mas ele disse: 'Quando você pretendia nos contar? Você sabe que tirou a segunda maior nota no estado?'" Olive tinha recebido a medalha de prata. Desde então, suas responsabilidades mudaram.

Depois de alguns anos como contadora, Olive voltou a estudar para um MBA em Harvard, depois foi para a McKinsey, começando com impacto. Ela não era uma consultora por vocação. E quando Olive pensou em sair outra porta inesperadamente se abriu. Ela aceitou uma tarefa de seis semanas na Austrália. "Era um projeto de uma instituição financeira para clientes ricos — algo que eu conhecia bem. Mas foi também uma virada espetacular, e o projeto estava na reta final." Olive se lembra da primeira reunião com os clientes. "Os dois consultores de minha nova equipe cochilaram, para você ver como eles estavam cansados. Daí eu pensei: 'O que está acontecendo?' Então viramos a empresa de cabeça para baixo. O cliente ficou animado. Minhas seis semanas viraram inacreditáveis nove meses."

Sortuda novamente. Viu algum padrão?

Sim, outro revés. Na sequência, Olive foi trabalhar num projeto em que nada do que ela fazia parecia dar certo. "Foi um desastre", admite. "O parceiro me demitiu, então fui até o escritório do gerente, que me disse: 'Não, ele não pode fazer isso. Nosso processo não funciona assim.'" Ainda no controle, Olive assumiu a responsabilidade: "Seja o que for que estiver pensando, eu deixo bastante claro. Está na minha cara e no que eu digo", explica. "Minha opção era me adaptar ou sair, então escolhi ficar. Quando fui embora, queria me sentir bem com a decisão. Não queria sair achando que não podia fazer aquilo."

Desta vez a curva de aprendizado foi mais dura. "O feedback foi sobre minha personalidade", lembra. "Mas o bacana foi que aprender a lidar com isso melhorou a minha vida."

Bem melhor, para dizer a verdade. Em 18 meses, Olive foi escolhida como parceira e, no final, como parceira sênior. Depois de quase 14 anos lá, Olive saiu em 2004 para comandar a área de estratégia e talentos da Tudor Investimentos. Atualmente, ela tem mais recursos financeiros e posição do que imaginava que teria, quando criança. "Meu pai dizia: 'Pare de se preocupar sobre onde você está. A melhor coisa é olhar para o quanto você já caminhou.' Eu provei que podia fazer", afirma Olive. "O que quer que aconteça na Tudor, ou em qualquer outro lugar que eu trabalhe, vou ficar bem."

Você está no controle

Você consegue subir como Olive? Nós, obviamente, achamos que sim. Ser dono de si mesma é o que os psicólogos chamam de *locus* de controle interno em sua vida. Isso significa que você acredita que seu destino depende só de você. O oposto é o *locus* de controle externo, no qual você acredita que as coisas acontecem a despeito de seus esforços e comportamentos; os eventos definem sua vida, não você.

Em geral, as pessoas com um *locus* interno tendem a ser mais confiantes e motivadas, e menos temerosas em relação a correr riscos. Em contraste, pessoas focadas externamente dependem de reforços externos (elogios) para se sentirem autoconfiantes. Lamentavelmente, a pesquisa também mostra que as mulheres são mais passíveis de acreditar que seu *locus* de controle é externo.

Você é a juíza. Pergunte a si mesma as seguintes questões:

- Quando você falha em conseguir um emprego ou uma promoção, você acredita que o vencedor teve uma ajuda especial?
- Você alguma vez negociou salário?
- Na maior parte dos casos, se você tratar de um assunto controvertido, pode achar uma solução?

Se você respondeu não a duas dessas questões, as chances de você possuir um *locus* de controle externo são altas.

Aqui está o que você pode fazer para mudar de externo para interno. Comece obtendo alguma informação dos sócios que podem ajudá-la a avaliar quais aspectos de sua situação profissional estão sob seu controle. Seus mentores — principalmente seus padrinhos — serão os mais úteis. Eles têm uma perspectiva sobre o que na realidade está sob seu controle, e você pode se surpreender com o quanto. Depois, pergunte como as outras pessoas (homens, mais especificamente) percebem sua capacidade de trabalhar o resultado em situações semelhantes. Será que estão jogando de acordo com um conjunto de regras diferentes que você não conhece? Nos estudos de negociações, por exemplo, as diferenças de gênero quase desapareceram quando as mulheres aprenderam que as outras pessoas estavam negociando e conseguindo melhores acordos. Quando você conhece as regras, sente-se no controle da situação.

Agora, você não aguarda os outros decidirem o seu caminho. Reflita sobre aonde deseja ir. Use Olive como fonte de inspiração.

Por exemplo, coloque-se à frente de uma tarefa que a deixa intrigada. Pergunte a si mesma: Será que isso vai se somar às minhas habilidades? Será que isso se ajusta aos meus interesses? (Lembre-se de que fazer apenas mais do mesmo perde o valor com o passar do tempo.) E use a voz para perguntar o que deseja e para dizer não quando algo não funcionar. Se você focar em tomar decisões em seu dia a dia que sejam consistentes com seus objetivos de longo prazo, vai começar a tomar posse da própria vida.

A história de Olive não é um conto de fadas perfeito. Ele esteve perto de fracassar diversas vezes; seus erros não a impediram de continuar. Ela tentou três carreiras antes de encontrar o seu nicho. Isso é a vida real.

Apesar de estarmos falando sobre vida real, você sabe — como nós sabemos — que às vezes o terreno acidentado montanha acima não vale a pena ser escalado. Como podemos evitar perder tempo na empresa errada? Procure por empresas onde as mulheres recebem apoio. Um bom sinal é ter uma mulher no topo e a presença de políticas transparentes de promoção e de avaliação. Outro é ter um plano de benefícios que ofereça opções claramente definidas para o conhecimento de todos. Ainda outro bom sinal é um processo explícito de desempenho avançado para talentos. Nessas empresas, você tem uma chance muito maior de encontrar um bom ambiente para se desenvolver. O máximo em ter controle sobre a própria vida é poder escolher o caminho do empreendedorismo — uma ótima opção se a vida corporativa não é a adequada para você.

Algumas pessoas ficam estressadas tentando encontrar o "melhor" próximo passo, aquele que lhes dará sucesso e felicidade. A história de Olive ressalta que existem diversos bons próximos passos, não apenas o correto. Deixe esse pensamento para trás, porque só vai atrapalhar. Às vezes dar qualquer passo a levará para mais perto de seus sonhos.

Um detalhe final: tomar as rédeas da própria vida tem tudo a ver com ambição, e isso é tabu para muitas mulheres. Preferimos a modéstia para grande parte das coisas. Algumas se afastam disso, e outras renegam ter ambição. Muitas o expressam em termos de um objetivo transcendental, tal como "servir aos outros".

Francamente, a ambição é uma coisa ótima. Não apenas ela é válida para você reconhecer o que deseja, mas é um passo à frente para chegar lá. Portanto, por que as mulheres admiram homens ambiciosos, mas não querem ser vistas como ambiciosas também? Pesquisadores acham que isso se origina na socialização precoce por gênero. Tradicionalmente, a liderança tem feito parte do reino masculino e, a despeito do sucesso das mulheres em qualquer campo imaginável, nossas normas sociais refletem esses valores ultrapassados. Mesmo hoje, a liderança tende a favorecer os homens: espera-se que as líderes sejam analíticas, assertivas, dispostas a correr riscos, resolutas — características do estereótipo masculino. Em troca, raramente descrevemos líderes como submissos, compreensivos, infantis, gentis e criativos.

Esperamos que o conceito de Liderança Equilibrada se estabeleça conforme mais líderes mulheres ganham destaque. Elas são ambiciosas e capazes de tomar decisões claras; elas são também autoconfiantes e assumem riscos calculados. Elas se colocam, estão no controle dos próprios destinos, mas também são compreensivas, positivas, carinhosas e alegres. Algum dia essas características definirão todos os líderes — mulheres e homens.

Ao se render à ambição, você se permite tomar posse do sucesso. Desconsidere as atitudes limitadoras — você ficará impressionada com o impacto positivo que você pode provocar.

Em outras palavras, acredite em você mesma. Nós acreditamos. É por isso que escrevemos este livro.

Capítulo 20
Vá em frente

Não acho que eu seja uma caçadora de emoções. Vou usar o esqui como uma analogia porque gosto de saltar de penhascos. Em geral, salto de penhascos em que tenho a relativa confiança de que vá aterrissar bem e, mesmo que isso não aconteça, de que não haverá perigo. Existem pessoas que gostam de saltar de penhascos, que acham que sua habilidade é bem maior do que de fato é. Essas pessoas se machucam. Existem pessoas que são bastante habilidosas, mas que têm medo de saltar. Eu gosto de estar naquela situação em que você está prestes a saltar e sente aquele frio no estômago.

Shona Brown, vice-presidente sênior de operações do Google

Quando lançamos o treinamento da Liderança Equilibrada para jovens mulheres, ganhamos um importante novo insight. Nos lugares em que as líderes viram oportunidades, as jovens mulheres basicamente viram riscos. Líderes não se deixam assustar pelos riscos que acompanham oportunidades de crescimento. Nem você deveria.

A capacidade de assumir riscos aceitáveis é uma exigência essencial para qualquer líder. Você assume um risco quando aceita um novo emprego. Você assume um risco quando evita a progressão profissional "padrão" para sustentar uma família. Quando você se transfere para outro escritório para uma nova experiência, assume o risco de talvez não se adaptar. Quando você troca de funções ou de papéis, existe o risco de não se sair tão bem no novo trabalho. Se você decide sair, corre o risco de nunca voltar a ter uma estabilidade financeira. Evitar riscos não é uma opção: logo você está encurralada.

Embora muitas líderes corajosamente digam que são destemidas, isso não é exatamente verdade para todas. As oportunidades liberam medos que aprisionamos em nós mesmas. Então esse é o "prêmio" por enfrentar seus medos cara a cara? Achamos que sim.

Aprender a enfrentar os medos é, na realidade, a melhor parte de aceitar as oportunidades. Quando você consegue, descobre que eles são bem menos poderosos do que parecem. Você também vai experimentar a leveza de espírito que vem com a retomada de controle.

Laura Cha é uma mulher que sabe das coisas. Ela chegou ao topo da profissão assumindo riscos e se tornando uma especialista em gerenciar isso. Ela continuou a conquistar proeminência ao ajudar a trazer supervisão ao nascente mercado chinês de títulos públicos — um papel que amigos tentaram evitar que aceitasse.

Tornando-se uma profissional de risco

Nascida em Xangai, Laura se mudou com a família da China comunista para Hong Kong na década de 1950. De acordo com o plano, ela iria estudar no exterior e ficaria por lá. Laura era a filha mais velha obediente e isso lhe deu uma dose forte de precaução. "Quando eu era pequena, sempre tinha esse medo do desconhecido", diz ela. "Eu queria acabar com esse medo, e a única maneira de fazê-lo era sair e resolver isso. Foi o que me impulsionou."

Laura casou cedo — com outro chinês de Hong Kong que estudava nos Estados Unidos —, e eles se estabeleceram no país. "Achamos que iríamos para a faculdade juntos", conta. Mas Laura teve o primeiro filho e ficou em casa enquanto o marido cursava a faculdade de administração. Seis anos e duas crianças depois, chegou a vez dela, na faculdade de direito. "Havia resistência por parte da família, não de meu marido, mas dos parentes próximos. O estudo em si não era nada difícil, mas dar conta de diversas outras responsabilidades não foi fácil."

Ainda assim, isso provou ser seu momento de decisão. "A faculdade foi talvez a decisão mais importante que tomei em minha vida. Eu realmente saboreei a oportunidade ainda mais após ter tido filhos", conta. "Antes da faculdade de direito, sempre que eu tinha uma opinião, ficava em dúvida se ela era idiota. Só fiquei mais confiante depois de me tornar advogada. Se você me perguntar, ir para a faculdade de direito foi provavelmente a decisão mais importante da minha vida."

Laura foi trabalhar num escritório respeitado e adorou. Então, na década de 1980, ela voltou para Hong Kong, de modo que o marido pudesse dirigir o negócio de família. Laura conseguiu uma vaga num escritório de uma empresa de Nova York. Ela ajudou grandes corporações americanas a negociarem com a República Popular da China.

Até então isso não parecia ser um negócio arriscado. Muitas mulheres têm histórias similares — viagens longas, diploma de advogada, primeiro emprego, segundo emprego e então muitos anos de trabalho duro para chegar a sócia e a uma compensadora vida como uma profissional valorizada. Certo?

Errado. Isso poderia ter acontecido com Laura, mas, em 1989, quando o governo de Hong Kong estava lutando para recuperar a confiança dos investidores em seus mercados de ações, aconteceu uma reviravolta.

A reviravolta veio na forma de um convite feito por um *headhunter*. A Comissão de Mercado Futuro de Ações de Hong

Kong acabara de ser criada para reformar o mercado. Laura achava que as reformas da Comissão poderiam ter um grande impacto, recriando Hong Kong como um mercado financeiro confiável. "Isso aconteceu dois anos antes de nosso mercado financeiro ser quase destruído", explica. As reformas planejadas podem não funcionar, e agora? Ao mesmo tempo, Laura gostava do que estava fazendo: tinha uma carreira confortável e sem surpresas. Sair era uma decisão importante.

O que você teria feito?

"Meu primeiro pensamento foi: 'Uau, isso é uma coisa arriscada.' Era uma empresa nova e eu não conhecia ninguém", conta Laura. "Mas também achava que era uma oportunidade interessante de fazer algo diferente." Portanto, ela ligou para seu mentor na empresa em San Francisco. Ele deu um conselho que a surpreendeu: "Saia e abra suas asas, conheça o mundo." Isso fez Laura reconhecer que a oportunidade era bem maior do que os riscos associados: "O que de pior pode acontecer? Eu posso sempre voltar à advocacia se não gostar."

Com isso, Laura aceitou o convite, com a intenção de ficar dois ou três anos. Acabou ficando uma década, virando vice-presidente do conselho da agência ao longo do tempo. E o resultado? Ela ajudou a nova agência a cumprir sua promessa.

Ainda assim, depois de uma década, Laura sentiu que tinha vivido o suficiente — principalmente as batalhas políticas sobre as reformas de governança corporativa. "Na hora certa, decidi que era muito cansativo estar no serviço público", conta. "Queria fazer algo menos estruturado, mais livre, digamos. Então, disse ao governo que não ia renovar o contrato."

Então algo surpreendente aconteceu: assim que a demissão de Laura foi anunciada, ela recebeu uma ligação de Pequim. "Minha amiga disse que o primeiro-ministro queria que eu fosse trabalhar no governo central." Quase engasguei. Mas pensei: "Bem, ele quer uma conselheira." Minha amiga disse: "Não, você não entendeu. Ele quer que você se mude para

Pequim e seja a vice-presidente do conselho da Comissão Reguladora de Ações da China."

Essa oportunidade trouxe novos riscos e temores. Laura seria a primeira chinesa de fora da China continental a ser vice-ministra numa grande agência da República Popular, o que poderia significar que ela não teria cobertura política e, muito provavelmente, seria vista com suspeita pelos burocratas. Ela se lembra dos avisos que as pessoas lhe deram: "Você é muito corajosa. Há muita coisa que não se sabe. Você será culpada por isso e por aquilo."

Você teria optado por esse caminho? Laura optou. Cinquenta anos depois de deixar sua casa na China continental para buscar uma oportunidade no Ocidente, Laura voltou para trazer os mercados de investimento ao estilo ocidental para a China. "De fato, a coisa mais importante em minha vida profissional tem que ser o convite do primeiro-ministro Zhu Rong Ji para que eu trabalhasse aqui. Eu diria que tem que ser o destaque na carreira de qualquer pessoa. Havia riscos, mas não encarei dessa forma. Apostei que o lado positivo sobrepujaria o lado negativo da empreitada."

Obviamente havia riscos. "Levei a culpa por um monte de coisas. Mas também sei que as autoridades chinesas sabem que eu coloquei meu coração naquilo. Eu era comprometida, focada e tentei fazer um bom trabalho", lembra.

Como Laura fez para agarrar essas oportunidades únicas? "Antes de reconhecer que as oportunidades estavam lá, você precisa ter confiança. Para ser confiante, você precisa ser boa no que faz", aconselha Laura. "Nada pode substituir o conteúdo. Se você não o tem, pode não ser capaz de reconhecer uma oportunidade. Mesmo que surja, ela pode não atingir você. E não subestime a sorte. Eu estava no lugar certo em minha carreira quando a oportunidade surgiu, e pude me beneficiar dela. Esperei seis anos para fazer faculdade, mas, quando me formei, estava no auge dos investimentos estrangeiros na

China. Fui trabalhar num grande escritório de advocacia de San Francisco, e, quando voltei para Hong Kong, uma firma de Nova York quis me contratar. Então, comecei a realizar *joint ventures* como o primeiro McDonald's na China. Construí meu caminho para o alto, passo a passo."

Laura também teve sua cota de azar, incluindo uma doença séria, mas preferiu manter o foco no lado positivo. "Estou muito animada com as oportunidades. Não olho para um trabalho pensando se ele é cansativo ou exigente. Prefiro pensar nele como um desafio e tento fazer o melhor", conta. "Procuro irradiar energia positiva. Anos atrás as pessoas perguntaram ao meu marido: 'Sua esposa trabalha tanto, como você lida com isso?'; e ele respondeu: 'É pior se ela não trabalhar tanto!' O trabalho, para mim, tem a ver com realização, gratificação e autossatisfação. Gosto de pensar que tive o melhor de todos os mundos em diferentes momentos da minha vida."

Por que é tão difícil correr riscos

Apenas para esclarecer as coisas, quando falamos de riscos, não estamos falando sobre decisões do tipo "aposta na empresa". Nem estamos sugerindo que as líderes devem jogar os dados para definir para onde suas carreiras devem se encaminhar. Estamos nos referindo aos riscos e aos medos inerentes quando se é desafiada a deixar a zona de conforto. Se você ainda não ouviu o termo, saiba que é quando você "sabe o que sabe" e "não sabe o que não sabe". Em outras palavras, tudo é familiar e promove o conforto. Dê um passo além e você começa a se sentir desconfortável.

A maioria das mulheres é mais cautelosa do que os homens. De acordo com um estudo, quase uma em três mulheres acredita que os riscos não se traduzem em sucesso profissional. Em nossa pesquisa sobre Liderança Equilibrada, descobrimos que as mulheres são mais relutantes em assumir riscos do que os homens.

Existem muitas boas razões para isso. Mulheres têm menos chances de ter padrinhos poderosos na empresa para lhes dar "espaço" e também recebem menos apoio dos colegas. Ainda é difícil encontrar outras mulheres solidárias, principalmente em posições de chefia. Portanto, é compreensível que muitas sejam relutantes a deixar a segurança da zona de conforto.

Vamos sair dela juntas.

Ainda é verdadeiro que o prêmio é proporcional ao risco — sem riscos, sem ganhos. Se o sucesso não é suficiente para motivá-la, considere o crescimento pessoal. A teoria básica do aprendizado humano diz que você amadurece ao se expor a novos desafios. Isso não acontece sem a disponibilidade de entrar numa "zona de aprendizado". O que acontece quando você cruza esse novo território? É assustador. Trata-se do lugar em que seus medos residem — talvez o medo do fracasso, do julgamento, da perda de controle, da mágoa. É também o lugar onde você vai errar mais. Mas ele também é estimulante, pois é lá que você se desenvolve e experimenta a emoção da novidade. Você fica alerta.

Ficar em sua zona de conforto inevitavelmente será um tédio ao longo do tempo. Entre na zona de aprendizado e resista ao desejo de voltar ao conforto, e assim amplie a capacidade de liderança.

É por isso que incluímos muitas histórias de decisões erradas, de erros, de derrotas e de fracassos absolutos por parte das líderes, para que não se esqueça de que os vales (e os picos) são normais e essenciais do processo de amadurecimento.

Como você vê a oportunidade?

O que nos surpreendeu nas entrevistas foi a frequência com que as líderes esbarram em oportunidades. Mas isso não se explica unicamente porque elas são mais sortudas do que o restante de nós. Algumas possuem o que os cientistas chamam de mente preparada. Quando você está preparada, tem mais facilidade de identificar possibilidades onde os outros não enxergam. Melhor ainda, as mulheres criam a própria sorte ao se comprometer, ao se abrirem ao futuro, ao correrem atrás do que desejam. Elas compreendem suas opções e, em vez de ficarem paradas, paralisadas pela incerteza ou congeladas pelo medo, escolhem um caminho e o percorrem.

Por isso, continuamos perguntando às líderes que encontramos: "Como você sabia que era uma oportunidade? O que deu a dica?" Suas respostas nos ajudaram a desenvolver uma abordagem diferente para identificar e avaliar oportunidades. Comece com o lado positivo. Muitas abordam a avaliação de riscos fazendo uma lista com o que possivelmente pode dar errado. Somos profissionais em preencher essa lista.

Veja por outro lado. Primeiro, imagine o que de melhor pode acontecer. Anote e torne-o factível — o que vai aprender, quais habilidades vai desenvolver, que opções vão surgir e quais novas pessoas vai conhecer. Então converse com cinco pessoas que sabem um pouco daquela oportunidade e peça que imaginem o que de melhor pode acontecer. Se você não conhece cinco especialistas, não tem problema. Pense em como alguém que você admira abordaria essa oportunidade. O que Thomas Edison ou Steve Jobs diriam sobre os pontos positivos? Isso vai lhe trazer mais ideias e você deve anotá-las. Só quando você tiver explorado de fato o lado positivo é que vai conseguir avaliar se a próxima parte vai valer a pena.

O risco e o medo são companhias naturais da oportunidade; o lado positivo é um pouco assustador, e isso é normal. Identifique seus medos e anote-os num papel. "Tenho medo de estragar tudo. As pessoas vão perceber que sou uma fraude e vão rir de mim. Posso perder meu emprego e nunca conseguir outro." Vá em frente, dê nome a seus medos.

Até agora eles têm servido a um propósito útil: proteger você. Esses medos a ajudaram a planejar à frente, a trabalhar duro e a evitar fracassos. Mas enfrentá-los é lhes dar poder. Em vez de fazer isso, trate de conhecê-los, de identificar os comportamentos que eles alimentam e as consequências desses comportamentos. Agradeça aos medos pela maneira que eles a ajudaram, reconheça quando e como atrapalharam sua vida e coloque-os no devido lugar. Você é a chefe. Respire fundo. Você está livre.

Agora você está pronta para entender as verdadeiras consequências negativas da oportunidade, não distorcidas pelo medo. Imagine como você pode diminuir cada possibilidade negativa. Pode até ajudar se anotar o que vai fazer. Enfrente diretamente a pior situação que conseguir imaginar. Só você pode definir se vale a pena encará-la.

No caminho

Tudo bem, você está preparada para as oportunidades e ávida pelos confrontos da vida real — está pronta para enfrentar os riscos e os medos.

Uma maneira de praticar isso é começar com os pequenos. Aprender a pedir o que você quer é encarado como um risco por muitas mulheres. Portanto, tente perguntar fora do ambiente de trabalho, onde a consequência não importa. Por exemplo, na próxima vez em que for a uma loja peça um desconto (e não apenas porque a suéter está sem um botão). Pratique o ato de pedir em todos os lugares. O verdadeiro desconto não é o que você está buscando, e sim o ato de correr riscos. Embora seja inicialmente desconfortável, logo vai se acostumar.

Agora você está pronta para correr riscos profissionais. Se não é bem assim, comece um inventário de seu conhecimento. Você conhece mais sobre as próprias forças e capacidades do que qualquer outra pessoa. O que você conhece a respeito de si mesma que vai ajudá-la a diminuir os riscos potenciais? Qual conhecimento e quais forças você pode desenvolver para transformar uma nova oportunidade em algo que pareça realizável? Converse com outras pessoas. Quanto maior o número de pessoas com quem você estabelece uma relação, melhor vai se sentir, pois vai adquirir insights desconhecidos para você.

Se correr riscos profissionais ainda a enche de ansiedade, experimente fazer isso numa área em que se sinta mais à vontade. Uma saída do próprio departamento pode ser ótima para você ficar mais confiante e arriscar oportunidades maiores. Como Laura nos disse, poucas coisas vencem o conteúdo. Quando você desenvolve uma base forte de conhecimento numa indústria ou numa disciplina específica, a autoconfiança decola. Um padrinho em nossa empresa nos disse que, de acordo com sua visão, as mulheres que "dominavam" uma área mostravam-se muito mais dispostas a se arriscar e obtinham mais sucesso com cada risco que encaravam. Isso é exatamente o que Laura fez.

Nós admitimos que pode ser intimidante virar especialista desde a linha de largada. Mas você pode chegar lá se iniciar sua jornada apaixonada por um tema, se estiver disposta a investir em aprender e se tiver um pouco de criatividade. Escolha uma plataforma valorizada que seja de seu interesse e transforme em seu negócio aprender o máximo que puder sobre ela. O conhecimento constrói a competência, a competência constrói a reputação e a reputação abre portas.

O risco de ser avesso ao risco

No fundo você sabe que estar em dia com o *status quo* é na realidade mais seguro do que continuar em frente. Em termos de bem-estar psicológico, os "ambiciosos" se saem melhor, a despeito dos riscos de queda, do que as pessoas que se apegam à segurança dos pés no chão.

Experimente este exercício. Imagine-se sentado numa cadeira de balanço em sua varanda, daqui a alguns anos. Você vai se arrepender do que não fez? Nós verdadeiramente torcemos para que não tenha arrependimentos dolorosos, embora todos nós tenhamos milhares deles. Gandhi uma vez disse: "Nós estamos num círculo cuja circunferência é limitada pelo círculo de nossos medos." É hora de ampliar os limites.

E se nada mais funcionar, pergunte-se o que nossas líderes também se perguntam: "O que de pior pode acontecer?" Prepare seu coração, tome uma decisão e siga em frente.

Capítulo 21
Vencendo as dificuldades

Desde o início de nosso projeto de liderança em 2004, consideramos Andrea Jung uma participante importante. Como CEO da Avon Products, ela é uma das líderes empresariais mais conhecidas em todo o mundo. Com uma paixão por ajudar mulheres do mundo inteiro, ela tem comandado uma transformação na Avon desde que assumiu como CEO, em 1999. E, quando o desempenho da empresa caiu, ela demonstrou incrível versatilidade. A líder ousada se transformou e ressurgiu para comandar a virada.

Momentos decisivos

Tive uma infância de muita disciplina. As expectativas eram altas, mas vinham sempre envoltas numa imensa quantidade de cuidados. Foi uma maravilhosa maneira de crescer. Por exemplo, quando estudei piano, eram sessenta minutos de prática diária — 59 minutos não eram suficientes. Nossa mãe colocava o cronômetro da cozinha próximo do metrônomo para garantir.

A ideia de que não se abandonam as coisas pela metade me foi ensinada desde cedo. Em meu primeiro emprego na Bloomingdale's, onde comecei um programa de treinamento de vendas, o trabalho era físico — mudando cabides, arrumando a sala de estoque. Por volta do Dia de Ação de Graças, a maior parte das pessoas do treinamento estava buscando fazer algo mais. Eu me lembro de ligar para casa e de dizer: "Isso não é satisfatório, e eu me sinto como se não estivesse usando a minha formação, então tenho pensado em pedir demissão e fazer outra coisa." Lembro-me da reação de minha mãe — nada diferente de quando eu estava na banqueta do piano: "Nesta família ninguém abandona as coisas. Você pode aprender com isso. Pode ser tedioso, mas precisa começar de baixo para fazer seu caminho até o topo." Eu não pedi demissão, e o resto do tempo que passei lá se tornou o primeiro capítulo do meu sucesso. Não se deve desistir, e, por meio da dificuldade, do tédio ou dos chefes ruins, você sempre aprende. A perseverança é levada em conta.

Aprendi a trabalhar para os meus objetivos. Isso é outra coisa que meus pais me ensinaram. No quarto ano, lembro-me de estar andando por uma loja de arte. Vi um conjunto de 120 lápis coloridos numa caixa de veludo azul e passei a sonhar com aquela caixa. Mas não tínhamos dinheiro sobrando e não era nem Natal nem meu aniversário. Minha mãe me disse: "Se você só tirar notas altas e continuar se esforçando, pode ganhar essa caixa." Estudei como uma louca e ganhei aqueles lápis. Estabelecer metas ambiciosas e padrões altos é uma coisa que eu devo a meus pais.

Quando tinha trinta e poucos anos, percebi que o que estava fazendo provavelmente não tinha o propósito ou o desenvolvimento que eu desejava. Portanto, quando tive a chance de mudar para a Avon, não foi por causa do cargo ou por ser uma grande empresa. Naquela época, garanto, ninguém acreditaria que eu estava fazendo aquela mudança — ninguém da minha família, do meu grupo de colegas ou da indústria. Eu estava então no comércio de luxo e era provável que fosse dirigir uma daquelas empresas. No começo da década de 1990, a Avon tinha uma imagem tão depreciada com um modelo de distribuição alternativo e estava em crise. Parecia ser mais do que um risco.

As primeiras coisas que me impeliram a escolher a Avon foram cerebrais: era uma empresa mundial que tinha um canal de vendas diferente. Foi uma mudança, algo que eu não tinha feito antes. Mas isso acabou sendo apenas 10% das razões pelas quais aceitei o emprego. O que eu não percebi na época foi que os 90% foram de fundo emocional — o propósito da empresa, como o modelo de negócio pode mudar as vidas de mulheres em todo o mundo. Entender o abrangente papel social da empresa foi um momento decisivo para mim. É muito motivador e satisfatório quando atingimos mercados em desenvolvimento e percebemos o impacto e a oportunidade que o trabalho pode proporcionar se tudo estiver certo, não importando se tivemos um desempenho bom ou ruim no trimestre. Isso é o que claramente me mantém aqui — a ideia de que a empresa tem a capacidade de fazer a diferença.

Uma de minhas qualidades, uma parte inerente em mim que de fato me ajudou, é que não tenho medo. Sempre tive coragem, desde garotinha nunca temi muita coisa. Portanto, dar um audacioso salto profissional como esse nunca me assustou. Acho que isso me estimulou. Eu não tinha total certeza de que daria certo, mas sabia que seria um ótimo aprendizado. Simplesmente não pensei que poderia perder, mesmo se o emprego não desse certo.

Existem tantas pessoas — jovens mulheres chegando aos trinta anos — que insistem em seus empregos quando não são de fato suas paixões. Para mim, assumindo esse risco relativamente cedo, indo para a Avon e descobrindo um trabalho com um propósito mudou a minha vida. Se você não ama o trabalho, não continue. Encontre algo diferente para fazer.

Orientando, orientando

Em meus primeiros tempos na Avon, vi que havia muita coisa a ser feita, mas não na minha área. Tem uma fase em que você enxerga uma oportunidade maior do que o papel que exerce. Você pode reclamar disso enquanto toma um drinque com os colegas de trabalho ou pode fazer algo a respeito. Essa decisão pode definir a carreira de um jovem. Foi para mim. Tínhamos uma agenda quase mundial, mas não era bem-montada. Eu tinha uma função no marketing doméstico e percebi que teria que fazer dois trabalhos. Eu também definiria como devíamos abordar o crescimento internacional, forçando a globalização de marcas numa empresa onde tudo era muito descentralizado. Isso foi extremamente impopular, e eu sabia que os "anticorpos" surgiriam e matariam o conceito.

Virei várias noites em casa tentando descobrir como apresentar minhas ideias. Eu também precisava descobrir um modo de fazer com que a administração entendesse que havia uma oportunidade. Por sorte, como Jim Preston (então CEO e presidente do conselho) era um ótimo padrinho, consegui ser ouvida, e eles quiseram saber mais a respeito.

Jim era uma pessoa à frente de seu tempo. Quando o encontrei pela primeira vez, ele tinha uma pequena placa atrás de sua mesa que mostrava quatro pegadas: do macaco descalço, do homem descalço, de um sapato masculino e de um salto alto. A ideia é a evolução da liderança. Lembro que pensei: "Você realmente acredita nisso?" Mesmo na Avon, o grupo executivo é quase todo formado por homens. Antes ele já havia me dito: "Sabe, um dia uma mulher vai comandar essa empresa — uma mulher *deve* comandar essa empresa." Jim me ajudou a avançar e tem sido meu mentor desde sempre. Ele arriscou o pescoço por mim. Jim acreditou que eu podia enxergar e fazer coisas que ele não poderia, e por isso estava disposto a apostar em mim. Sem sua cobertura, eu não estaria aqui. No dia em que me tornei CEO, Jim me deu aquela placa. Ela fica atrás da minha mesa agora, no mesmo lugar.

Preciso sempre me lembrar de como tive sorte por ter um padrinho. Digo a mim mesma: "Se alguém não tivesse se arriscado por você quando você tinha 39 anos, não estaria nesse emprego. Sim, você não era perfeita. Não sabia tudo. Mas ele achou que eu podia descobrir." Não penso que nós apostamos em pessoas o suficiente na hora certa. Se você não consegue acelerar as coisas para a nova geração, vai ficar ultrapassada.

Atualmente, as pessoas me escrevem e me visitam sobre coisas que nada têm a ver com o trabalho que fazem. Alguém da área de direito acabou de ter uma ideia a respeito de uma marca que foi absolutamente correta. O fato de ela ter investido parte de seu tempo para elaborar um relatório foi muito boa. Você tem que fazer o seu trabalho do dia e então ser responsável por tocar um projeto se alguém lhe disser: "Ajude a gente a resolver isso." Assumir a responsabilidade não é apenas dizer "Isso é o que todo mundo precisa fazer", mas "Eu posso ajudar vocês dessa maneira" ou "Veja aqui como podemos fazer isso". Você tem que ter paixão e coragem suficientes para acreditar. Isso é assumir responsabilidades, de maneira verdadeira, para o sucesso da empresa.

Adaptando-se às novas realidades

A Avon era uma empresa de três bilhões de dólares quando fui contratada, no início da década de 1990, e não tinha avançado muito além disso em 1999. Então de repente chegamos a oito bilhões de dólares. É muito diferente comandar uma empresa de oito bilhões de dólares: tipos distintos de pessoas, de habilidades, de processos, de pensamentos e de estratégias. A execução é completamente diferente. Estávamos tentando nos superar, e isso nos pegou desprevenidos. Então, em 2005, o negócio tinha superado nossa capacidade, nossas estratégias de investimento e nossos processos. Precisávamos mudar tudo. Isso foi desafiador para a empresa, mas especialmente desafiador para mim como líder.

Lembro-me perfeitamente, no outono de 2005, de uma conversa com um *coach* de executivos. Ele basicamente me relembrou de um pequeno detalhe: um CEO em minha posição normalmente é despedido — a maioria das pessoas que podem efetivamente organizar uma mudança da magnitude que enfrentamos vêm de fora, porque estrangeiros são objetivos o suficiente para relevar as coisas que precisam ser relevadas. Eram oito horas da noite de uma sexta-feira. Ele me disse para ir para casa imaginando que o conselho tinha me demitido e então chamado um recrutador e me recontratado na segunda-feira de manhã como uma especialista em mudanças. "Você consegue tomar as decisões necessárias sobre as pessoas, sobre as estratégias que você mesma lançou, sobre a estrutura da empresa que você mesma desenhou?", perguntou. "Você pode começar de novo com uma folha de papel em branco? Se não puder, vai ser demitida muito em breve." Poucas pessoas podem fazer isso.

Está em minha natureza olhar para o futuro, não para o passado. Não importa se é um desapontamento pessoal ou profissional, não gasto muito tempo pensando no que deu errado. Torço para ter investido tempo suficiente para aprender com aquilo, mas não fico obcecada pensando sobre o que levou àquilo. Que diferença faz? É passado. Por isso, ser visionária é o que importa para mim. Teria eu um plano? Teria eu uma solução?

Portanto, naquela segunda-feira pela manhã cheguei e fiz o que ele sugeriu. Ia ser brutal, pois seriam algumas decisões extremamente difíceis sobre pessoas — amigos, líderes confiáveis de longa data. Na verdade, demitimos quase 30% de nosso pessoal administrativo em quatro meses. Viajei o mundo inteiro e enfrentei milhares de sócios antes de saber quem íamos dispensar. Achei que tinha que contar as razões e assegurar que seria um processo justo. Íamos primeiro reestruturar a empresa e então ver quem tinha as competências necessárias.

Vou dizer uma coisa: nunca tive medo de perder o emprego. Tive medo apenas de desapontar a empresa. Isso provavelmente fez uma enorme diferença: eu tinha objetivos puros e transparentes. Além do mais, sou muito otimista, então nunca me preocupei se a mudança funcionaria ou não a meu favor. Mas foi a coisa mais difícil que já fiz na vida. Na verdade, peguei até pneumonia por causa do desgaste emocional e físico. Mas aos poucos chegaram e-mails que diziam coisas como: "Sua mensagem foi realmente difícil de engolir, mas você teve muita coragem de vir nos enfrentar cara a cara para comunicá-la. Você está fazendo a coisa certa para a empresa. Espero ser uma das pessoas que vão chegar lá, mas, se não for, vou ser fã dessa mudança porque acho que é o melhor caminho." Esse foi um ponto de inflexão para mim.

Apresente-se para liderar

Como eu me sinto sobre me tornar líder? Lembro-me de que meu pai foi entrevistado pela CBS quando eu virei CEO. Quando a equipe da TV estava instalada na casa dos meus pais, a âncora perguntou: "Você sempre soube? Ela sempre foi desse jeito?" A resposta deles, bem direta em transmissão nacional, foi: "É claro que não. Eu nunca teria pensado, com a personalidade que ela tem, que seria capaz de ser uma líder bem-sucedida." Crescemos numa cultura asiática em que uma linha borrada é o que separa a assertividade da agressividade. Não tínhamos essa coisa de "conflito construtivo" ou mesmo "diálogo energético" na mesa de jantar. Meu pai não podia imaginar que sua respeitável filha asiática, a quem ele treinou e cuidou, seria capaz de ter a persona do estereótipo do CEO, o homem que fecha fábricas e que despede pessoas.

Quando comecei a trabalhar, passei por maus bocados. Para mim, é contracultural ser a pessoa mais enérgica da reunião. É contracultural me afirmar. Ao longo dos meus trinta e quarenta anos, tive que trabalhar nisso, para ter um lugar na mesa e um ponto de vista. Acho que encontrei um lugar aconchegante, que fez com que me sentisse eu mesma. Acho que sou bastante assertiva agora, mas não exageradamente agressiva — talvez num momento aqui, noutro ali.

Quando foi meu momento da virada? Eu diria que foi quando a empresa estava em crise, em 1998. Eu não fora selecionada para ser CEO, mas permaneci porque sabia que aquelas pessoas precisavam de mim para a transição. Minha decisão de ficar não foi por causa do título nem pelo trabalho, mas porque eu sabia que podia ajudar a manter a empresa unida, realista, alinhada e motivada. Isso foi importante. Eu sabia que era uma líder, tendo o melhor cargo ou outro qualquer. Essa foi a primeira vez, de uma maneira significativa, que eu sabia que a liderança trazia privilégio e a responsabilidade de ajudar as pessoas a atravessarem tempos difíceis. Percebi que devia seguir meu compasso e não meu relógio. A paixão pela Avon, e não pela carreira, superou tudo.

Ainda tenho coisas para melhorar. Trata-se de um processo constante de autossuperação. É da natureza humana querer que as pessoas destaquem as coisas que você faz bem. Ter pessoas que lhe dizem a verdade é fundamental. Quando olho para os CEOs que fracassaram, sempre vejo uma falta de autoconsciência. Se alguém não vai lhe dar uma dose de autoconsciência no braço de vez em quando, você não pode crescer e melhorar. Portanto, é isso que busco em minha rede de relacionamentos.

Sou uma boa ouvinte agora, mas precisei trabalhar duro para isso. Minha tendência é querer ter um ponto de vista logo no começo, mas percebo que às vezes isso destrói as pessoas. Por isso, tive orientação nesse quesito. O fato de você ser líder faz com que, logo ao abrir a boca, as pessoas concordem com você e então não ouve as nuances ou outros pensamentos. Você nunca saberá nada a não ser seu ponto de vista. Assim, tente ser a última a falar. Usando esse subterfúgio, você pude julgar as nuances. Às vezes chego à mesma decisão que achei que chegaria quando comecei. Mas outras vezes ela muda totalmente. Você de fato não pode apenas achar que deve ir de A a Z. Não há estratégia perfeita. Não há resposta. Não existe a resposta ideal nesse tipo de trabalho linear. Acho que sou intuitiva e flexível por natureza, mas desenvolvo habilidades ouvindo bons talentos.

Você pode gerenciar um monte de gente, mas para liderar você precisa inspirar, não intimidar. Ter paixão e compaixão. Esse conceito de mudança e de transformação contínua é essencial para os líderes do século XXI. O diferencial para o sucesso será ter a combinação de QI com a inspiração da inteligência emocional — a capacidade de escolher e de motivar as melhores pessoas, sem olhar para trás e sem se preocupar consigo mesma. Se você juntar tudo isso, vai se juntar aos líderes que têm os objetivos verdadeiramente certos. Grandes líderes.

O que é essencial

Também tenho dois filhos, e isso é muito importante para mim. Sou mãe solteira, e eles sabem que estou me esforçando em dobro. E eles se esforçam da mesma forma, para eu saber que me acham uma ótima mãe. Lembro-me de uma vez que recebi um convite para ser a única mulher numa recepção de

CEOs na Casa Branca. Foi no dia que minha filha estava viajando para um acampamento com a escola pela primeira vez. Ela não queria ir. E eu pensei: "George W. Bush nunca saberá ou se importará se eu for, mas Lauren sempre lembrará."

Então você faz dar certo. Eu tenho alguns arrependimentos, mas apenas em relação às pequenas coisas. Tenho muita sorte, eu acho.

Parte Cinco
Energia

Capítulo 22
Energia em seu kit de ferramentas

> Adoro um debate. A melhor coisa que acontece é um estudante de direito do primeiro ano chegar e começar a argumentar com você sobre uma proposta jurídica, e ele saboreia o próprio discurso, frase por frase. E eles percebem como fico animada quando isso acontece. Meu entusiasmo é muito contagioso. É simplesmente divertido ser uma advogada.
>
> *Zia Mody, fundadora da AZB and Partners*

Significado, estrutura, conectividade e comprometimento agora estão em sua caixa de ferramentas, prontos para serem usados por você em sua jornada rumo à liderança. Mas você não vai chegar a lugar algum se estiver exausta demais para se movimentar. Liderar exige um comprometimento extraordinário, não importa qual área você escolha. O expediente é longo e avança sobre noites e fins de semana. Adicione os cuidados com a família e as responsabilidades com a casa — mais de 90% das mulheres que trabalham dizem que ainda assumem mais dessas responsabilidades do que seus maridos — e veja por que a pressão constante é nossa realidade atual. Um estudo recente sobre mulheres no mercado de trabalho, feito pelo Work Life Balance Centre, descobriu que 26% sentem que precisam estar disponíveis o dia inteiro para atender às questões relativas ao trabalho; 14% trabalham com ou gerenciam pessoas em diferentes partes do mundo e quase 20% sentem a pressão para permanecer no escritório além do horário normal, para dar conta do trabalho. Não é de surpreender que, depois de começar o dia cheias de energia, muitas de nós nos dirijamos, exaustas, a nossas camas, e tudo o que desejamos é uma boa noite de sono. O que rouba sua energia semana após semana? Talvez você acredite que quebrar esse ciclo seja impossível.

Não podemos transformar areia em ouro e não podemos inventar uma hora extra para o dia, mas podemos ajudá-la a pensar sobre suas reservas pessoais de energia — o que as abastece e o que as drena. Podemos ainda ajudá-la a redesenhar sua agenda com esses fatores em mente. É preciso coragem e disciplina, e até alguma energia, para fazer isso acontecer. Mas uma vez que você comece a funcionar desse jeito, será amplamente recompensada.

Tudo começa com uma visão mais produtiva do equilíbrio entre trabalho e vida pessoal. A maioria das mulheres tende a pensar que o desequilíbrio é a causa das questões relativas a energia, porque a sabedoria convencional diz que ficar em casa é relaxante e que o trabalho é exaustivo. Portanto, quando você encontra outras mulheres que trabalham fora, a questão em sua cabeça é como elas conseguem fazer tudo. Na realidade, as coisas não funcionam assim. O tipo de trabalho ideal pode ser estimulante — quando você está tão envolvida que perde a noção do tempo. E o tipo errado de tempo dedicado à família pode ser debilitante. Pergunte a qualquer uma que tenha tentado equilibrar bebês chorando, cachorros latindo, a comida queimando e um marido carente! Você tem momentos de alta e de baixa energia no trabalho, e também em casa.

Uma segunda inferência merece ser desafiada: outras mulheres encontraram, sabe-se lá como, um equilíbrio entre o trabalho e a vida pessoal — você apenas ainda não decifrou o enigma. Fique tranquila; não existe enigma. O que as líderes lhe dizem sobre equilíbrio? "É um mito!" Ninguém consegue atingi-lo. Na verdade, não se trata de estar em equilíbrio, mas de se aproximar do equilíbrio quando se está totalmente fora de sintonia. Algumas mulheres confessaram que têm mais a ver com dar conta de tudo.

Reconhecemos que ter uma vida pessoal ao mesmo tempo que se atende às exigentes expectativas da liderança é um problema real para muitas mulheres e, em particular, para as jovens mães. Por isso, se não existe tal equilíbrio, o que fazer então? As líderes que conhecemos não abrem mão de dormir, não trocam a vida familiar por uma dedicação absoluta ao trabalho e tiram férias. Como elas conseguem fazer isso?

Está na hora de recomeçar do zero. Desconsidere a ideia de que você pode alcançar a estabilidade e ter o controle total. Substitua-a pela administração de seu atual fluxo de energia — dentro de um esquema pessoal do que é mais importante para você.

Ao reestruturar o desafio dessa forma, você está trocando um problema sem solução (obter um estado de equilíbrio entre a vida pessoal e profissional) por um bem realizável (administrar suas reservas de energia). Essa abordagem oferece uma grande vantagem: nunca funcionar com o combustível vazio. É aí que você está mais vulnerável, mais inclinada a fazer escolhas erradas, e quando perde a alegria da liderança. A energia tem um papel muito importante em seu sucesso.

Julie Coates é a gerente-geral da BIG W, a divisão de varejo da Woolworth's na Austrália, que tem 150 lojas e que emprega trinta mil pessoas. Ela também é mãe de três meninas agitadas e estava treinando para uma maratona na época da entrevista. Julie podia facilmente ser consumida por sua agenda de trabalho. Em vez disso, ela prospera ao tratar sua energia como um patrimônio que ela cultiva e no qual investe.

A energética

Julie nasceu numa fazenda de gado leiteiro, um negócio que está sempre funcionando. "Sou a mais velha de quatro filhos e acho que sempre trabalhei duro", afirma. "Havia sempre mais coisas para serem feitas. Meu pai disse que eu podia fazer o que quisesse da minha vida quando tinha oito ou dez anos. Dependia de mim. Ser fazendeira foi a primeira coisa que quis fazer, depois quis ser professora e me tornei uma. Houve uma fase em que quis ser a primeira mulher a ocupar o cargo de primeira-ministra da Austrália, mas acabei no varejo e adoro a ênfase diária nos resultados." O que Julie também gosta no varejo — o que lhe dá energia — são as pessoas, a quem chama de "sal da terra". Ela gosta de trabalhar em equipe e de descobrir como motivar seu pessoal.

Outras fontes de energia? "Minhas filhas, para começar", afirma. "Também estou casada com a mesma pessoa por 21 anos, ou seja, estou confortável e feliz com a vida pessoal. Conquistar algo me enche de energia." O que drena a energia de Julie? "Se não me sinto fazendo progresso, acabo diminuindo muito o ritmo. À medida que vou conquistando coisas, continuo avançando. Fico feliz quando estou ocupada."

E ela esteve ocupada. Durante seus seis anos como chefe de recursos humanos, Julie ajudou a comandar uma reorganização radical que resultou no fechamento de dois terços das instalações de distribuição, um desafio que exigiu energia contínua assim como verdadeiras habilidades para lidar com pessoas. "A primeira coisa a se falar sobre isso foi a mudança de vida que afetou quatro mil pessoas e sem tornar ninguém desnecessário", conta. "Fechamos galpões; abrimos galpões, mas realmente cuidamos das pessoas. Tenho orgulho disso porque foi a coisa certa a ser feita."

A partir daí, Julie virou diretora de logística e imediatamente enfrentou um imenso problema que levou os dois anos seguintes para ser resolvido. "Tínhamos acabado de inaugurar dois enormes centros de distribuição em Brisbane, para movimentar dois milhões de caixas de mercadorias por semana, mas eles não funcionaram", comenta. "Imagine o impacto: nossas lojas iam fechar e ninguém estava assumindo a responsabilidade."

Julie percebeu que precisava decidir como ia administrar esse gigantesco novo cargo. "Quando assumi, meu antecessor me disse: 'Você vai ter que se acostumar com o telefone tocando durante todo o final de semana. Existem muitas áreas e muitos problemas.' Eu pensei: 'Não conseguirei aguentar isso, então vou precisar resolver as questões.' Precisava encontrar a causa dos problemas", lembra. "O motivo que fazia as pessoas ligarem nem devia existir, para começo de conversa! No começo poucas pessoas se ofereceram para ajudar. Tive que fazer minha equipe sênior se oferecer para resolver os problemas."

Os primeiros meses foram estressantes, e Julie ficou ansiosa, trabalhando muito duro para demonstrar que podia dar conta do recado. Unir a equipe mostrou ser um ponto decisivo. "Chegamos bem próximos do abismo, e então as coisas melhoraram e com mais rapidez. Começamos a falar sobre parceria para desempenho. Como vamos trabalhar juntos? O que esperamos uns dos outros?", comenta. "Alguém me disse que uma das coisas mais importantes que fiz foi conversar com toda a equipe sobre a necessidade de embarcar naquele trem. Eles tinham uma escolha, mas precisavam tomá-la rapidamente porque, se não estivessem comprometidos, eu os tiraria do trem. Decidida, coloquei dois para fora quando eles decepcionaram a equipe. Sou boa na hora de tomar decisões difíceis. Deve ter a ver com crescer numa fazenda."

Sua experiência em resolver problemas de logística mostrou a Julie quanta energia ela extrai ao trabalhar com uma equipe para resolver problemas difíceis. "Não sei as respostas, mas sei como chegar lá com a ajuda das pessoas. Quanto maior o problema, mais enérgica me sinto ao atrair as pessoas para resolver as coisas. Acho que as mulheres são mais abertas para dizer 'Eu não sei', 'Alguém mais tem uma boa ideia?' e 'Como tiro o melhor de minha equipe?'.".

Em 2008, Julie foi promovida a gerente-geral da BIG W. Ela acompanhou o líder anterior por um mês para ver como ele administrava as demandas da função. Ele fez isso montando uma agenda cansativa. "Devido aos meus compromissos familiares, aquilo era uma coisa que não podia sustentar", conta. "Ele chegava ao escritório às seis e meia e trabalhava longas horas por seis ou sete dias por semana, comparecendo a eventos após o trabalho. Quando eu o acompanhei, pegamos aviões e chegamos a algumas cidades após meia-noite. E isso era rotina."

Julie sacou sua ferramenta de gestão enérgica — e redesenhou seu cargo. "Pensei a respeito do que seria bom para mim e de como poderia alcançar o mesmo resultado", conta Julie. "Precisei fazer algumas mudanças estruturais na agenda. Por exemplo, as segundas-feiras eram amarradas com uma reunião administrativa de três horas, depois mais três horas de análise comercial, em que algumas coisas eram novamente discutidas. Conversei com o gerente financeiro sobre o que podíamos fazer de diferente. Ao mesmo tempo, vi uma oportunidade de reinvestir mais tempo estratégico para a equipe."

A agenda de Julie ainda é pesada, mas há tempo livre para família e exercícios físicos. "Começo a trabalhar, na maioria dos dias, às oito e janto com minha família sextas, sábados e domingos. Até passo um final de semana visitando lojas, mas, como minhas filhas adoram fazer compras, trago-as junto e dessa forma consigo ficar mais tempo com elas." Julie parece ser bem-sucedida nisso. "As pessoas me dizem: 'Não sei como você consegue.' Mas você tira energia da própria vida. Quanto mais ocupada, mais coisas você consegue fazer. Quanto mais enérgica, mais enérgica você se torna."

Outra parte da gestão enérgica de Julie é encontrar maneiras de preservar a energia que possui. Como muitas pessoas de alto desempenho, Julie é bem organizada. Mesmo quando era jovem, ela fez planos de vida sobre as exigências de uma carreira e da maternidade. "Há quatro anos de diferença entre meus filhos para garantir que a vida fosse um pouco mais fácil e para que não tivesse a sensação de que não ia conseguir dar conta", explica. "Além do mais, eu provavelmente poderia sustentar um pequeno país com o que gastei para criá-los. Mas, para falar honestamente, eu diria que valeu a pena porque quero trabalhar. Fico entediada facilmente. Se não trabalhasse, talvez começasse a beber e a passar muito tempo tentando me sentir realizada de outras formas."

Sabendo o que faz você parar e continuar

Seria maravilhoso ser como Julie, naturalmente transbordando energia a despeito das horas exaustivas de trabalho. Mas e se você não for assim? Vamos lhe mostrar como identificar as próprias fontes e usos de energia — e como se proteger e recarregar suas reservas no dia a dia. A pesquisa de Edy Greenblatt salienta quatro fontes de energia que você pode usar: física, cognitiva (ou mental), psicológica (ou emocional) e social (ou espiritual). Aqui estão algumas perguntas que você pode usar para avaliar sua energia:

- **Física: seu vigor básico e sua motivação.** Quanta energia você tem nesse momento? Você poderia se exercitar? Você come de forma saudável, faz refeições regulares? Você cuida de si mesma? Se a resposta for sim, você assumiu uma tarefa essencial para líderes; muitas mulheres se sentem culpadas por satisfazer suas necessidades — e isso é errado.
- **Cognitiva: suas atividades mentais.** Quão fácil é para você manter o foco? Que tipo de atividade mental mais

a estimula? Por exemplo, se você valoriza a força e o entusiasmo, talvez fique muito animada ao comandar uma reunião acalorada.
- **Psicológica: seus climas emocionais.** O que dispara ansiedade, medo ou estresse em você, e o que a leva a querer dançar de felicidade? Algumas pessoas gostam de competir, outras acham cansativo. Muitas mulheres que encontramos citaram um fator em comum de esgotamento emocional — ver os colegas ficarem em silêncio durante uma reunião e depois confraternizarem animadamente no corredor na saída.
- **Social: seu relacionamento com os outros, seus valores essenciais.** Você considera atividades em grupo estimulantes ou cansativas? Usa suas qualidades de forma regular? Sua vida tem algum propósito? Uma política disse que viajar e ter uma agenda diária exaustiva não drenam sua energia porque ela está trabalhando no objetivo de melhorar a vida dos cidadãos.

Às vezes as quatro dimensões da energia trabalham juntas, mas com frequência estão em conflito. Por exemplo, você pode estar fisicamente exausta depois de uma longa jornada, mas ativa mentalmente — cheia de novas ideias e se sentindo serena por dentro. Uma pesquisa demonstra que, se você está dormindo pouco, pode na realidade melhorar seu foco com uma rápida caminhada ou exercício. Da mesma forma, você pode se sentir mentalmente exausta depois de um dia de reuniões ininterruptas, mas renovada socialmente por causa de seu impacto na equipe. Preparar-se para um discurso pode ser cansativo do ponto de vista emocional, mas você sentirá um afluxo de adrenalina quando estiver se comunicando com a plateia.

Se esses exemplos não a representam, não se surpreenda. Não há muitos estimulantes universais. No topo da lista está o sono — uma boa noite de sono é restauradora para todos.

Por favor, lembre-se disso da próxima vez que tentar convencer a si mesma de que pode viver sem isso. Quanto é o suficiente? O melhor conselho que podemos lhe oferecer é prestar atenção ao que seu corpo revela. Por exemplo, durante as horas em que estamos acordadas somos programadas para reagir ao que os cientistas chamam de ritmos ultradianos. São ciclos de alerta e de fadiga, os quais, para a maior parte das pessoas, duram cerca de noventa minutos. Quando um ciclo termina, um rápido intervalo a renova. É por isso que as pausas são boas para você e isso também explica por que ficar sentada por longos períodos é cansativo. Tentar dormir bem é algo que você pode colocar em prática hoje.

Aprender a identificar fontes e usos de energia é um exercício válido. Edy ensina uma abordagem prática: observe melhor quatro situações recentes — duas em que você está nitidamente energizada e duas em que está exausta. Para cada situação, anote as circunstâncias físicas, cognitivas, emocionais e sociais. "Às vezes nós perdemos as pistas — o ambiente estava quieto ou barulhento; você estava com pessoas novas ou conhecidas; estava do lado de fora ou de dentro, estava pensando ou falando? Conheça os padrões pessoais do que atrapalha você e do que a impele.

Abasteça-se de energéticos

Você pode entremear seu dia com energéticos que não exigem muito tempo e começar a ver as diferenças imediatamente. Não temos como prescrever o que vai funcionar para você, mas aqui vão algumas ideias:

- Aprenda ioga e inclua um exercício ou dois em sua rotina diária. Muitas líderes se voltaram para a ioga a fim de deixar suas vidas mais harmoniosas e também para lidar melhor com as fases de altas doses de estresse.

- Faça uma rápida caminhada no corredor ou fora do prédio diversas vezes por dia. Para muitas de nós, a luz do sol é estimulante. Tente olhar pela janela ou sair para sentir o calor do sol. Um intervalo de descanso pode ser renovador. Em ambos os casos, trocar de espaço nem que seja por alguns momentos pode restaurá-la.
- Ouça sua música favorita quando precisar evocar sua paixão por uma atividade intensa como escrever. Uma líder nos contou que ela colocava óperas para tocar bem alto quando precisava terminar um relatório para o comitê de artes que estava conduzindo.
- Traga flores para o trabalho. E reserve um tempo para admirá-las mais de uma vez. Essa dica veio de uma mulher que sentia prazer com a variedade da floração. Não é de surpreender que uma de suas qualidades seja a apreciação da beleza.
- Seja gentil com alguém que não está esperando por isso ou demonstre gratidão a alguém que a ajudou. Psicólogos têm evidências que provam o que intuímos: gentileza e gratidão estão entre os mais fortes impulsos para a realização. Experimente e veja se você não ganha um fôlego renovado.

Não tem problema se você não se identifica com nenhuma dessas ideias. Faça uma lista e adicione todas as atividades diárias que lembrar e também as experiências que a enchem de energia. Fazer a lista em si exige energia, mas isso vai revigorá-la.

Diminua o esgotamento

A tática mais importante de preservação energética que as líderes compartilham é estabelecer prioridades e se manter fiel a elas. Você pode economizar um bocado de energia e ansiedade tendo um conjunto de regras em vez de reinventar sua agenda diária no calor do momento. Um exemplo é decidir antecipadamente se exercitar todos os dias. Dessa maneira, não perde tempo sofrendo para tomar cada decisão diariamente. Com isso, você transforma o exercício num hábito. Hábitos são automáticos, e isso já conserva energia por si só. Com o tempo que você ganha, pode incluir mais atividades geradoras de energia em sua programação.

Comunicação é essencial para fazer este trabalho. Compartilhe o planejamento de trabalho feito por você com a equipe e os colegas. Diga-lhes quais são os limites, e eles serão respeitosos. Muitas mães que trabalham fora estabelecem regras sobre estar em casa para jantar com a família sem serem interrompidas pelos colegas de trabalho. Uma vez que você estabelece e pratica suas regras, seus colegas podem adotá-las também. Você pode até adaptar a cultura da empresa, como Julie fez quando redesenhou a agenda de reuniões e mudou as atividades de todo mundo.

Obviamente, haverá momentos em que você vai querer fazer uma exceção, quebrando suas regras para acomodar emergências e eventos inesperados. As palavras-chave são *escolha* e *exceção*. Se você faz dessas exceções algo realmente excepcional e mantém o plano, ficará surpresa com o quanto de energia pode economizar.

Um dos maiores riscos para manter sua energia é o ritmo intenso dos negócios, acentuado por celulares e BlackBerrys. Pense sobre isso. Essas ferramentas de trabalho ficam no quarto? Você as checa toda hora? Você reage de modo condicionado quando seu celular toca? São hábitos aos quais nem presta mais atenção. E o que pensa serem amplificadores de produtividade podem estar drenando sua energia e tornando-a bem menos produtiva. Quando você fragmenta seu tempo por e-mails, mensagens de texto e telefonemas contínuos, você não apenas perde a concentração, mas também o controle de sua agenda. Sua lista de pendências permanece inacabada porque outros estão sequestrando seu tempo com questões que podem ser bem menos importantes. Não confunda urgência com importância.

Uma vez que você acaba com este hábito onipresente, você será muito mais produtiva. Uma executiva do varejo nos contou como fez: "Eu mantinha meu BlackBerry próximo de minha cama e a primeira coisa que fazia era verificá-lo", conta. "Percebi que estava pensando sobre o que as pessoas que me enviavam e-mails queriam — não sobre as pessoas e as questões que eu devia estar focada, então parei." Agora, ela evita os e-mails até estar pronta. "Fico um bom tempo desconectada antes de ficar on-line, quando posso planejar", afirma. "Todo mundo sabe que se ocorrer de fato uma emergência deve telefonar." Você realmente tem que definir as regras e sua equipe vai respeitá-las.

A consultora de gerenciamento de tempo Julie Morgenstern recomenda diversas estratégias para recuperar seu tempo. Veja aqui algumas para você começar:

- Desligue o alerta de e-mail em seu computador e verifique-o a intervalos regulares durante o dia e nunca antes de fazer seu planejamento para o dia.
- Tente criar blocos de tempo em sua agenda para diferentes tipos de trabalho — para reuniões, para ligações e, mais importante, para ininterruptos períodos de concentração em pensamentos e análises de alto nível ou para escrever. Lembre-se de que a qualidade de suas ideias e de sua administração são partes importantes da liderança. É ótimo responder aos estímulos, mas ninguém vai promovê-la baseado em suas habilidades com o e-mail.
- Desligue o celular e coloque o computador em modo de hibernação quando participar de uma chamada em conferência. Aprendemos que uma executiva que incorporou essa prática de excelência melhorou significativamente

a relação com a equipe em poucos meses; ao focar nas ligações, seus subordinados diretos sentiram que ela estava ativamente escutando e se juntaram na resolução de problemas. Notaram que ela demonstrou grande cuidado e valor agregado de verdade — somente por causa dessa única mudança.
- Estabeleça uma regra para todas as reuniões — porque mesmos os silenciosos param quando a luz troca de verde para vermelha; quem pode resistir não verificar debaixo da mesa? Mesmo que você tenha a intenção ou não, receber mensagens durante uma reunião é um sinal claro de que as pessoas naquela sala são menos importantes para você. Se você precisa fazer uma ligação, avise às outras pessoas com antecedência.

Por fim, pare de fazer tudo ao mesmo tempo. Sim, essa parece ser a única maneira de viver nesses tempos. E, como muitas mulheres, você provavelmente se sai muito bem fazendo isso. Contrariamente à sua intenção de dar conta de tudo, os psicólogos descobriram que isso é altamente contraprodutivo. Quando você para o que está fazendo para responder e-mails ou atender telefonemas, seu cérebro oscila entre uma atividade e outra, e essa troca gasta energia e a deixa menos eficiente. Além disso, os cientistas dizem que é preciso vinte minutos até que você volte ao nível de concentração que tinha antes da interrupção. Isso a fará economizar horas se você estiver disposta a fazê-lo.

Fazer tudo ao mesmo tempo pode ser uma coisa literalmente perigosa se você faz isso enquanto dirige. Cientistas descobriram que mesmo o viva voz distrai sua atenção e atrasa seu tempo de resposta. É verdade que todo mundo faz isso. Você vê executivas ao volante falando ao celular toda manhã. Elas correm um grande perigo enquanto dirigem, e estão se desenergizando antes de irem para o trabalho.

Redesenho da agenda: a mistura perfeita

O redesenho da agenda é outra ferramenta importante para preservar seus recursos energéticos. Edy Greenblatt criou sua ferramenta ao observar funcionários num resort do Club Med. Como muitas de nós são tentadas a fazer, eles juntam todas as tarefas exaustivas numa única parte do dia para tirá-las logo do caminho. Mas consumiram tanta energia ao fazê-lo que tiveram que recorrer às suas reservas antes do fim do dia. Greenblatt os ensinou a misturar fontes e usos de energia para um dia mais produtivo e satisfatório. O melhor é que esse insight foi essencial para reduzir atritos.

É basicamente o que Julie fez quando começou cada nova função. Portanto, se seu dia também a deixa sem forças, divida-o em pedaços, atividade por atividade, e veja o que acontece com seu nível de energia a cada hora. Redesenhe sua agenda com intervalos restauradores, e você vai se sentir com menos vontade de ir embora.

À medida que você começa a administrar com cuidado suas reservas energéticas, tenha em mente que pode reforçar a capacidade de cada fonte de energia. Se algum dia você treinou para um esporte ou trabalhou duro nas aulas de dança ou ioga, você sabe que ao forçar um pouco além seu limite amplia sua capacidade — desde que descanse entre os exercícios. A mesma coisa vale para outros tipos de energia.

Sua energia sempre vai oscilar para cima e para baixo, e isso é normal. Com um pouco de gerenciamento ativo, no entanto, você poderá controlá-la, e não o contrário — uma mudança boa por si só.

E se isso soa como um ótimo negócio, é porque de fato é — para você e para todos ao redor.

Capítulo 23
Para uma rápida recuperação

> Quando eu saio do trabalho à noite, está feito. Eu me desligo. Acho que preciso de um tempo em silêncio para relaxar. Chamo isso de meu tempo de recuperação. Eu me desintoxico e deixo o estresse para trás ficando num ambiente silencioso por certo período de tempo. Atualmente, faço muito isso ao viajar de avião, mas também pode ser apenas à noite, lendo em frente à lareira com meu marido.
>
> *Jane Fraser, diretora-gerente do Citigroup*

Recuperar-se do imprevisível é um dos grandes desafios de administrar energia. Reveses acontecem, muitos fora do controle. Não seria maravilhoso saber que você tem a capacidade de se recuperar rapidamente?

Todos nós tivemos semanas como essa: uma festa de família está se aproximando, então você trabalha diligentemente na preparação e, ao mesmo tempo, planeja uma noite inesquecível. Teria dado certo, exceto pelo fato de seu chefe ter acabado de surgir com um problema crítico com um prazo para ontem. E, sem avisar, ele convocou uma reunião de emergência na noite do jantar. Vamos adicionar um pouco mais de estresse: o bebê pegou um resfriado e tem obrigado você a ficar acordada à noite. Seus sogros estão a caminho para uma visita de cinco dias. Esquecendo tudo o que aprendeu sobre administração de energia, você diz a si mesma que vai deixar para viver depois. De repente, você perdeu o interesse no trabalho.

Isso lhe soa familiar? Quando situações adversas acontecem, você queima energia para enfrentá-las, quase sempre esgotando suas reservas. E, apesar de saber que recuperar-se dos vales é o que faz ou destrói uma líder, você está exaurida e a montanha à sua frente é difícil. A última coisa que passa pela sua cabeça é se lançar num novo plano. Você simplesmente não está pronta. Logo, está imaginando se não é hora de cair fora, e começa a chorar.

Vamos mudar a perspectiva. Com energia, você tem resiliência. E com resiliência você logo volta para o lugar em que novamente se sente forte e satisfeita com a vida. É o que a ajuda a segurar as pontas de modo a poder fazer a diferença.

Yifei Li é uma líder que transmite resiliência. Ela nos mostrou como se recuperar num ritmo que não achávamos possível. Atleta talentosa, começou a carreira profissional com tremenda força física e vigor. No fim, ela se tornou uma executiva de mídia na Ásia, responsável pela implantação da MTV na região. E recentemente assumiu um novo desafio: montou as operações na Ásia de um fundo de *hedge* que é líder nos Estados Unidos.

Força física cria resiliência

Nascida e criada em Pequim, Yifei Li adorava "fazer tudo". Talvez por essa razão foi selecionada pelo Instituto de Esportes de Pequim para um treinamento especial. "Cerca de cem estudantes foram selecionados para o teste, e setenta foram eliminados no dia seguinte", lembra. "Alguns dias depois, outros 23 tiveram que ir embora. Os sete remanescentes se tornaram membros da equipe de artes marciais. Aos nove anos, eu fazia parte dessa equipe." O treinamento de artes marciais e a experiência em competições instilaram uma forte disciplina que Yifei levou até a vida adulta. Foi sua base para lidar com os altos e baixos da vida.

Entrar na equipe de artes marciais não significava que Yifei tinha de fato "chegado lá". "Por três anos eu era a pessoa que providenciava o lanche", conta. "Eu ficava no banco. Não era uma pessoa muito competitiva, era tímida e envergonhada; mas sentar naquele banco e assistir a outras pessoas vencerem, ouvir os aplausos e ver as ovações de pé, tudo isso foi muito inspirador. Isso me fez pensar: 'Essa é uma sensação boa. Talvez eu deva me esforçar mais.' Então me esforcei mais."

Aos 13, Yifei virou campeã nacional em *rainbow sword*, uma técnica de luta chinesa ancestral. Nos dez anos que manteve o título, ela aprendeu a se recuperar da derrota, além de desfrutar as vitórias. "A frequência de derrotas me deu equilíbrio", explica. "No colégio, eu era sempre campeã nacional porque as outras pessoas eram amadoras. Mas, no nível profissional, em escala nacional, eu perdia um bocado porque não estava treinando tanto quanto antes. Isso me ajudou a manter a perspectiva de que o treinamento é a chave para a vitória e que ninguém vence sempre."

O treinamento de Yifei a ajudou a aceitar vitórias e derrotas sem se sentir fracassada. Ela usou essa atitude para se recuperar dos reveses nos negócios mais tarde. "Nunca rejeitei a mim mesma", diz. "Acho que o mundo fornece oportunidades para todos. Apenas precisamos dizer sim para nós mesmos e, se houver uma chance de as pessoas dizerem não, então eu continuo dizendo: 'Sim, você pode fazer isso.' E, no final, você pode mesmo." Ela nos falou de um ditado chinês: "Se Deus lhe deu esta vida, então você deve realmente fazer bom uso dela." Ela certamente faz.

Yifei treinou a si mesma para transformar a preocupação numa força positiva. "Tenho um pequeno hábito. Toda vez que fico paranoica, anoto o motivo numa lista chamada 'Por que estou preocupada?'. Na hora em que anoto a preocupação, percebo: 'Quer saber? Trate de dar logo um jeito nisso!'" Por exemplo, Yifei estava preocupada sobre um acordo que ela não tinha fechado. Depois de incluí-lo na lista, "peguei o telefone e liguei. Tomei uma atitude para acabar com a preocupação — isso é uma ótima terapia para mim".

A resiliência de Yifei foi muito bem-vinda quando as coisas se tornaram imprevisíveis. Houve um tempo em que ela planejou um show para duas mil pessoas no estádio em Wuhan, estrelado por um popular cantor coreano — e dez mil estudantes apareceram. O desastre se anunciava. "O secretariado da escola estava muito aborrecido", lembra. "Ele decidiu cancelar o show meia hora antes de a banda entrar em cena. Isso significava um grande prejuízo financeiro para nós, além de uma mancha em nossa reputação. Além de tudo, estávamos receosos com os protestos e a violência que isso poderia provocar. Liguei para toda e qualquer pessoa que pudesse mudar a decisão, mas não consegui salvar o show. Aquela foi a primeira vez em minha vida que não consegui resolver um problema na hora. Foi uma terrível sensação de perda e de fracasso."

Uma vez que Yifei percebeu que não conseguiria encontrar uma solução imediata, foi para o hotel dormir. "Sabe aquela famosa frase de Scarlett O'Hara 'Amanhã é um novo dia'? Quando durmo eu não penso em nada e quando acordo me sinto melhor. Fico mentalmente mais forte para lidar com os problemas." Fiel a seu hábito, no dia seguinte Yifei voltou com uma solução. Ela disse às autoridades: "Vamos planejar um evento maior, exclusivamente para esse cantor e num estádio com dez mil lugares." Foi aprovada e até conseguiu novos patrocinadores para as despesas extras. Converteu o que tinha sido um desastre profissional e uma decepção pessoal num sucesso que a preparou para coisas ainda maiores.

Yifei, como outras mulheres que conhecemos, tira força de pessoas próximas. Ter apoio emocional é fundamental nas fases de estresse e ajuda Yifei a recuperar energia e otimismo. Ela diz que o marido lhe dá força para se levantar depois de uma queda: "Às vezes, quando me sinto incapaz, ele diz: 'Nada disso, você pode conseguir.' Ele me lembra um ditado muito famoso de Confúcio: 'Quando Deus lhe dá um grande fardo, em geral ele primeiro agride seu corpo; ele sacrifica sua cabeça e lhe dá muitos fracassos para treinar sua força.' Portanto, sempre que encontro o fracasso ou o desastre, sinto que se trata de uma fase de preparação antes de Deus me dar grandes tarefas."

Como ela consegue fazer isso?

Ao longo do tempo, Yifei desenvolveu uma longa lista de táticas que permitem que ela se recupere rapidamente e evitam que ela se desgaste à toa. Ela se mantém em forma, não diz não a si mesma, mantém uma boa rede de apoio, identifica e resolve sistematicamente as preocupações e sempre dorme bem.

Usando essas ferramentas, você consegue enfrentar infortúnios como a reunião que estragou o jantar familiar. Mas o uso delas é ainda mais importante quando graves adversidades acontecem. As líderes que conhecemos compartilharam uma sequência de reveses profissionais que delas exigiram tempo e energia para se recuperar — promoções não realizadas, uma queda radical de desempenho ou demissão. É nessa hora que você precisa de fato de uma estratégia de recuperação.

Você não precisa ser uma atleta de ponta para se tornar uma medalhista olímpica em recuperação. Comece com as próprias experiências para descobrir o que funcionou para você no passado. Lembre-se de algumas experiências em que conseguiu se recuperar de adversidades graves. Elas podem ter acontecido na juventude, se nada recente lhe ocorrer. Descreva o que aconteceu e o que a ajudou a se recuperar. Você pode explorar as mesmas categorias energéticas: física, mental/cognitiva, psicológica/emocional e social/espiritual. Lembre-se dos que estavam por perto e os papéis que eles tiveram, positivos ou negativos.

Depois reflita sobre uma ou duas experiências em que você demorou mais para se recuperar e repasse a mesma lista. Alguma coisa estava diferente nessas situações? Conforme você reflete, preste atenção ao que a ajudou a se recuperar (ou ao que estava faltando quando descobriu que era mais difícil lidar com aquele evento). A lista pode incluir:

- Sono suficiente e atenção à saúde física — uma ida regular à academia — de forma a ter vigor para atravessar esse vale.
- Uma forte rede de apoio da família e dos amigos que acreditam em você, não importa se os ventos estão soprando contra ou a favor.
- Um bom diagnóstico do que de fato aconteceu (coletado por meio de conversas com outros que a aconselharam ou a orientaram).
- Um plano de ação para se recuperar que a tenha motivado.
- A presença de pessoas influentes no trabalho que a apoiaram e que estavam dispostas a ajudá-la a cruzar esse vale.

Esteja preparada para o próximo episódio de adversidade colocando essas dicas em ação. Faz parte da Liderança Equilibrada — na realidade, uma das partes mais importantes. Qualquer um pode parecer bem quando as coisas estão boas; é o que você faz quando a maré está tão baixa que as pessoas percebem e não esquecem. E seja gentil consigo mesma, sim? Os vales são parte inevitável da vida, e descobrir como atravessá-los é mais importante do que a preocupação interminável sobre como você chegou lá.

Inclua recuperação em seu dia

Lembre-se de também incluir a recuperação em sua rotina diária. Meses de rotina exaustiva a levarão à fadiga. À primeira vista, você pode achar energizante uma agenda exigente ou uma missão desafiadora. Antes que se dê conta, entretanto, esqueceu sobre energização, e o vigor e a resiliência começam a desaparecer. Você pode não perceber a mudança, porque é o que todos estão fazendo. Você está fadada à exaustão e vai perceber quando as atividades que normalmente a energizam perdem poder.

Com frequência a fadiga avança sub-repticiamente sobre você quando está numa equipe e todo mundo está absorvido e trabalhando duro. Na realidade, o trabalho pode ser tão absorvente que é fácil esquecer a família; às vezes você até se esquece de comer e de dormir. Isso não é bom. Se é a líder da equipe, tente observar os sinais de aviso desde o início — quando os colegas negligenciam ligar para casa e passam direto muitas noites no escritório. Talvez a equipe tenha incorporado o hábito de enviar e-mails tarde da noite e bem cedo de manhã, deixando o trabalho invadir os finais de semana, e de repente você está tendo uma conferência por telefone em pleno domingo.

Outro sinal precoce de perigo é pegar uma gripe forte. É provável que você tenha trabalhado de modo exaustivo e acabado com as reservas de energia. Não preciso nem dizer que você deve ficar alerta para proteger a si e a seu time desse tipo de coisa.

Outro sinal de alerta: você ocupa cada minuto do dia em sua agenda, e seu calendário está lotado com o mesmo tipo de tarefa, sem final à vista. O que você pode fazer então? Reserve meia hora na agenda para descansar e use esse tempo para se recuperar.

O treinamento de atleta de Yifei a ajudou a desenvolver resiliência para se levantar diante da derrota. E o que os atletas bem-sucedidos aprendem pode funcionar para você também. Jim Loehr, um psicólogo de desempenho, estudou tenistas para entender o que faz alguns serem realmente fantásticos. Em seu livro, *The Power of Full Engagement* [O poder do engajamento total], ele explica como começou observando os jogadores durante os pontos, mas não conseguia identificar diferença alguma. Por fim, entendeu que as diferenças entre grandes jogadores e outros profissionais era o que eles faziam *entre* os pontos. Alguns andavam bem lentamente de volta à linha de fundo, enquanto outros, por alguns segundos, tentavam se focar ou mesmo conversavam consigo mesmos antes de o jogo ser reiniciado. Quando verificou seus batimentos cardíacos, descobriu que os dos grandes jogadores diminuíram vinte batidas ou mais. Eles usaram técnicas estratégicas de recuperação que lhes davam mais energia e concentração — uma combinação vencedora.

Qualquer um tem uma tática diferente de recuperação imediata. Ela não precisa ser física. Algumas líderes criam a regra de nunca trabalhar em aviões, usando esse tempo de tranquilidade para se recuperar. Podemos ousar dizer isso? Algumas matam uma hora ou duas de trabalho, seja para estar com os filhos, seja para se deliciar visitando uma galeria de arte. Outras caminham pelo corredor para conversar com os colegas. Pense no que pode funcionar com você.

Uma vez que comece a entender o que pode ajudá-la a restaurar a energia, inclua essas técnicas em sua rotina. Transforme esses novos comportamentos em rituais positivos. Se tem um ritual que pratica todo dia para se fortalecer, no calor do momento será mais fácil se recuperar. Você escova os dentes todo dia, esteja num excelente momento profissional ou não.

Faça da recuperação sua rotina. Se conseguir, nunca vai se sentir exaurida.

Treinando para essa maratona

Todas nós podemos relembrar o tempo em que o trabalho era a coisa mais importante. Isso vem de querer fazer um bom trabalho, sentir-se responsável — sem querer sobrecarregar os outros. Às vezes isso acarreta uma semana perdida, um mês ou mais. Acontece com todo mundo, mas você pode se prevenir.

Existem dezenas de maneiras de se preparar. Aqui estão algumas:

- **Nutra e amplie a rede de apoio.** Seus amigos e familiares vão apontar quando você cometer algo errado, mesmo quando não consegue perceber isso por si mesma. Eles também são sua melhor rede de segurança, mas você precisa manter e cuidar desses relacionamentos para conseguir chamá-los quando a adversidade surgir.
- **Faça exercícios físicos regularmente.** Nunca é demais repetir: não é pela diversão, é pelo trabalho.
- **Certifique-se de dormir o tempo necessário.** Observe seus padrões de sono e não deixe que saiam dos trilhos. Os especialistas dizem que não se pode realmente compensar o sono perdido, e noites insones repetidas a transformarão num caco humano.
- **Reserve um tempo na semana para ser criativa.** Julia Cameron se refere a isso como passar um tempo com sua criança artística, reconectando-se com sua força criativa interior e alimentando-a. Criatividade vem de muitas fontes, não apenas das artes. O investimento é válido para garantir energia no futuro.
- **Tire férias.** Não é digno de medalha de honra o hábito de não tirar férias. O que a restaura quando suas reservas

estão baixas? Muitas líderes que conhecemos adoram viajar para o exterior. Acham que novidades e aventura são estimulantes. Outras (especialmente australianas) gostam de descansar no campo, onde podem desfrutar de paz e independência e podem se dedicar a exercícios físicos. Pense no tipo de férias que a deixa nova em folha e cheia de novas ideias. Vá nessa.

- **Experimente cantar.** E não apenas no chuveiro, mas em todos os lugares e a qualquer hora. Desafinar não é desculpa. Solte a voz quando ouvir uma música!
- **Junte-se a um grupo.** Essa é uma das coisas mais estimulantes que você pode fazer. Qualquer tipo de grupo funciona, seja religioso, comunitário ou de amigos de escola.
- **Divirta-se todo dia.** Não se trata de uma indulgência tirar dez minutos para ligar para uma amiga e contar uma piada ou algo interessante que aconteceu com você. Faça isso de vez em quando — saia à noite com sua equipe. Incentive o prazer nas reuniões de equipe.

Sua jornada rumo à liderança é uma maratona, com montanhas desafiadoras e momentos estimulantes proporcionados pelas conquistas pessoais e coletivas. Sim, alguém de fato chega em primeiro, mas esse não é o único objetivo. Desfrute de seu treinamento, de sua resistência e de sua área. Em outras palavras, desfrute de sua jornada, inclusive sua própria força e resiliência.

Capítulo 24
Experimente o fluxo

> Dia 4 de maio de 1975: ainda me lembro do que dancei. Havia certa leveza de ser e havia faíscas por todo lado. Todas as oitocentas pessoas da plateia eram como uma. Ninguém se movia. Alguém disse: "Vimos luz por alguns momentos." Isso é o que chamamos de *Rasa* em sânscrito — o momento de uma experiência estética amplificada. É um fluxo de energia. A vida é um fluxo, a respiração é um fluxo e, quando o fluxo para, você acaba.
>
> *Sonal Mansingh, dançarina clássica indiana*

Você conhece a sensação. O trabalho parece não exigir mais esforço. O tempo passa sem ser notado. Você está no topo do mundo e do momento. Você tem uma energia inesgotável. E as pessoas dizem: "Quero o mesmo que ela está tomando." É uma elevação tão natural: você está transbordando de vida. Uma vez que tenha experimentado isso, você quer mais.

Isso é fluxo. Em seu pioneirismo, o psicólogo Mihály Csikszentmihályi, da Universidade de Chicago, observou que as pessoas em todas as andanças da vida podem conquistar o mesmo estado de espírito elevado que atletas, músicos e outros experimentam quando estão "numa onda". Ele chamou isso de fluxo — o que um artista sente quando transforma uma tela vazia ou o que o tenista sente durante o jogo. Qualquer um em qualquer trabalho pode ter fluxo, inclusive trabalhadores de fábricas. O fluxo libera energia nova. E pelo fato de as pessoas com frequência experimentarem o fluxo mais no trabalho do que em casa, isso é o que as atrai para o trabalho. No entanto, a triste verdade é que muitas experimentam o fluxo apenas durante uma pequena parcela de tempo.

Mas e se você puder cultivar as condições para o fluxo — não apenas para si mesma, mas para sua equipe e para muitas outras pessoas na empresa? Essa é uma maneira segura de ampliar sua capacidade energética para realizar grandes coisas.

Linda Wolf, presidente do conselho e CEO aposentada da Leo Burnett Worldwide, ainda consegue se lembrar da sensação de fluxo e de seu impacto. Coroando uma carreira de 27 anos na agência de publicidade, hoje ela permanece alegremente engajada, atuando em diversos conselhos, inclusive o do Walmart. Ela compartilhou suas experiências — e alegria — de fluxo.

A mestra do fluxo

De volta à década de 1950, quando Linda estava crescendo, a maior parte dos pais não levavam as filhas para o trabalho. O pai de Linda a levava, e sempre falava sobre negócios de uma forma interessante na mesa de jantar. Ele também a tratava da mesma maneira que o irmão. Embora a mãe de Linda quisesse que ela fosse a menina tradicional buscando objetivos tradicionais, isso nunca se concretizou. Linda lembra: "Acho que minha mãe diria que sou um pouco difícil. Eu era bastante independente. Talvez eu não a respeitasse tanto quando respeitava papai. Suas expectativas não tinham nada a ver comigo. Mas com o tempo percebi que minha mãe me deu valores de vida que me fazem identificar quem sou de verdade."

Quando garota, Linda entendeu que sentia prazer em aprender coisas novas sobre o mundo ao seu redor — não importava quão obscuro era o tópico. "Sempre tive uma curiosidade insaciável sobre tudo. Eu tenho interesse em pessoas, em lugares, em coisas, e recebo um bocado de energia de tudo isso", afirma. "Essas experiências me deixam energizada. Eu me sinto muito mais viva quando estou aprendendo. Mesmo agora que estou aposentada, quero esse desafio. Esse é o tipo de pessoa que sou. Tenho essa curiosidade que simplesmente não para. É o que me faz levantar da cama, eu acho. 'Qual é a novidade hoje? O que vou fazer de diferente?'"

A curiosidade fez Linda passar o primeiro ano da faculdade em Madri, em 1967, embora seus colegas de turma achassem que era louca de fazer isso. "Eu tinha parentes que viajavam muito, e quando era jovem eles compartilharam suas experiências comigo. Eu queria ter as minhas."

Foi uma experiência enriquecedora. Linda lembra: "Ganhei muita confiança no ano que passei na Europa. Uma vez fiquei perdida na França porque não falava a língua. Eram duas horas da madrugada, e os celulares não existiam. Estava sem dinheiro e tinha que descobrir uma saída. Você passa por algumas experiências em que percebe que tem a capacidade de resolver o problema ou superá-lo. A confiança vem daí."

Após a faculdade, Linda foi trabalhar numa empresa de pesquisa em Nova York e, no fim, foi transferida para Chicago. Ela se apaixonou, casou-se e se mudou para Pittsburgh, onde aceitou um emprego no setor de pesquisa de mercado na H.J. Heinz. Seu momento decisivo aconteceu um ano depois, quando Heinz lhe ofereceu uma função na gerência de marcas. Uma agência de publicidade local também lhe propôs um emprego. "Foi um gerenciamento de marca ou de cliente — diferentes lados da mesma moeda", explica. "A mulher que me entrevistou na agência influenciou minha decisão. Ela estava falando sobre o pessoal que cuidava dos clientes e disse: 'Se você quer mesmo ser bem-sucedida precisa antecipar as necessidades dos clientes, precisa lhes dar ideias. Você precisa estar à frente do que está acontecendo.' E pensei: 'É lá que quero estar. Quero estar num lugar onde as pessoas avançam.'"

E então Linda estava de volta a Chicago sendo entrevistada por agências de publicidade. Leo Burnett lhe ofereceu um cargo e, para surpresa do marido, ela aceitou. "As pessoas eram mesmo inteligentes, mas achei que eram bastante arrogantes e se levavam a sério demais", salientou. "Eles me propuseram um salário menor e menos responsabilidades, mas tinham um ótimo programa de treinamento, e eu não estava no negócio da publicidade havia muito tempo. Eu queria o treinamento."

Seu plano era sair depois de alguns anos, armada com novas técnicas. Ainda assim ela só deixou a Burnett quando se aposentou. "Isso nos leva novamente ao que a energiza e motiva", diz. "Adorava o negócio da publicidade desde sempre. Gostei da diversidade de pessoas e de oportunidades. A ideia de passar vinte anos numa empresa de produtos de consumo me mataria. Não tem a ver comigo."

A simples razão era o fluxo, resultado da combinação de criatividade, capacidade de resolver problemas e discurso competitivo para novos negócios. "Quanto aos novos negócios, houve mais de uma ocasião em que eu realmente senti o fluxo", conta. "Isso, para mim, era o máximo. Amei cada aspecto disso. Era publicidade turbinada. O processo inteiro foi concentrado num pequeno período de tempo. A pressão para encontrar uma solução brilhante era ainda maior. E o que me conquistou mais do que qualquer coisa foi a equipe, tanto o pessoal de criação, de mídia quanto o de pesquisa e de contas. E em novos negócios podíamos obter o melhor do melhor juntos. Então podíamos tentar decifrar aquilo. Isso era o fluxo. A jornada de trabalho podia ser exaustiva. Podíamos trabalhar de sete a 18 horas por dia, e as pessoas diziam 'Você está louca', mas era estimulante."

Então o fluxo virou a razão para Linda ficar. Ela nos descreveu seus efeitos. "Fluxo é muito mais sobre o esforço conjunto do que sobre o esforço individual. É desafiador, é estimulante. É como se cada neurônio estivesse trabalhando, entende? Seu nível de atenção, sua sensibilidade em relação ao que está acontecendo é ampliada porque você se encontra num momento em que tudo converge. Não há nada igual. Francamente, há momentos em que a excitação é tanta que fica difícil parar quando o trabalho termina."

Publicidade tem tudo a ver com o que Linda gosta e com seus pontos fortes. Ela adorava competição; adorava definir e conquistar objetivos. Isso combinava com seu amor pelo aprendizado e com sua curiosidade; também tinha a ver com sua criatividade e com seu amor pelo desafio. Além disso, ela adorava estar com pessoas.

Linda decidiu que buscar novos negócios o dia inteiro seria o emprego ideal. "Trabalhei na proposta de um novo negócio, e ganhamos alguns negócios de cosméticos", lembra. "Isso me intrigou, então me ofereci para assumir novos negócios. A maioria das pessoas me disse: 'Esse não é um passo inteligente para sua carreira.' Burnett não achava que era necessário focar nessa área porque as pessoas bateriam em nossa porta. Eu vi a realidade do nosso mercado, vi que estava mudando, então disse aos gestores seniores que adoraria comandar isso."

"Fizemos um plano completo de negócios fabuloso, e todos ficaram muito impressionados", afirmou. Dito isso, o fluxo não acontece simplesmente. "Quando saímos para buscar negócios em nosso primeiro ano, perdemos todas as propostas, exceto uma. Foi devastador e teve grande visibilidade. Em publicidade, quando não se ganha alguma coisa, sai em toda a imprensa. Não apenas as pessoas de fora sabem, mas os funcionários ficam desmoralizados. E tudo cai sobre seus ombros."

O fluxo exige a determinação para desenvolver novas habilidades de modo a enfrentar o desafio. Competidora nata, Linda não desistiu. "O negócio de publicidade é duro. Misture isso com crianças e um marido e as coisas ficam realmente difíceis, mas eu nunca disse: 'Eu desisto.' Não é do meu feitio." Linda fez uma pausa. "Bem, na verdade chafurdei em minha angústia em alguns momentos, mas não demorei a me recuperar. Acho que sempre achei que nada nem ninguém me deixariam para baixo. Ninguém mais me controla. Tenho o controle sobre mim mesma e posso resolver isso. Como podemos fazer isso dar certo?" Linda também teve sorte por poder contar com apoio em casa. "Meu marido me dizia para eu me organizar e voltar ao jogo. Quase sempre ele estava certo."

Isso é exatamente o que Linda fez. Ela ficou nervosa e resolveu a questão. Tratou do fracasso de sua equipe como faria com qualquer problema de marketing. Apurou os fatos e analisou como entraram no mercado. "Usamos muito o senso comum. E então voltamos e vencemos cada proposta no ano seguinte, com exceção de uma."

Portanto, Linda se apegou a isso e, com sua equipe, desenvolveu novas habilidades. "Gosto de chegar ao limite de vez em quando", admite. É um teste para sua capacidade. "Uma vez fizemos uma apresentação para a Walt Disney World, cliente que nunca tivera uma agência, e conseguimos deixá-los impressionados; mas eles disseram que contratariam nossas equipes de criação e de marketing, mas não a de mídia. Fiquei firme. Nosso CEO ficou preocupado sobre perder a conta, mas me apoiou. Era pegar ou largar. Duas semanas depois, eles voltaram a nos procurar, mas é claro que as coisas poderiam ter tomado outro caminho."

Ficar absorvida por uma tarefa que desafia todas as suas habilidades deixa você revigorada. Assumir um novo risco em seu desenvolvimento mantém o fluxo ativo. Quando as lideranças confiam em suas experiências máximas, elas primeiro falam sobre um objetivo significativo compartilhado por uma equipe de alto desempenho que foi selecionada pelas diversas habilidades. Então elas seguem descrevendo uma sensação inacreditável de alegria que compartilha a intensidade e a satisfação verificadas no fluxo, só que ainda melhor — uma experiência coletiva de fluxo. Percebemos que todas comentam suas experiências máximas como o trabalho de maior impacto que realizaram. É quando tudo está em perfeito funcionamento.

Dá para entender por que as pessoas que tiveram uma experiência máxima se sentem abençoadas, querendo repetir a dose.

Descobrindo o próprio fluxo

Fluxo não é apenas uma estimulação intelectual, emocional e espiritual, mas é também algo fisicamente restaurador. Os cientistas conseguiram rastrear como as funções do cérebro mudam quando as pessoas estão em estado de fluxo. As ondas cerebrais que você acessa vinculam seu consciente e seu subconsciente, permitindo que pensamentos inconscientes venham à tona enquanto proporcionam uma pausa à mente consciente e orientada a cumprir tarefas. É por isso que essa sensação é tão diferente. Ela também acontece quando você está vivenciando o fluxo mais criativo e espontâneo, também direcionado a objetivos.

Qualquer um pode criar as condições para o fluxo, e vale a pena o esforço. Csikszentmihályi identifica cinco condições:

1. Objetivos definidos e possíveis
2. Forte concentração no tema escolhido
3. Motivações intrínsecas
4. Equilíbrio do desafio com sua habilidade
5. Feedback imediato

É impossível experimentar o fluxo sem objetivos definidos. Obviamente, o objetivo não pode ser de fácil alcance, mas se for mesmo impossível você só vai sentir frustração ou coisa pior. Por exemplo, o objetivo de Linda era conquistar o espaço que merecia. Tivesse ela definido que seu objetivo era vencer sempre, seria uma história diferente. E você? Quais objetivos a inspiram e fazem seu coração bater mais rápido — objetivos que você pode alcançar mas que estão atualmente fora de alcance?

A concentração permite que você se conecte com suas ondas cerebrais mais profundas. Linda foi facilmente capturada pela agitação de reunir a equipe, conhecer um novo cliente e apresentar uma proposta competitiva. Obter a concentração necessária para alcançar o fluxo significa eliminar distrações. Reserve um período de tempo para si mesma e evite interrupções. Bastam 15 minutos para entrar em estado de fluxo.

Por mais que tente, é difícil se concentrar quando você não se sente motivada, sem acesso a seu estoque de emoções positivas. Linda adorava a emoção da caçada, que liberava seu espírito de competição. Libere suas paixões e você pode se arrebatar pelo desempenho da função.

Quando você não tem as habilidades, o fluxo pode enganar. Em vez disso você pode experimentar uma alta dose de frustração e de desapontamento à medida que falha em alcançar seu objetivo. O primeiro ano de Linda como chefe de novos negócios foi difícil até que sua equipe desenvolvesse a capacidade de vencer.

Por fim, você precisa de feedback — medidas externas para confirmar que você está se saindo bem e que o trabalho tem impacto. Na Burnett, Linda sabia de imediato se o discurso de sua equipe estava conquistando ou não o cliente, com base no momento em que eles perdiam ou ganhavam a missão.

Onde podemos encontrar o fluxo? Comece refletindo sobre as partes do trabalho que você acha mais satisfatórias — é reunir-se com os clientes, liderar uma equipe, trabalhar para resolver um problema difícil ou motivar a equipe? Se você não está no cargo certo, qual seria o trabalho ideal? Lembre-se da experiência máxima que você já teve e analise o que a provocou. O que você pode fazer para criar as condições para que outras experiências desse tipo se repitam agora? O que pode fazer para que o mesmo tipo de experiência aconteça para cada membro de sua equipe?

Shelly Lazarus, presidente do conselho da Ogilvy & Mather, nos disse que compartilhava a mesma sensação de engajamento total em seu trabalho. Na realidade, ela disse que gostava tanto do que fazia que continuaria fazendo mesmo que não recebesse para isso. Isso reflete quão satisfatório o fluxo pode ser. Quando você está em fluxo, trabalho é diversão.

Imagine isso: trabalho como diversão.

Capítulo 25
Energia inesgotável

No dia 11 de setembro de 2001, Margaret Jackson estava havia quase um ano como presidente não executiva do conselho da Qantas, a empresa de aviação australiana. Os ataques ao World Trade Center e ao Pentágono mudaram tudo. Margaret aprendeu a lidar com o estresse e com a incerteza que duraram até 2007, quando ela pediu demissão.

Preparação para liderança

Fui para a escola pública numa cidade bem pequena quando tinha quatro anos. Comecei bem mais cedo do que deveria porque a escola só tinha seis alunos e era necessário um quórum mínimo de oito alunos para permanecer aberta. Até completar trinta anos, eu achava que tinha tido uma experiência desvantajosa na escola pública, mas então percebi que aquela escola foi fundamental em minha formação como pessoa. Fui para o ensino médio quando tinha dez anos. Naquela época, eu era a única do ano. E não havia regras de verdade, com oito alunos e uma professora você não precisa delas de qualquer forma. Só quando comecei a trabalhar é que entendi que existem todas essas regras, regulamentações e expectativas de que você precisa fazer isso e somente isso. Minha personalidade não é assim porque, quando jovem, meu mundo era ilimitado.

Quando estava no ensino médio, tive um professor de artes bem esclarecido que me ensinou a trabalhar a madeira e também a soldar todo tipo de coisa que as meninas em tese não deveriam aprender. E, quando entrei na universidade, achei que ia me tornar professora, mas alguns colegas se candidataram a trabalhos como o de contador. Então, pensei: "Vou me candidatar a um emprego nas férias de verão e ver se gosto." Escrevi um montão de cartas e recebi respostas previsíveis do tipo: "Cara senhorita Jackson, nós lamentamos muito, mas não contratamos mulheres." Como disseram que não seria possível, passei a querer aquilo desesperadamente. A Price Waterhouse da Austrália era uma das poucas empresas que realmente contratavam mulheres no início da década de 1970. Então, fui lá primeiro.

Acho que, se olhar meu passado profissional, a cada dois ou três anos algo totalmente novo apareceu. Algumas coisas incríveis me aconteceram. Provavelmente acumulei muitas memórias maravilhosas, mas não são as que eu relembro. Acho que sou o tipo de pessoa que não consegue se lembrar dos dias ensolarados. Lembro os dias tempestuosos. E, se repassar minha carreira, tudo de desagradável ou que deu muito errado acabaram sendo momentos decisivos para mim em termos profissionais.

Gosto de mudanças, gosto do desafio e da complexidade. Acho que me saio melhor em situações complexas que envolvem dramas humanos e um ambiente de complexidade. Gosto de pensar no futuro e então ajudar as empresas a se prepararem para o futuro que outras não conseguem ver. Isso é o que me deixa estimulada.

Energia radical necessária

Eu era a presidente não executiva do conselho da Qantas quando o 11 de Setembro aconteceu. Você acorda no meio da noite e descobre que aviões foram usados como mísseis. E, como consequência da situação terrível nos Estados Unidos, tivemos imensos problemas de segurança em todo o mundo.

Tínhamos 3.500 passageiros encalhados nos Estados Unidos e 3.500 norte-americanos na Austrália que queriam voltar para casa. O primeiro-ministro australiano estava em Washington, e precisávamos trazê-lo para casa. Para completar, as férias escolares estavam quase começando, a final de um torneio de futebol estava para ser realizada e nosso maior concorrente fracassou. No dia 12 de setembro, a segunda empresa de aviação da Austrália parou de voar porque entrou em concordata. Cem mil australianos estavam encalhados por toda Austrália. Esse foi o estresse e a complexidade.

E, como presidente do conselho, eu tinha que participar desse complexo conjunto de circunstâncias. Meu momento mais memorável foi a negociação com alguns executivos. Enfrentei o estresse e a tensão da mesma forma que eles. Você está trabalhando o dia todo e tem a sensação de que existem mísseis sendo disparados a cada cinco minutos. E não consegue prever bem o que vai acontecer depois. Existem políticos, o primeiro-ministro e muitos ministros de vários departamentos, todos muito preocupados com tudo o que está acontecendo.

Lembro-me de, no meio daquilo tudo, ter ido para casa uma noite e decidido que ia podar minha ameixeira. Detalhe: eu nunca tinha podado uma ameixeira. Mas quando cheguei em casa, essa era a minha vontade. Peguei a escada, a tesoura e ataquei a árvore. Quando meu marido chegou, dois terços da árvore estavam no chão. Ele perguntou: "O que você está fazendo?" Foi só então que percebi que de fato não sabia o que estava fazendo. Estava com tanta tensão acumulada que aquilo foi uma grande catarse.

Então, pensei: "Foi interessante ter usado a força física para me livrar de toda a tensão." Fui para Sidney conversar com os executivos, que também estavam bastante estressados. Comecei contando a minha história sobre podar a ameixeira. Disse que era normal que as coisas estivessem meio confusas tanto em casa quanto no trabalho. O incrível foi que começaram a contar histórias semelhantes. Uma era sobre um deles, que foi para casa, viu a árvore que estava no lado esquerdo da rua e achou que ela devia estar no lado direito. Então pegou uma pá e mudou a árvore de lugar. Foi inacreditável o número de vezes que as pessoas me contaram esse tipo de história, envolvendo ações físicas. Como presidente do conselho, quando compartilha sua história, você de alguma forma autoriza os outros a compartilhem as deles. Isso libera parte da tensão.

Negócios inusitados

Senti exatamente a mesma coisa que todo mundo no planeta quando vi o avião atingindo o World Trade Center. Era inconcebível que aquilo estivesse acontecendo em nossas vidas. Depois daquilo, pensei: "Sou a presidente do conselho de uma companhia aérea, e o CEO e os executivos têm muito a fazer, então o que vai de fato ajudar a situação e como posso ser útil para diminuir um pouco a pressão sobre eles?" Assumi a responsabilidade por todas as negociações com os governos federal e estadual, da área de segurança até o primeiro-ministro, lidando com todas as questões complexas. Era como estar numa montanha-russa que simplesmente não parava. Você pensa: "Bem, eu sobrevivi ao dia de hoje." E então algo mais acontece. E então mais alguma coisa acontece.

As pessoas fazem planejamento de situações. Em geral, quando você faz esse tipo de planejamento, apenas cogita uma ou duas catástrofes por vez. Mas, depois do 11 de Setembro, havia cerca de vinte catástrofes. Era onda atrás de onda. O que era interessante é que você tinha que continuar avançando. Não havia tempo ocioso. Você não podia relaxar.

Foi um conjunto inusitado de circunstâncias. A maneira como lidamos com isso também foi interessante. Numa companhia aérea você toma decisões com muito cuidado, com muita informação. E acelera muito devagar. Se pretende comprar um novo avião, você conduz uma avaliação durante 18 meses. São numerosas reuniões de conselho e milhares de planilhas. Você tem que organizar as finanças e saber para que países essa aeronave vai voar, e assim por diante. Mas naquele período nós estávamos tomando decisões, que em outras ocasiões levariam meses ou anos, em semanas. Não havia tempo para reuniões, então fizemos diversas reuniões virtuais. E, quer saber, conseguimos 80% da informação em 20% do tempo e não nos preocupamos com o resto. Também precisamos aprender a perdoar. Não tínhamos muito tempo para decidir. Precisávamos de um ambiente que dissesse: "Você tomou uma decisão que não foi correta. Tudo bem. Vá em frente. Tome outra decisão. Não fique se remoendo."

Foi uma experiência interessante para todo mundo. Posso me lembrar de um dia ter ido assistir a um jogo de futebol. E assim que cheguei ao estádio o primeiro-ministro me ligou para falar de um problema específico que estava acontecendo. Passei o jogo inteiro no banheiro porque foi o único lugar em que podia ouvir a ligação. Depois liguei para o CEO, e depois para o ministro dos transportes, e depois para o primeiro-ministro, e depois de novo para o CEO. Obter informações, tomar uma decisão, transformar a decisão em ação e então obter outra carga de informações. Foi uma época fascinante.

Mas isso demorou muito a acabar. Fui presidente do conselho da Qantas por sete anos e meio, e nesse período aconteceram o 11 de Setembro, o 12 de setembro, as bombas em Bali, ataque número um, ataque número dois, gripe aviária, sars e Iraque. E houve preços recordes de combustível, bem como oscilações recordes na moeda. Houve renovação da frota e atraso na entrega do Airbus A-380. As coisas não paravam de acontecer. Chamamos isso de síndrome do choque constante. Sobreviver a essa fase me ensinou a ser uma executiva diferente. Não se pode perder tempo ou ponderar demais nesse ambiente. Você percebe que não precisa fazer tantas ponderações! Consegue a maior parte das informações no início e precisa confiar em seus instintos. Tem que confiar nas pessoas ao seu redor, e, se as pessoas não estão à altura do desafio, você precisa achar quem esteja.

Renovação radical

Todo período estressante que vivi antes me ensinou os princípios que apliquei neste período. Você tem que se alimentar bem. Você tem que dormir bem. Você tem que se divertir. Você tem que se exercitar.

A atividade física é importante. Você está tão tensa e cheia de energia que quase enlouquece. Foi difícil para todo mundo relaxar. Você fica tão acostumada a essa loucura que voltar à calma era complicado, mas às vezes eu me via correndo em vez de andando porque isso diminuiria o tempo para 15 minutos em vez de trinta. Tenho certeza de que estava impaciente com minha família, mesmo que tentasse ser tolerante. Você nem sempre avalia o impacto que tem nas outras pessoas.

Faço ioga desde que entrei na faculdade, e isso de fato me ajudou a superar essa fase. Quando percebia que estava ficando estressada demais, eu fazia a respiração da ioga. Tive alguns momentos inacreditavelmente felizes e de total paz interior por meio da meditação. Na realidade, gosto de mim mesma. Sou feliz como pessoa. Fico bem contente de fazer muito pouco. Com frequência, penso: "Como acabei fazendo todas essas coisas?" Eu era muito determinada. Um passo leva a outro. Uma porta se fecha enquanto outra se abre.

Outro ponto determinante foram as caminhadas. Sou uma grande fã de caminhar. Tem algo a ver com ritmo. É quase como embalar um bebê. Você sai para caminhar e tem um milhão de coisas zunindo na cabeça. Você não tem certeza de qual é a resposta. Ainda assim, volta da caminhada e já tem tudo decidido.

Também gosto de ter um tempo livre. Gosto de atividades que exigem reflexão. Tenho tirado muitas fotos nos últimos anos. Também tenho pintado, e isso me relaxa muito. Quando estou pintando, olho para o quadro e penso: "Como fiz isso?" É como se eu não soubesse de onde veio aquilo. E então olho para o quadro e digo: "Uau, eu fiz isso." O processo criativo é fascinante, então penso que sempre fui criativa em minha vida profissional.

Colocando as coisas em perspectiva

Tive uma experiência em meu último ano como presidente do conselho que enfatiza essa discussão. Estava no hospital, e a Qantas era alvo de um processo de mudança de controle societário. Dei uma entrevista para a imprensa no hospital, o que não deveria ter feito. A cobertura da imprensa foi bastante impressionante para o fato.

Imediatamente após ter dado a entrevista, percebi que tinha sido muito agressiva. Não usei uma linguagem rude, apenas um pouco direta demais. Eu estava muito cansada e tomando muitos remédios. Quando você está doente, é como se estivesse encarcerada, e você pensa: "Bem, eu tenho um trabalho a fazer, tenho obrigações. Sou a presidente do conselho. Preciso fazer isso."

Acho que meu juízo estava prejudicado, e o jornalista me fisgou no início da entrevista. Geralmente eu não teria reagido, mas ele acusou o CEO de coisas que não eram verdade. Reagi e então me irritei de forma exagerada. Toda a minha frustração, meu aborrecimento com minha situação médica e com a maneira que a imprensa em geral lidou com a aquisição da empresa vieram à tona. Logo após a entrevista, liguei para o CEO e disse: "Acho que realmente perdi a cabeça." Então, pensei: "O que posso fazer? Eu já falei isso, não posso ligar para ao jornalista e dizer 'Não publique isso' porque não seria profissional."

No dia seguinte, li a matéria e pensei: "Meu Deus. Eu gostaria de não ter dito isso." Na época, achei que seria coisa de um dia. Mas não parou por aí. A entrevista ganhou vida própria. Eu continuava pensando: "Por que isso não desaparece?" Mas, por outro lado, como eu estava tão mal, isso me ajudou a lidar com a situação. Consegui olhar com perspectiva. Pensei: "Ainda estou viva. Não é uma ameaça à minha vida." Acelerei nas semanas seguintes e senti como se estivesse melhorando, como se ainda estivesse fazendo um bom trabalho. E agora, depois de um ano, penso: "O que disse foi totalmente verdadeiro." E foi também memorável. Agora as pessoas comentam: "O que você disse foi absolutamente correto." Mas você não ganha nada em agir corretamente.

O que aconteceu comigo teve a ver com minha ética profissional. Se revejo minha carreira, percebo que fui a primeira mulher a comandar uma empresa entre as cinquenta maiores da Austrália. Sempre me senti um pouco em dívida com as outras mulheres; não se pode decepcionar a equipe. É preciso dar o seu melhor. Mesmo doente, não tínhamos um vice-presidente do conselho. Em retrospecto, eu deveria ter dito: "Hoje não é um bom dia para mim. O CEO ou outro diretor deve dar a entrevista."

A palavra final: otimismo

Tento ver o lado bom das pessoas. Sempre acho que, quando as coisas estão indo mal, vou superar por uma razão qualquer.

E então, mais tarde, o sol vai brilhar e a vida ficará melhor. Gosto de pensar sobre o futuro. Sou feliz hoje, mas amanhã será um dia novo que ainda não foi vivido. Portanto, fique animada com o amanhã.

Conclusão
Tempo para ação

Significado, energia, estrutura, conectividade e comprometimento. Esperamos que você escolha essas palavras para embasar a própria jornada rumo à liderança. Porque, quando você fizer isso, vai buscar o que a próxima oportunidade lhe oferecerá; até sentirá um fluxo de energia.

Em dúvida sobre por onde começar? Uma boa ideia é listar do que você dispõe. É muita coisa: pontos positivos, uma série de habilidades, o desejo de liderar, amplo talento bruto e mais conexões do que você imagina. Você pode ser otimista. Você tem uma voz forte que pode ser usada. Você tem energia! Você também tem muitas vantagens intrínsecas: uma essência emocional, a capacidade de se recompor e de construir relações profundas, além de ser muito adaptável. E também existem partes suas que lhe são únicas. Coloque-as numa lista.

Você já está a caminho. Mesmo se começar lendo este livro sem saber o que deseja e o que não deseja, você mudou. Agora tem consciência. Pode planejar quais habilidades quer desenvolver. Está pronta para aprender. Talvez esteja pronta para praticar. Conforme você for convertendo essas novas habilidades em sua rotina, ao longo do tempo não precisará pensar conscientemente sobre elas. É a melhor parte: quanto mais você as usa, mais fácil fica. E quando você reunir todas essas áreas da Liderança Equilibrada, elas vão ajudá-la a conquistar um impacto maior — um desempenho maior e também o sucesso. Não é só isso. Não apenas os outros a verão como uma autêntica líder, mas também vão querer acompanhá-la.

Os incríveis cinco

A Liderança Equilibrada também reúne muitas ideias, criando uma maneira de pensar e de agir que ajuda qualquer líder a administrar em meio à incerteza e à mudança. Os cinco elementos juntos reforçam uns aos outros:

- **Significado.** Torna possível a reestruturação. Dá a você a coragem de sair da zona de conforto e de se envolver com outras. Isso cria um vínculo que a impulsiona a se manifestar. O significado faz com que o fluxo seja possível.
- **Estrutura.** Libera o caminho do significado. Cria a energia que atrai os outros a subirem a bordo. Ao se estruturar, você enxerga as oportunidades e aprende a lidar com os riscos.
- **Conectividade.** Permite que você descubra as oportunidades significativas. Voltar-se para os outros ajuda você a se estruturar com maior eficiência e a desenvolver novas habilidades. Relacionamentos também podem ser uma fonte de energia.
- **Comprometimento.** Desobriga você de buscar significado, de ver o mundo de forma diferente, de entrar em contato com os outros. É libertador fazer escolhas e ter controle sobre o resultado — outra fonte de novas energias.
- **Energia.** Ajuda você a encher a sala, atraindo outras pessoas, a embarcar em novas oportunidades e a enfrentar seus medos, e ainda a ter um impacto positivo sobre as pessoas que drenam sua energia.

Cada parte da Liderança Equilibrada se soma às outras e libera mais energia. Na realidade, isso se torna um modelo autossustentável que devolve a você um resultado maravilhoso — fazendo uma diferença maior do que você poderia fazer sem ele.

Comece em qualquer lugar

Por onde começar? Há lugares melhores do que outros? Nós escolhemos o círculo para representar graficamente a Liderança Equilibrada, porque o círculo simboliza seu direito de começar em qualquer lugar no modelo e partir dali. Vamos compartilhar nosso pensamento a respeito de progressão, mas enfatizamos que o modelo funciona, não importa onde você comece. Iniciamos com significado porque é sua história que vai nos guiar. Algumas de vocês já conhecem suas histórias; senão, comece descobrindo os pontos positivos e as maneiras de usá-los naquilo que você faz.

Do significado, passamos à estrutura, porque o otimismo é uma característica comum a toda líder que conhecemos e o que as líderes mais podem praticar. Ver o mundo sem distorções é um pré-requisito para o sucesso. Aprenda a se estruturar e a se adaptar, ambas as coisas são essenciais para líderes enfrentando descontinuidades importantes, ou seja, para todas as líderes.

Depois, passamos para a conectividade, porque ninguém vai muito longe sem ajuda. Orientadores, mentores, padrinhos e colegas, amigos e família são todos partes de seu mundo. Eles lhe dão coragem e confiança para se aventurar adiante. Pratique a reciprocidade e marque um encontro com alguém que você queira conhecer. Pratique a inclusão e monitore seus efeitos.

Isso nos trouxe ao comprometimento — quando tudo se junta. Quando o medo aparece em seu caminho, tente enfrentá-lo diretamente — respire, conte até dez — e coloque-o de lado.

Colocamos a energia por último porque ela é o combustível e a emoção que você sente quando tem uma experiência máxima. Seja cuidadosa com a origem de sua energia e como você a gasta: é uma questão básica de suprimento e demanda.

Eventualmente, você conseguirá se encontrar em torno dessas cinco habilidades. Neste momento de sua vida, nem todas têm o mesmo grau de importância. Foi o que observamos ao trabalhar com mulheres talentosas com idades que vão dos 23 aos 65 anos.

Está na hora

Quando você reúne duas ou mais habilidades, algo começa a acontecer — um "ciclo virtuoso" começa a estimular o crescimento. Isso nos leva a um ponto realmente importante: *Liderança Equilibrada não tem a ver com tirar nota dez em cada parte do modelo.* A última coisa que queremos é repassar-lhe um peso. Muitas mulheres cresceram lutando para tirar notas altas e ainda buscam essa validação. Lembre-se de que não existem regras, nem exames finais para a Liderança Equilibrada.

Esperamos que você mantenha esse livro sempre à mão. Abra-o a qualquer momento e revisite as ideias. Ou revisite as histórias de nossas extraordinárias mulheres. Esperamos que elas a inspirem. Cada uma tem algo a dizer sobre o próprio caso, demonstrando não existir uma única fórmula ou maneira certa de agir.

Agora é hora de você dar um passo. Não a estamos abandonando; ainda estamos ao seu lado. À medida que for seguindo seu caminho, estaremos aqui, nas páginas deste livro, aguardando você. E esperamos que você dê uma olhada, de tempos em tempos, nessa citação da escritora Anna Quindlen, que revela muito sobre sua jornada rumo à liderança: "O que é difícil, e realmente maravilhoso, é abrir mão de ser perfeita e começar a trabalhar para se tornar você mesma."

O mundo precisa de líderes fortes mais do que nunca.

Portanto, vá em frente. (Estamos aqui.)

Dê um passo à frente.

Metodologia

Este livro é o produto de uma exploração de vários anos que começou com uma busca pessoal e cresceu para um estudo abrangente, combinando pesquisa original com o trabalho de pensadores de ponta em administração, comportamento organizacional, psicologia, estudos de gênero, sociologia e biologia. Tudo começou com uma observação direta — entrevistas de vídeo com líderes do mundo todo cujas histórias nos guiaram — e continuou com uma pesquisa acadêmica que confirmou esses insights. Isso proporcionou as bases para um novo modelo de liderança, que verificamos com uma pesquisa original e que agora sustenta nosso programa interno de desenvolvimento de Liderança Equilibrada.

Somos gratos a todos os homens e mulheres da McKinsey que devotaram tempo e energia para colaborar com a análise. Estamos em débito com professores e gurus que encontramos e com aqueles de que conhecemos apenas os trabalhos. E somos gratos às mais de cem líderes que participaram de nossas entrevistas de vídeo ao longo dos últimos cinco anos.

Fundamentos da Liderança Equilibrada

A Liderança Equilibrada não surgiu do nada. Quando buscamos respostas sobre por que as mulheres que entrevistamos compartilham certas características e comportamentos, começamos com pensamentos bem estabelecidos sobre administração e liderança. Reconhecemos que precisamos situar nossas observações no contexto do grande corpo de pesquisa sobre liderança. Percebemos que as exigências e os atributos tradicionais de liderança — um forte desejo de comandar, visão, habilidade de montar ótimas equipes — se aplicavam às nossas mulheres. Mas também percebemos que os grupos de características tradicionais masculinas que são associadas à liderança não explicam a percepção de significado e de conectividade que transformam algumas mulheres em líderes incrivelmente eficientes. Isso nos levou a explorar novos pensamentos sobre liderança e sobre comportamento organizacional que considerassem o poder dos aspectos mais "suaves" da liderança, como a empatia. Para entender o otimismo, o comprometimento e a coragem que as líderes demonstravam, voltamo-nos para os líderes da psicologia positiva. (Para ter acesso a nosso estudo exclusivo, conferir o próximo capítulo.)

Muitos pensadores aqui representados tiveram um impacto significativo sobre como definimos e redefinimos a Liderança Equilibrada. São também citados nos capítulo anteriores e nas notas finais. São pensamentos úteis para compreender do que a Liderança Equilibrada trata e por que o modelo funciona.

Conforme você mergulha mais profundamente na Liderança Equilibrada, nós a encorajamos a pesquisar essas fontes, para uma melhor compreensão.

Liderança. Começamos nossa exploração lendo os trabalhos de Ronald Heiftz e Martin Linsky. Eles destacam a importância das atitudes adaptáveis que observamos em nossas entrevistadas. Também pesquisamos trabalhos recentes sobre liderança de acadêmicos como Peter Senge e Otto Scharmer, que explicaram a importância da autenticidade e da clareza nos relacionamentos organizacionais. Além disso, consultamos os trabalhos de Rosabeth Moss Kanter e Debra Meyerson.

Psicologia positiva. Iniciamos nossa busca sobre otimismo com Martin Seligman, o "pai" da psicologia positiva. Também estudamos as contribuições à área de Tal Ben-Shahar, Mihály Csikszentmihályi, Barbara Fredrickson, Daniel Gilbert, Jonathan Haidt, Sonja Lyubomirsky e Christopher Peterson, todos fundamentais para que pudéssemos compreender a ciência que explica como o otimismo e a felicidade são determinantes para o sucesso. O trabalho de Carol Dweck sobre a importância de atitudes cristalizou o conceito de estrutura. E reconhecemos em nossas mulheres o papel fundamental do otimismo aprendido, como ensina Seligman.

Busca de significado. Para nossa compreensão do significado e de seu papel no estímulo do comprometimento para alcançar a liderança e para criar otimismo, também pesquisamos Viktor Frankl e os psicólogos positivos. Eles nos ensinaram que as mulheres (e os homens) podem escolher ser mais otimistas e felizes ao aprender o que é de fato significativo para elas (e eles) e ao optar por apresentar suas qualidades essenciais. Essa perspectiva foi muito importante para nós porque encorajou a equipe a pensar em maneiras de entrar em ação e de ensinar a Liderança Equilibrada por meio de um treinamento formal, de exercícios de autoavaliação e de orientação. Criamos o termo "estrutura positiva" para incluir o otimismo aprendido bem como a capacidade de se estruturar e de ver o mundo com uma visão ampliada, conforme prescrevem Senge e Scharmer.

Energia. Parte de nossa pesquisa envolveu as correlações entre perspectiva e energia. Percebemos que líderes bem-sucedidas parecem ter uma energia extra, que parece derivar do próprio trabalho. Essa energia extraordinária as ajuda a lidar melhor com as conflitantes demandas empresariais, familiares e de papéis sociais. Seligman e Haidt coletaram provas para mostrar como a felicidade fortalece a saúde física. Também estudamos pesquisas que mostram como é possível monitorar ativamente e ajustar os níveis pessoais de energia. Descobrimos isso no trabalho de Jim Loehr e Tony Schwartz, e no de Edy Greenblatt e Leslie Perlow. Também aprendemos com a pesquisa de Mihály Csikszentmihályi sobre fluxo, um estado mental positivo que surge quando a pessoa deposita seus talentos fundamentais em atividades desafiadoras visando a um objetivo ambicioso. A pesquisa de Prática Organizacional McKinsey sobre experiências máximas em ambientes de trabalho afirmou e complementou este trabalho, ajudando-nos a estabelecer a relação entre energia e desempenho.

Diferença de gêneros, evolução e biologia. Procuramos razões que explicassem por que as carreiras de mulheres parecem se desenvolver diferentemente das carreiras de homens. Inevitavelmente, isso nos leva a estudos de gênero, biologia, teoria da evolução e pesquisa médica. Louann Brizendine, neuropsiquiatra e especialista em clínica médica, e Michael Gurian, terapeuta de família e escritor, proporcionaram-nos insights e explicaram por que existe um elevado risco de depressão entre as mulheres. O trabalho de Shelley Taylor explicou como, num nível hormonal básico, mulheres têm diferentes reações ao estresse e a interações sociais que podem ser ligadas a adaptações evolucionárias. Isso ajudou a refinar nossa ideia sobre a natureza e a importância dos relacionamentos de que nossas entrevistadas falaram. Reconhecemos a importância das emoções e da sensação de pertencimento em nosso modelo de liderança — porque o sucesso depende do controle e não da supressão das emoções. Descobrimos que as habilidades para desenvolver conexões verdadeiras e profundas aumentaram o sucesso das líderes. Continuamos a estudar como a inclusão está surgindo como uma característica de liderança que vai atender bem as empresas no ambiente mais complexo e desafiador dos tempos atuais.

Rede de relações pessoais. Nossa experiência de ensinar mulheres nos fez conhecer a importância das redes de relacionamentos, os quais nos levaram ao trabalho de Monica Higgins e Herminia Ibarra, que nos ajudou a focar nossa abordagem. Além disso, a provocadora teoria de Roy Baumeister sobre como os homens são mais adeptos de redes de relacionamentos profissionais nos fez pensar sobre como ajudar as mulheres a aprimorar seus instintos naturais no que se refere a construir relações. Por fim, o trabalho de Shelley Taylor abriu nossos olhos para o poder de se conectar a comunidades, e o impacto multiplicador disso.

Correr riscos. A arte de se comprometer é algo que todas as líderes de sucesso dominam, mas é um tema muito controvertido. O comportamento agressivo e autopromocional que pode impulsionar um homem jovem pode fazer uma mulher ser tachada de insistente demais. Linda Babcock e Sara Laschever nos ajudaram a entender onde estão localizadas as linhas invisíveis que separam o que se deve do que não se deve fazer. O trabalho de Paul Stoltz sobre publicidade nos orientou sobre as interrelações entre risco e aprendizado. A pesquisa de Marshall Rosenberg e Deborah Tannen também ajudou a cristalizar nosso pensamento a respeito de comunicações mais eficientes. Junto com o comprometimento vem o risco. As mulheres que conhecemos foram absolutamente destemidas (embora perceptivas) em relação ao risco, e o trabalho de Daniel Gilbert nos ajudou a entender o porquê.

A melhor fonte de todas: as líderes

Em 2004, começamos a entrevistar líderes para nosso arquivo de vídeo. Conhecemos mulheres que comandam grandes empresas públicas, privadas ou do terceiro setor, mulheres em caminhada ascendente e mulheres em mercados em desenvolvimento, empreendedoras pioneiras com a missão de forçar o limite das normas sociais. Em 2008, começamos a conduzir entrevistas com líderes do sexo masculino de modo a testar a ressonância de nosso modelo de liderança e a identificar diferenças em como ensinar isso a públicos diversos. (Nossos sinceros agradecimentos aos corajosos homens que participaram no início.) Hoje, o arquivo de vídeo possui mais de cem entrevistas de mercados variados, como Argentina, Austrália, Canadá, China, França, Índia, Israel, Japão, Jordânia, Cazaquistão, Quênia, México, Nigéria, Peru, África do Sul, Reino Unido, Estados Unidos, Uganda, Vietnã e Zimbábue. Continuamos a conduzir novas entrevistas para nos aprofundar, para descobrir novas experiências e histórias que ampliaram nosso pensamento sobre como essas mulheres evoluíram e para começar a entender se e como lideranças masculinas e femininas diferem. Embora as descobertas sejam qualitativas por natureza, as histórias, os insights pessoais e as dicas são professoras poderosas que, combinadas à pesquisa acadêmica, podem ajudá-la a transformar suas próprias descobertas em ações e crescimento pessoal.

Ao longo de nossa exploração, nunca esquecemos que as mulheres não são nem um segmento nem um grupo homogêneo. Esta é uma das razões por que continuamos as entrevistas e por que incluímos as histórias de tantas líderes neste livro. Nós convidamos você a tecer a tapeçaria que combina características de mulheres cujas histórias e experiências emocionam. Cada uma tem algo a dizer de si. Ouça e aprenda que não existe um caminho definido para a liderança. Acreditamos, entretanto, que o modelo de Liderança Equilibrada lhe dá as ferramentas necessárias para que você descubra o próprio caminho.

As incríveis líderes

AS MULHERES	SUAS LIÇÕES
Amina Agbaje	1. Tudo começa com o significado
Georgia Lee	2. Sua própria equação da felicidade
Ann Moore	3. Inicie com seus pontos fortes
Gerry Laybourne	4. Senso de propósito
Alondra de la Parra	5. Caçadora de sonhos
Emma Fundira	6. Uma questão de estrutura
Shikha Sharma	7. A prática do otimismo
Ellyn McColgan	8. Partindo para outra
Christine Lagarde	9. Pronta para mudar
Eileen Naughton	10. A jornada, não o destino
Amanda West	11. Um caminho para a integração
Anne Mulcahy	12. A empresa como sua família
Denise Incandela	13. A reciprocidade forma relacionamentos
Carolyn Buck Luce	14. A trama que você tece
Ruth Porat	15. Nos ombros dos padrinhos
Shirley Tilghman	16. Membro da tribo
Dame Stella Rimington	17. Ultrapassando o limite
Julie Daum	18. Levante-se e coloque sua opinião
Olive Darragh	19. Faça sua própria sorte
Laura Cha	20. Vá em frente
Andrea Jung	21. Vencendo as dificuldades
Julie Coates	22. Energia em seu kit de ferramentas
Yifei Li	23. Para uma rápida recuperação
Linda Wolf	24. Experimente o fluxo
Margaret Jackson	25. Energia inesgotável

Nossa pesquisa

Este capítulo é para aquelas que têm fome de aprender mais sobre a ciência que está por trás da Liderança Equilibrada, inclusive nossa metodologia de investigação e nossas descobertas. Nas páginas a seguir, descrevemos a pesquisa estatística que desenvolvemos e conduzimos para validar o modelo. Estamos animadas porque nosso modelo parece agregar dados geográficos, empresariais e de ocupação profissional. Os resultados confirmam as diferenças entre homens e mulheres, mas essas diferenças não são grandes; o modelo se ajusta a ambos os sexos. Estamos felizes por essa pesquisa inicial apontar uma correlação entre as habilidades da Liderança Equilibrada e o sucesso profissional e a satisfação.

Conforme determinamos no começo, nossa pesquisa é contínua, e vamos continuar a testar o modelo e as descobertas para validar essa correlação e para produzir novos insights que possam ajudá-la a acelerar seu desenvolvimento como líder.

Processo e metodologia de pesquisa

Nosso objetivo inicial era desafiar nossa hipótese de que as habilidades da Liderança Equilibrada estão relacionadas com o sucesso e com a satisfação profissional. Sabíamos por observações iniciais que a Liderança Equilibrada liberou grande energia positiva, mas não tínhamos conhecimento se ela levaria a um aumento de desempenho ao longo do tempo. Dado o ineditismo de nosso modelo, estávamos procurando uma maneira de obter uma leitura antecipada, de modo a trazer essas descobertas para você.

Além disso, definimos o objetivo secundário de validar a Liderança Equilibrada como um modelo de desempenho que funcionaria tanto para mulheres quanto para homens (ou melhor). Queríamos provas quantitativas sobre a hipótese de as mulheres de fato comandarem de forma diferente em relação aos homens. E queríamos ajuda para responder as perguntas que sempre fizemos, como "No que as líderes diferem de seus colegas homens?" e "Atualmente, as mulheres estão cada vez mais parecidas com os homens bem-sucedidos?".

Portanto, desenvolvemos uma bateria inicial de perguntas que avaliam as práticas da Liderança Equilibrada para cada parte do modelo e misturamos essas questões com outras para avaliar as medidas gerais de sucesso e de satisfação. Trabalhamos com uma equipe de especialistas em pesquisa para garantir que nosso questionário fosse autêntico e imparcial.

Então testamos cada pergunta usando um exemplo que incluísse grupos etários, ocupação profissional, dados geográficos e posições. Passamos cinco meses testando o protótipo e revisando a pesquisa enquanto a realizávamos. Obviamente, queríamos garantir que as perguntas fossem compreendidas da mesma forma por pessoas diferentes.

Também queríamos nos certificar de que cada pergunta rendesse dados válidos em termos estatísticos. Eliminamos perguntas demasiadamente parecidas; acrescentamos novas para preencher nosso conhecimento sobre cada parte das práticas da Liderança Equilibrada. Fizemos tudo isso tendo em mente que até pessoas pacientes não dedicam muito tempo a pesquisas on-line. É por isso que tiramos partes do modelo para simplificar a ferramenta de pesquisa.

Depois de mais de duzentos testes, aprovamos as perguntas básicas. Então, desenvolvemos uma abordagem formal de pesquisa para compreender se, e como, a Liderança Equilibrada variava em diferentes culturas, indústrias e tipos de ocupação. Depois de criar a pesquisa, recrutamos uma amostra mundial de executivos e executivas usando o painel de pesquisa on-line *McKinsey Quarterly*, que reúne milhares de respondentes qualificados.

Com um bom índice de respostas (30%), quase duas mil pessoas participaram da pesquisa (exatamente 1.938); em troca, receberam um pequeno resumo das descobertas. Foram 72% de homens, 34% de executivos de nível C, 41% de gerentes seniores e 25% de gerentes de nível médio. Estas pessoas foram distribuídas igualmente de acordo com a ocupação, a área de negócios e as funções. E vieram de todas as partes do mundo: 35% da América do Norte, 28% da Europa, 12% da Ásia/região do Pacífico (excluindo a China), 6% da China e 7% da Índia. Um total de 12% era da América Latina e de outros mercados em desenvolvimento. Esse universo de pessoas representava uma faixa de empresas por tamanho também. Obviamente, essa amostra de executivos(as) leitores da *Quarterly* foi autosselecionada.

Achados da pesquisa

Em outubro daquele anso saiu o primeiro conjunto de informações, e nós começamos a classificar as descobertas. Três achados curiosos surgiram das informações, que pretendemos explorar em futuras pesquisas.

1. A Liderança Equilibrada parece ter validade em toda a amostra. Comparando as evidências qualitativas das entrevistas, percebemos que a Liderança Equilibrada tem relevância entre os dados geográficos, empresariais e de emprego, levando em conta as variações. Como a Figura 1 mostra, os resultados da América do Norte e da Europa Ocidental são quase idênticos, com maior variação em outras regiões. Cada pontuação corresponde à média simples de diversas perguntas relacionadas a cada elemento da Liderança Equilibrada. Na base, aparece o percentual de respondentes de cada parte do mundo. Há algumas surpresas interessantes que exigirão pesquisas extras para serem explicadas. Por exemplo, os respondentes dos mercados desenvolvidos da Ásia/região do Pacífico tiveram notas mais baixas em práticas de significado e notas altas em práticas de conectividade.

Encontramos resultados similares quando comparamos notas por tamanho de empresa, função e área de negócios. Nada nos dados sugere que as habilidades da Liderança Equi-

Figura 1. *Liderança Equilibrada é relevante em todas as regiões*

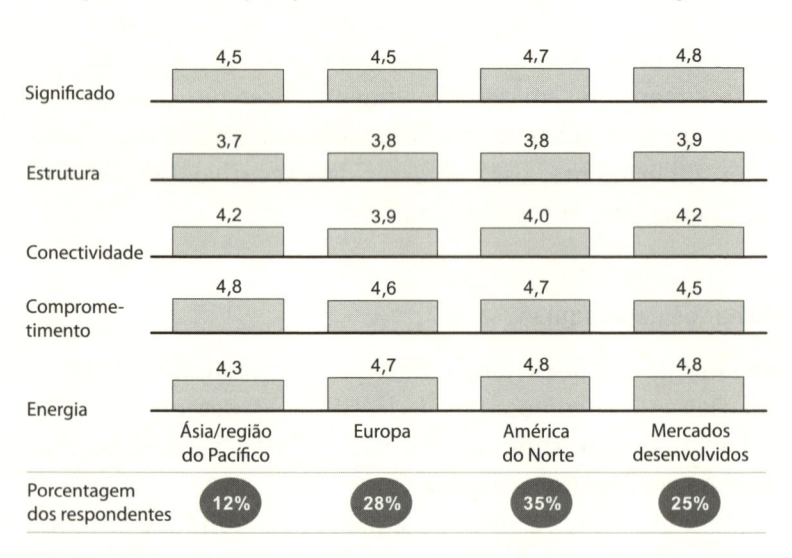

	Ásia/região do Pacífico	Europa	América do Norte	Mercados desenvolvidos
Significado	4,5	4,5	4,7	4,8
Estrutura	3,7	3,8	3,8	3,9
Conectividade	4,2	3,9	4,0	4,2
Comprometimento	4,8	4,6	4,7	4,5
Energia	4,3	4,7	4,8	4,8
Porcentagem dos respondentes	12%	28%	35%	25%

Nota média por prática: 1 = menor, 6 = maior
(Exemplo: respondentes europeus tiram a média de 4,5 em significado)

librada sejam mais relevantes ou mais comuns num lugar do que no outro. Em geral, as variações em geografia, tamanho da empresa, área de negócios ou função não são estatisticamente significativas.

Além do mais, a Liderança Equilibrada pode ser praticada em qualquer etapa da carreira, como mostra a Figura 2. Aqui, esperamos ver uma progressão crescente nas habilidades de acordo com a senioridade, entre homens e mulheres. Analisando mais profundamente, de fato identificamos uma leve correlação com a posição na empresa, mas não tanto quanto imaginávamos. Essa descoberta nos levou à hipótese de que, até homens e mulheres praticarem explicitamente as técnicas da Liderança Equilibrada, eles não as usariam no dia a dia da liderança. Em outras palavras, somente atitudes não são suficientes para construir habilidades.

Figura 2. *Variações de Liderança Equilibrada entre diferentes senioridades*

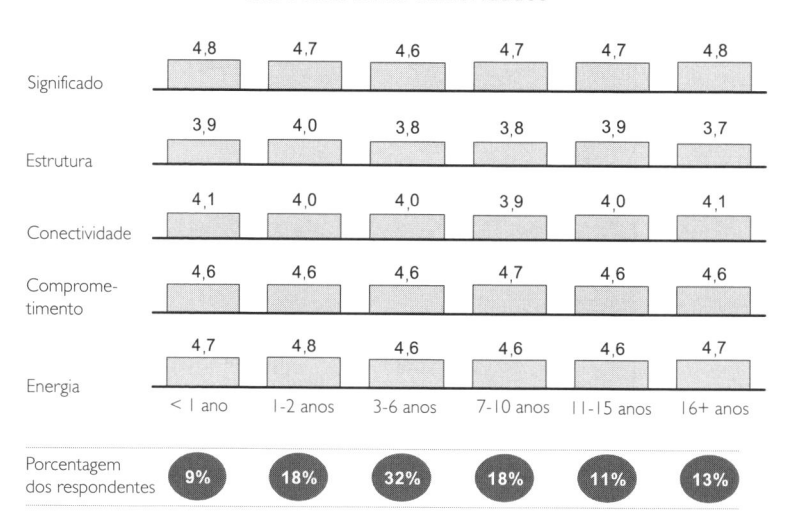

	< 1 ano	1-2 anos	3-6 anos	7-10 anos	11-15 anos	16+ anos
Significado	4,8	4,7	4,6	4,7	4,7	4,8
Estrutura	3,9	4,0	3,8	3,8	3,9	3,7
Conectividade	4,1	4,0	4,0	3,9	4,0	4,1
Comprometimento	4,6	4,6	4,6	4,7	4,6	4,6
Energia	4,7	4,8	4,6	4,6	4,6	4,7
Porcentagem dos respondentes	9%	18%	32%	18%	11%	13%

Nota média por prática: 1 = menor, 6 = maior
(Exemplo: respondentes com menos de um ano no emprego tiraram 4,8 em significado)

2. Correlação entre desempenho e satisfação. Exatamente como esperávamos de nossas entrevistas e pesquisas, a Liderança Equilibrada parece ter uma significativa correlação com o desempenho, a satisfação e o sucesso relatados. De acordo com nossas estatísticas, essa interação passa no teste de qui-quadrado para esta amostra (que determina o grau de independência de duas variáveis).

Eis o que você vai encontrar na Figura 3: uma porcentagem maior de pessoas com notas máximas no uso das práticas da Liderança Equilibrada (neste caso, os melhores 20% de cada um dos cinco componentes) relata mais sucesso, satisfação e desempenho em relação às que tiveram notas mínimas nas mesmas práticas (os piores 20%). Por exemplo, pegue significado: 80% das pessoas com o maior número de pontos clas-

Figura 3. *A correlação da Liderança Equilibrada com desempenho, sucesso e satisfação*

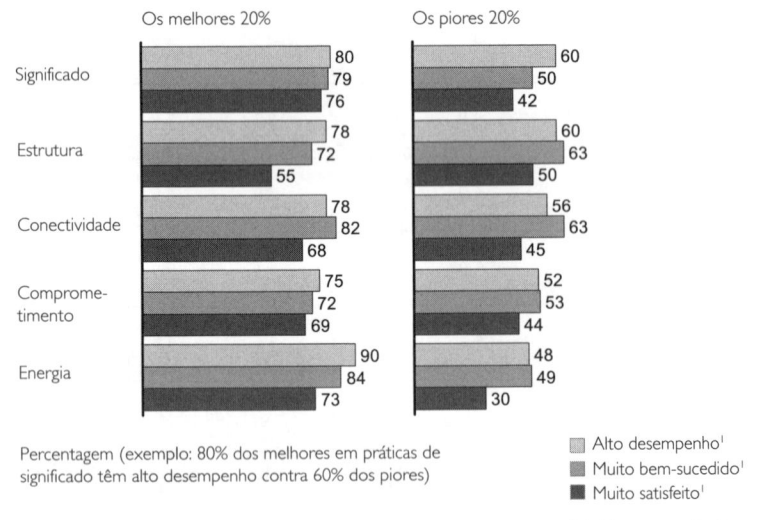

	Os melhores 20%	Os piores 20%
Significado	80 / 79 / 76	60 / 50 / 42
Estrutura	78 / 72 / 55	60 / 63 / 50
Conectividade	78 / 82 / 68	56 / 63 / 45
Comprometimento	75 / 72 / 69	52 / 53 / 44
Energia	90 / 84 / 73	48 / 49 / 30

Percentagem (exemplo: 80% dos melhores em práticas de significado têm alto desempenho contra 60% dos piores)

▨ Alto desempenho[1]
▨ Muito bem-sucedido[1]
■ Muito satisfeito[1]

[1] Alto desempenho = autoavaliação entre 10% dos colegas; muito bem-sucedido(a) = autoavaliação como extremamente bem-sucedido(a) ou bem-sucedido(a); muito satisfeito(a) = autoavaliação como extremamente satisfeito(a) ou satisfeito(a) (dois boxes no alto em escala de 6 pontos)

sificam a si mesmas como tendo um alto desempenho contra 60% das pessoas com o menor número de pontos. Essas diferenças são significativas.

Perceba que desempenho, sucesso e satisfação são avaliados por cada um; assim, pretendemos continuar nossa pesquisa para validar essa correlação com outras amostras. Quando você foca na diferença entre o pior e o melhor quintil — não o número absoluto —, você identifica a força do modelo. Não importa a maneira como selecionamos as informações (por gênero, por trabalho), encontramos a mesma correlação.

A Figura 4 mostra o outro lado: como os respondentes mais satisfeitos e bem-sucedidos (homens e mulheres) têm pontuações maiores em cada uma das práticas e atitudes da Liderança

Figura 4. *Respondentes mais satisfeitos e bem-sucedidos praticam mais a Liderança Equilibrada*

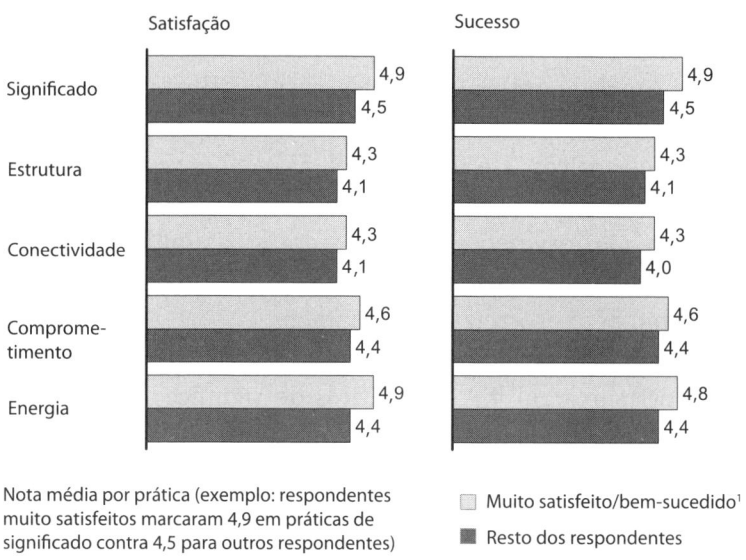

	Satisfação	Sucesso
Significado	4,9 / 4,5	4,9 / 4,5
Estrutura	4,3 / 4,1	4,3 / 4,1
Conectividade	4,3 / 4,1	4,3 / 4,0
Comprometimento	4,6 / 4,4	4,6 / 4,4
Energia	4,9 / 4,4	4,8 / 4,4

Nota média por prática (exemplo: respondentes muito satisfeitos marcaram 4,9 em práticas de significado contra 4,5 para outros respondentes)

☐ Muito satisfeito/bem-sucedido[1]
■ Resto dos respondentes

[1] alto desempenho = autoavaliação como extremamente bem-sucedido(a) ou bem-sucedido(a); muito satisfeito(a) = autoavaliação como extremamente satisfeito(a) ou satisfeito(a) (dois boxes no alto em escala de 6 pontos)

Equilibrada. Comparando esses dois grupos (os 20% maiores contra o resto), ficamos surpresos com as diferenças entre ambos para significado e energia. Criamos hipóteses de que as pessoas que têm mais sucesso e satisfação alcançaram o fluxo. Pelo menos é o que esperamos. Na pesquisa futura, planejamos explorar o que motiva o quê — será que a Liderança Equilibrada promove desempenho e satisfação maiores ou é o contrário?

3. A Liderança Equilibrada se sustenta nos pontos fortes das mulheres. Nossa pesquisa demonstra que o modelo funciona para ambos os sexos. Embora os resultados sejam verdadeiros para os homens que praticam a Liderança Equilibrada — eles têm mais sucesso, satisfação e melhor desempenho —, as mulheres parecem ter uma vantagem. A Figura 5 mostra que as respondentes praticam as técnicas da Liderança Equilibrada um pouco mais do que seus colegas homens. Isso é verdade para cada elemento do modelo de Liderança Equilibrada. Pretendemos nos aprofundar nesses números gerais para entendê-los melhor, prática por prática. Por exemplo, descobrimos enormes diferenças entre mulheres e homens nas qualidades essenciais e no fluxo, e pequenas diferenças entre eles em voz. De forma geral, as mulheres conseguiram melhores notas em controle e em inspiração, e os homens também. Curiosamente, as piores notas das mulheres foram em relação aos padrinhos e em avançar (evitar a ruminação), e isso também ocorreu com os homens.

Nota média por prática (exemplo: respondentes muito satisfeitos marcaram 4,9 em práticas de significado contra 4,5 para outros respondentes)

Vale a pena parar um momento para refletir sobre essas descobertas. Uma olhada mais atenta na pesquisa de gênero confirma que as mulheres são diferentes dos homens, e essas descobertas reafirmam essa visão. Você pode ver mulheres superando os homens em alguns poucos pontos críticos:

Figura 5. *Mulheres superam homens em todos os elementos*[1]

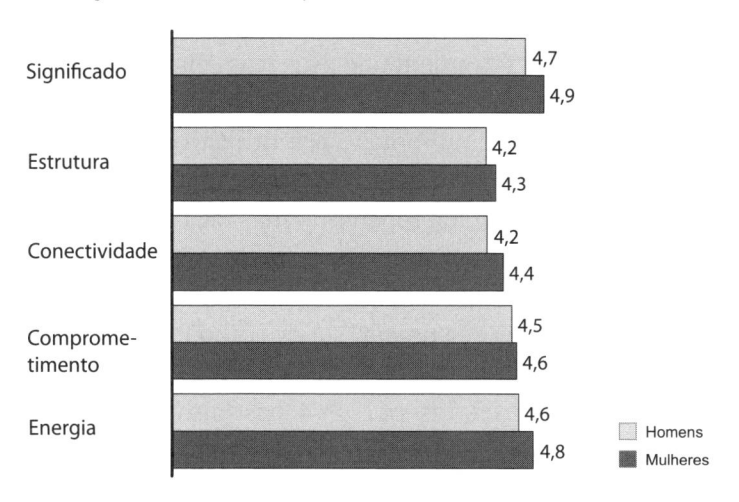

	Homens	Mulheres
Significado	4,7	4,9
Estrutura	4,2	4,3
Conectividade	4,2	4,4
Comprometimento	4,5	4,6
Energia	4,6	4,8

Nota média por prática: 1 = pior, 6 = melhor
(Exemplo: a média feminina marcou 4,9 para significado contra 4,7 dos homens)

[1] Todas as diferenças são significativas, com exceção de comprometimento.

qualidades e inspiração, fluxo, autoconsciência e otimismo aprendido, recuperação, e mesmo reciprocidade (embora tanto homens quanto mulheres possam fazer melhor). O que não sabemos é se temos um viés de seleção por parte das mulheres que responderam a essa pesquisa. Será que elas tiveram uma vantagem inicial nessas áreas ou aprenderam por meio de erros e acertos? E como essa pesquisa abordou mulheres profissionais, não sabemos se as mulheres que não optaram por esse caminho (e cujas informações estão faltando em nossos dados) têm as mesmas vantagens.

Implicações

Embora tenhamos continuado a reunir informações e a evoluir na pesquisa, você pode usá-la de diversas maneiras. Se deseja experimentar a versão atual, pode achá-la no site www.mckinsey.com/howremarkablewomenlead.

Assim como uma ferramenta de avaliação, ela pode ajudar quem está começando a identificar um ponto de partida: quais práticas de Liderança Equilibrada você utiliza com regularidade. Muitas mulheres com quem conversamos concordaram que a Liderança Equilibrada repercute, mas elas não têm certeza se devem focar a atenção nisso primeiro. Essa avaliação ajuda você a tomar essa decisão.

Os capítulos anteriores podem servir como um guia, com dicas úteis baseadas em cada uma das práticas e das habilidades específicas cobertas por esta pesquisa. Você pode também começar a entender como uma prática afeta outra — e achar correlações entre áreas à medida que analisa sua pontuação.

A avaliação permite que você acompanhe seu progresso em obter as habilidades da Liderança Equilibrada. Como poucas dessas habilidades são ensinadas regularmente, não temos a expectativa de que muitas mulheres comecem com notas altas. Mas, ao focar em cada área, você vai perceber que está melhorando; a avaliação da pesquisa pode ajudar a provar isso para si mesma.

Além do mais, incentivamos as empresas a usarem a pesquisa com grupos de funcionários para determinar quais habilidades merecem um investimento em treinamento formal e *coaching*. Diversas empresas com as quais trabalhamos demonstraram interesse em cultivar as habilidades da Liderança Equilibrada em seu pessoal, homens e mulheres. Elas veem essas habilidades de liderança como algo essencial para o sucesso no ambiente incerto e de rápidas mudanças em que vivemos. Você pode ensinar isso para homens e mulheres em toda a empresa a fim de definir o ponto de partida da divisão ou da função. Os resultados da pesquisa podem ser analisados de diferentes maneiras para obter um cenário detalhado das qualidades institucionais atuais e das necessidades de desenvolvimento. Por exemplo, uma empresa percebeu que as mulheres com alto desempenho tinham as piores classificações em práticas que incluem todas as variáveis. Líderes da empresa criaram hipóteses de que as mulheres com ótimo desempenho estavam trabalhando tão duro que não tinham tempo para implementar as práticas que levam ao sucesso e à satisfação. Como resultado, sem intervenção, essas mulheres talentosas estavam fadadas à exaustão. Essa percepção permitiu que a empresa oferecesse às funcionárias de alto desempenho um apoio especial para resolver seus problemas.

A avaliação inicial pode ainda orientar o formato do treinamento formal para os líderes do futuro. Por exemplo, gerentes da linha de frente podem começar com qualidades essenciais, estrutura e voz/presença. À medida que evoluem para posições de médio escalão, é importante enfatizar o comprometimento. E, conforme gerentes de médio escalão avançam para níveis mais seniores, o significado ganha importância fundamental. Cada empresa é diferente, mas a Liderança Equilibrada pode ser definida como um treinamento contínuo de "campo e fórum" que forma e aprimora essas habilidades ao longo do tempo.

Conclusão

Nossa pesquisa até agora começa validando o modelo de quatro formas importantes: ela parece relevante em diferentes culturas; tem uma correlação com satisfação, desempenho e sucesso; favorece as qualidades "femininas" inerentes — qualidades que as líderes mulheres exibem, mas que também os homens estão aplicando a Liderança Equilibrada.

Dito isso, temos muito mais a fazer. No momento em que este livro vai para a gráfica, continuamos a reunir percepções para serem testadas a fim de aprimorar o modelo de Liderança

Equilibrada. Seguimos reunindo informações adicionais para entender os diferentes pontos de partida para homens e mulheres nas empresas. O mais importante, no entanto, é que desejamos entender como o treinamento formal e o *coaching*, junto à autodescoberta e à prática, podem formar as habilidades da Liderança Equilibrada. Também queremos coletar mais dados sobre o impacto concreto das habilidades aumentadas sobre o desempenho, a satisfação e o sucesso. E, para nós, o "prêmio" será a compreensão da mágica que acontece quando dois ou mais elementos trabalham em parceria.

Com isso em mente, que elementos da Liderança Equilibrada mais intrigam você? Como as empresas podem usar este modelo para acelerar o desenvolvimento de suas funcionárias talentosas? Quais são as técnicas de abordagem mais eficientes? Esperamos que você participe conosco desse projeto, à medida que continuamos a desenvolver a Liderança Equilibrada, e possa usá-la para melhor entender e acelerar o desenvolvimento das líderes em todo o mundo e em todas as áreas da vida.

Notas

Parte um: Significado

Capítulo 1: Tudo começa com o significado

30 **no topo da hierarquia das necessidades humanas:** Maslow estudou as pessoas que ele considerava mais saudáveis para descobrir o que motivava os seres humanos. Segundo seu modelo de "hierarquia de necessidades", as pessoas são motivadas de acordo com o grau de satisfação de suas necessidades. O primeiro nível de necessidades é fisiológico: respirar, comer e dormir; o segundo é a necessidade de segurança; o terceiro é o amor e o pertencimento; o quarto é a autoestima. Cada necessidade depende do nível anterior. Maslow observou que as pessoas ficam menos motivadas com a conquista e o respeito se não possuem o amor de suas famílias e de seus amigos em primeiro lugar. A necessidade de nível mais elevado é a autorrealização. Ela pode ser alcançada apenas quando as outras quatro necessidades forem supridas. Ela representa o mais alto nível de crescimento ou de evolução da humanidade. Similar à maneira como definimos significado, a força de motivação da autorrealização é a capacidade de realizar seu maior potencial. Abraham Maslow, *The Farther Reaches of Human Nature* (Nova York: Penguin, 1993).

30 **os elementos significativos de seu trabalho:** Em 2004, a International Survey Research (ISR) perguntou a homens e mulheres de nível sênior quais fatores os levavam a se comprometer mais com seus empregos. Os homens listaram o ritmo de crescimento da carreira, o salário e as recompensas associadas ao trabalho,

além do equilíbrio da jornada de trabalho. As mulheres tinham uma perspectiva completamente diferente: elas citaram a qualidade dos relacionamentos com os colegas, o foco na realização de produtos de qualidade e a comunicação no ambiente de trabalho. Em 2008, o Center for Work-Life Policy fez uma pesquisa sobre mulheres na ciência, na engenharia e na tecnologia e obteve resultados similares. O estudo descobriu que 55% das cientistas mulheres escolheram suas carreiras basicamente porque queriam fazer a diferença no mundo, contra somente 45% dos homens. A pesquisa que realizamos em 2008 para a *McKinsey Quarterly* mostrou que descobrir significado no trabalho é a principal prioridade para as mulheres: elas realizam ações efetivas para encontrar significado com mais frequência que os homens. Seja isso um fenômeno cultural ou genético, é cada vez maior a prova de que as mulheres que trabalham encontram grande significado com isso. "Motivating Men and Women at Work: Relationships vs. Rewards", International Survey Research (www.isrsurveys.com, 2004); Sylvia Ann Hewlett et al., "The Athena Factor", *Harvard Business Review Research Report*, junho de 2008.

30 **coragem para mergulhar fundo:** Pesquisas sugerem que quando fazem coisas significativas, as pessoas são capazes de conquistar mais do que achavam ser possível. Para começar, Edy Greenblatt demonstrou que elas podem ganhar forças não disponíveis em outras situações. Além disso, Tal Ben-Shahar mostra que, quando estão focadas num objetivo específico, as pessoas ficam menos distraídas pelas pequenas questões do dia a dia. Edy Greenblatt, *Restore Yourself: The Antidote for Professional Exhaustion* (Los Angeles: Execu-Care Press, 2009); Tal Ben-Shahar, *Seja mais feliz* (São Paulo: Academia da Inteligência, 2008).

32 **aumento contínuo de felicidade:** Um corpo de pesquisa cada vez maior apoia a noção de que a busca de objetivos mais elevados e o engajamento em atividades significativas podem produzir aumentos duradouros de felicidade. Por exemplo, pesquisadores descobriram que as pessoas que se envolvem em atividades voluntárias de forma regular, ou que demonstram gratidão e perdoam, são mais felizes ao longo do tempo. Sonja Lyubomirsky tem diversos trabalhos interessantes nessa pesquisa. Sonja Lyubomirsky e Kennon Sheldon, "Achieving Sustainable Gains in Happiness: Change Your Actions, Not Your Circumstances", *Journal of Happiness Studies* (2006): 7, 55-86; Sonja Lyubomirsky, *A ciência da felicidade* (Rio de Janeiro: Campus, 2008).

32 **especialista em liderança da psicologia positiva:** Mihály Csikszentmihályi passou anos acompanhando a rotina diária das pessoas e medindo a felicidade, assim como outras circunstâncias da vida. Sua abordagem é uma das melhores técnicas para mensurar cientificamente a felicidade. Ele deu pagers a pessoas de todas as áreas e entrou em contato com elas ao longo do dia, pedindo que relatassem seu nível de felicidade, de modo a obter uma avaliação mais precisa do que as lembranças proporcionariam. Ele estudou o ambiente corporativo para melhor entender como a felicidade afetava as empresas. Sua pesquisa concluiu que a produtividade e a baixa rotatividade de pessoal, principais motores da lucratividade, estão conectadas à felicidade. Para saber mais: Mihály Csikszentmihályi, *Good Business* (Nova York: Penguin, 2004).

32 **definem objetivos maiores para si mesmos:** A teoria de "construção e expansão" de Barbara Fredrickson é baseada na pesquisa que conclui que pessoas felizes e satisfeitas estão mais aptas a aprender novas tarefas e são mais abertas a novas ideias. Isso remete à teoria de Maslow: quando se sentem deprimidas ou ameaçadas, as pessoas se fecham e ficam preocupadas com sua capacidade de continuar a prover suas necessidades básicas. Quando se sentem seguras, conseguem se expandir e correr riscos para aprender. Barbara Fredrickson, "The Value of Positive Emotions", *American Scientist* 91, nº 4 (2003).

32 **bem como a força e a alegria:** Pesquisadores analisaram ensaios escritos por freiras assim que elas entram nos conventos e avaliaram a linguagem e os sentimentos expressos nesse material. Eles descobriram que as freiras mais felizes viveram em média dez anos a mais do que as infelizes. Em comparação, não fumantes viveram apenas sete anos mais do que fumantes. W.V. Friesen, "Positive emotions in early life and longevity: Findings from the nun study", *Journal of Personality and Social Psychology* (2001).

Além de viver mais, as pessoas felizes permanecem mais ágeis e mantêm mais massa muscular à medida que envelhecem. Um estudo de longo alcance acompanhou as atividades físicas de dois grupos de homens: aqueles cujas escolhas de estilo de vida eram coerentes com suas qualidades essenciais e senso de significado e aqueles cujos estilos de vida eram incongruentes. Por exemplo, entre homens que tinham como característica essencial a generosidade, aqueles que praticavam atos de bondade regularmente viviam mais do que os que não praticavam. Homens que viveram de forma coerente eram mais fortes, mais dispostos a subir quatro lances de escadas e viveram mais tempo do que os que não tiveram um estilo de vida adequado. Para saber mais, veja Martin Seligman, *Aprenda a ser otimista* (Rio de Janeiro: Nova Era, 2005); Christopher Peterson, *A Primer on Positive Psychology* (Nova York: Oxford University Press, 2006).

33 **hormônios do estresse reduzidos:** Andrew Steptoe, Jane Wardle e Michael Marmot, "Positive affect and health-related neuroendocrine, cardiovascular, and inflammatory processes", *Proceedings of the National Academy of Sciences*, 8 de março de 2005.

33 **três formas de felicidade:** Tal Ben-Shahar descreve a felicidade como uma "experiência completa de prazer e significado". O prazer, segundo ele, é uma emoção que o deixa feliz no momento — o brilho que você ganha ao comer sua refeição favorita. A experiência da busca de um significado proporciona a felicidade duradoura: o prazer que você afere ao fazer algo que tem grande valor intrínseco para você. Ben-Shahar admite que Seligman e Haidt consideram o comprometimento uma forma de felicidade entre o prazer e o significado; ao contrário, Ben-Shahar considera o engajamento um subcomponente do significado. Tal Ben-Shahar, *Seja mais feliz* (São Paulo: Academia da Inteligência, 2008).

Capítulo 2: Sua própria equação da felicidade

40 **rápido demais para parar e refletir:** As mulheres têm dificuldade em entender o que as deixa felizes. Durante o treinamento de centenas de mulheres em Liderança Equilibrada, uma das perguntas mais comuns que ouvimos era: "E se eu não souber o que me faz feliz?" Para as mulheres que compartilham essa incerteza, diversos exercícios podem ajudar a desenvolver certezas. Para começar, converse com amigos sobre suas qualidades e comece a prestar atenção em como você se sente quando as pratica. Outro exercício é relembrar ótimas experiências que você teve no trabalho e em sua vida pessoal com o objetivo de identificar e de entender o que está por trás delas.

44 **felicidade é igual a:** A equação talvez seja mais útil como um suporte para o raciocínio sobre seu nível de felicidade. O principal insight é que a chave variável que você pode manipular é seu próprio comportamento. Isso é sustentado pelo trabalho de Sonja

Lyubomirsky, autora de *A ciência da felicidade*, que estima que 50% das diferenças na felicidade de uma pessoa para outra podem ser explicadas pela genética (o que Haidt chama de *set point*), 10%, pelas condições e 40%, pelo comportamento. Para saber mais, procure os seguintes livros: Sonja Lyubomirsky, *A ciência da felicidade* (Rio de Janeiro: Campus, 2008); Jonathan Haidt, *Happiness Hypothesis* (Nova York: Basic Books, 2006).

44 **meditação ou terapia comportamental:** Uma palavra sobre meditação. Baseado na evidência relatada por psicólogos e por leigos, a ioga é uma maneira simples, embora poderosa, de avançar rumo à excelência e de possivelmente aumentar seu *set point*. Muitas líderes nos contaram que incluir a ioga em suas rotinas produziu uma melhoria duradoura em seu bem-estar. Algumas foram além e disseram que só conseguiam aguentar a cansativa agenda ou o nível de estresse por causa da ioga. O próprio Haidt trocou a medicina pela ioga como uma solução pessoal mais adequada para encontrar a felicidade com menos efeitos colaterais. Jonathan Haidt, *Happiness Hypothesis* (Nova York: Basic Books, 2006).

44 **voltaram ao nível de felicidade:** O estudo citado analisou 22 ganhadores da loteria, 22 paraplégicos recentes e 29 membros do grupo de controle para ver como a felicidade deles mudou com o tempo. Descobriram que as pessoas que viveram tanto as situações positivas quanto as negativas voltaram em poucos meses a seus níveis originais de felicidade. Brickman, Coates e Janoff-Bulman, "Lottery winners and accident victims: is happiness relative?" *Social Psychology* 36, nº 8 (1978).

45 **"rolo compressor do hedonismo":** O rolo compressor do hedonismo explica por que melhorias em circunstâncias não têm um impacto duradouro na felicidade. O principal raciocínio é que, uma vez que a melhoria de condições acontece — receber um aumento, comprar uma casa nova —, rapidamente nos adaptamos a essa nova regra e então começamos a buscar uma nova conquista ou aquisição. A vantagem é que a rápida adaptação também nos atende bem quando sofremos um revés. O termo é creditado a Michael Eysenck, um psicólogo e pesquisador britânico que comparou a busca convencional a correr numa esteira. Para um bom resumo do raciocínio sobre o rolo hedonista, ver Ed Diener, "Beyond the Hedonistic Treadmill: Revising the Adaptation Theory of Well-Being", *American Psychologist*, 61, nº 4 (maio-junho de 2006): 305-314.

46 **escrever diariamente:** Julia Cameron, *The Artist's Way* (Nova York: Tarcher/Putnam, 1992).

Capítulo 3: Inicie com seus pontos fortes

52 **24 qualidades:** Do site de Martin Seligman, www.authentichappiness.org. O site é gratuito, mas exige que você se inscreva. Uma alternativa disponível está em www.strengthsfinder.com. As definições diferem, mas o objetivo é o mesmo: ajudar você a identificar suas qualidades inatas que devem ser fortalecidas para seu desenvolvimento como líder.

54 **satisfação com o trabalho:** Peterson descreve suas tarefas de turma, nas quais ele pede aos alunos que usem regularmente sua qualidades de maneiras inusitadas e que contem suas impressões. Isso parece comprovar o seguinte: usar suas qualidades naturais pode fazê-la mais feliz. Essa tarefa ajudou os estudantes a descobrirem que arranjar um intervalo para um tomar sorvete no meio do dia era puro prazer, mas dificilmente algo memorável ou duradouro. Ir para uma turma nova era profundamente satisfatório para aqueles estudantes que compartilhavam a qualidade da curiosidade ou o amor pelo aprendizado. Escrever uma carta agradecendo a alguém, e compartilhar isso, foi a satisfação mais poderosa. Christopher Peterson, *A Primer on Positive Psychology* (Nova York: Oxford University Press, 2006).

Capítulo 4: Senso de propósito

60 **um milhão de outras distrações:** Ben-Shahar explica a pesquisa que mostra como ter um objetivo permite que as pessoas se voltem para uma visão mais ampla. As pessoas podem desfrutar o processo de conquistar o objetivo porque sabem o que desejam, e isso faz com que as pequenas questões e decisões diárias sejam menos importantes e exaustivas. Tal Ben-Shahar, *Seja mais feliz* (São Paulo: Academia da Inteligência, 2008).

60 **optar por uma visão mais limitada:** O poder de aprendizado da mente é discutido em *Mindset: The New Psychology of Success*, da professora de psicologia Carol Dweck, da Universidade de Stanford. Ela explica como as pessoas com mentalidade rígida lidam com a vida pensando que suas habilidades e capacidades são predeterminadas. Por outro lado, pessoas com mentalidade próspera acreditam poder conquistar qualquer coisa que desejam desde

que trabalhem duro; você precisa acreditar em seu poder de prosperar e mudar se quiser ser bem-sucedida. Pessoas com mentalidade rígida podem sabotar a si mesmas ao limitar suas possibilidades. Relutantes em tentar táticas não provadas ou em adquirir novas habilidades, são incapazes de amadurecer e têm poucas chances de fornecer soluções criativas. Carol S. Dweck, *Mindset: The New Psychology of Success* (Nova York: Ballantine Books, 2008).

61 **fazer três listas:** Tal Ben-Shahar, *Seja mais feliz* (São Paulo: Academia da Inteligência, 2008).

62 **não gostaram da jornada:** Haidt escreve que o prazer que sentimos ao conquistar um objetivo profissional arbitrário é de fato um alívio do estresse e da pressão, nada tendo a ver com alegria. É semelhante à sensação que você tem quando tira uma mochila pesada das costas depois de andar por uma trilha — e tão transitório quanto. Curiosamente, Shikha Sharma, da ICICI, na Índia, teve um insight parecido: percebeu que a felicidade que sentiu a cada avanço na sua carreira não era duradoura. Jonathan Haidt, *Happiness Hypothesis* (Nova York: Basic Books, 2006).

62 **devem inspirar você:** Ken Sheldon, professor de psicologia social na Universidade de Missouri, estudou o que aumenta a sensação de bem-estar de uma pessoa. Seu foco está na métrica chamada por ele de "autoaceitação", que mede o grau pelo qual as pessoas buscam objetivos de fato significativos. Eles se encaixam em duas categorias:

- Objetivos que envolvem crescimento, conexão e contribuição em vez de dinheiro, beleza e popularidade.
- Objetivos interessantes e importantes do ponto de vista pessoal, em vez de objetivos que as pessoas se sentem pressionadas a perseguir.

K.M. Sheldon e L. Houser-Marko, "Self-Concordance, Goal Attainment, and the Pursuit of Happiness: Can There Be an Upward Spiral?", *Journal of Personality and Social Psychology* 76 (2001): 482-97.

63 **não impressiona os outros:** Em seu livro *Stumbling on Happiness*, o dr. Daniel Gilbert apresenta dados bem interessantes sobre como as pessoas falham em prever sua felicidade futura, principalmente porque confiam em memórias falhas. Temos a tendência a lembrar eventos radicais e a esquecer os normais, o que limita nossa capacidade de imaginar um futuro feliz. Por exemplo, quando nos perguntam sobre atrasos em nossos deslocamentos, não pensamos sobre os pequenos e banais atrasos diários. Nós

nos lembramos do dia em que um acidente deu um nó no trânsito por três horas. Seu conselho é confiar na experiência dos outros para criar a visão de um futuro feliz. Imaginar você mesma num tipo diferente de trabalho. Experimente, por exemplo, conversar com pessoas que estão fazendo o que você acha que quer fazer. Daniel Gilbert, *Stumbling on Happiness* (Nova York: Knopf, 2006).

Capítulo 5: Caçadora de sonhos

66   **Ken Kiesler:** Kenneth Kiesler foi diretor de orquestras e professor de regência na Universidade de Michigan desde 1995. Ele também é fundador e diretor do Conductors Retreat em Medomak, o programa de que Alondra participou.

Parte dois: Estrutura

Capítulo 6: Uma questão de estrutura

76   **otimismo está conectado ao sucesso:** Nós conduzimos uma pesquisa com executivos de todo o mundo, que mensurou as atitudes e as práticas de Liderança Equilibrada, junto com noções de satisfação, desempenho e sucesso (por exemplo, número de promoções e de posição em relação a seus colegas). Descobrimos uma nítida correlação entre essas variáveis. Análises dos dados sugerem que homens e mulheres com as notas mais altas nas práticas de Liderança Equilibrada se sentem mais satisfeitos e são mais bem-sucedidos.

77   **dando um mergulho emocional:** Uma pesquisa sobre o cérebro mostra que as memórias são organizadas em grupos de incidentes afins. Isso significa que fatos negativos são guardados juntos, e lembrar um fato negativo pode disparar uma sequência de outras memórias negativas. Isso causa o fenômeno "declínio" que descrevemos. Você pensa numa péssima reunião que teve uma hora atrás e então se lembra de outras reuniões ruins que teve ao longo dos anos, e então da discussão de alguns dias atrás com seu marido, e então dos gritos que deu pela manhã com seus filhos. Antes que se dê conta, você se sente diminuída, acreditando que ninguém gosta de você e que vai ser demitida. Susan Nolen-Hoeksema, *Mulheres que pensam demais* (Alegro BB, 2003).

80   **através de três lentes:** Em seu livro *Aprenda a ser otimista*, Seligman descreve três lentes relativas ao otimismo que as pes-

soas usam para enxergar uma situação. A primeira lente é sobre quão permanente uma situação é. Otimistas veem situações positivas como permanentes e situações negativas como temporárias. A segunda lente é a persistência. Otimistas veem boas situações como duradouras e situações ruins como incidentes isolados. A terceira lente é como uma pessoa percebe a situação pessoalmente. Otimistas veem situações positivas como sob seu controle, mas veem os fatos negativos como incidentes externos, fora de controle. Seligman relata que as pessoas não usam cada lente de forma consistente. Por exemplo, você pode ver situações negativas como temporárias e também como culpa sua. Portanto, saber sua tendência com cada uma das três lentes para situações negativas e positivas pode ajudá-la a evitar uma crise. Você pode achar as avaliações de Seligman sobre otimismo no site: www.authentichappiness.org. Martin Seligman, *Aprenda a ser otimista* (Rio de Janeiro: Nova Era, 2005).

82 **percepção de mundo (de uma pessoa) é geneticamente determinada:** Sonja Lyubomirsky e seus colegas pesquisaram o quanto a felicidade de uma pessoa por ser explicada pela genética. Ao fazer centenas de análises com familiares e outras variáveis, eles descobriram que 50% do nível de felicidade de uma pessoa pode ser explicado pela genética. Se você se sente feliz a maior parte do tempo, deveria agradecer a seus pais. Sonja Lyubomirsky, *A ciência da felicidade* (Rio de Janeiro: Campus, 2008).

83 **depressão moderada ou até mesmo severa:** Susan Nolen-Hoeksema estudou a depressão e a ansiedade em mulheres durante anos e tem analisado estudos de todas as partes do mundo para ver se a grande tendência feminina à depressão é um fenômeno global. Ela descobriu que as mulheres têm mais chances de sofrer de depressão do que os homens, em nível global. Susan Nolen-Hoeksema, *Mulheres que pensam demais* (Alegro BB, 2003).

83 **criatividade em resolver problemas:** De acordo com a teoria de "construção e expansão" de Barbara Fredrickson, quando sentem emoções positivas (como alegria, interesse, orgulho, contentamento), as pessoas são capazes de ampliar sua maneira de pensar e seu leque de ações, o que fortalece as capacidades pessoais. Essas capacidades — físicas, sociais, intelectuais e psicossociais — duram mesmo depois que os sentimentos positivos desaparecem e podem ajudar a criar situações positivas no futuro. Basicamente, os sentimentos positivos ajudam as pessoas a aprender e a se desenvolver, enquanto os sentimentos negativos

fazem com que as pessoas regridam. Num estudo, Fredrickson descobriu que as pessoas eram menos dadas a acreditar em estereótipos quando eram felizes, porque eram mais abertas e curiosas. Em outro estudo, ela percebeu que grupos expostos a vídeos bem-humorados ficavam mais dispostos a colaborar numa solução criativa para um problema difícil, ao contrário de grupos de controle e daqueles expostos a vídeos depressivos. Curiosamente, Fredrickson também destacou que uma série de estudos que analisam a diversão em animais descobriu que a brincadeira fortalece habilidades que seriam úteis para os animais em outros momentos, o que fornece uma explicação evolutiva para essa teoria. Barbara Fredrickson, *Positive Organizational Scholarship* (San Francisco: Berrett-Koehler, 2003).

85 **pessoas com posturas flexíveis:** Em *Mindset: The New Psychology of Success*, Carol Dweck define dois tipos de atitudes: atitudes de crescimento e fixas. Pessoas com atitudes de crescimento têm mais chances de vencer na vida, segundo a pesquisa. Elas se veem como um projeto em andamento; acreditam que podem aprender a fazer qualquer coisa desde que trabalhem duro e com comprometimento. Pessoas com atitudes fixas acreditam que suas habilidades são predeterminadas e que não há nada que possa mudar suas circunstâncias. Consequentemente, são menos motivadas a aprender novas habilidades porque não acham que isso vai mudar as circunstâncias. Carol Dweck, *Mindset: The New Psychology of Success* (Nova York: Ballantine, 2007).

85 **pessoas com posturas rígidas:** Carol Dweck, *Mindset: the New Psychology of Success* (Nova York: Ballantine, 2007), p. 110.

Capítulo 7: A prática do otimismo

95 **programado nos cérebros humanos pré-históricos:** Haidt descreve como a evolução pode ter feito o pessimismo (ou pelo menos o gatilho rápido para o pessimismo) se tornar uma característica naturalmente selecionada. Visualize nossos ancestrais: aqueles que sobreviveram viraram predadores e rapidamente se lembraram de como os antigos predadores eram perigosos para sua sobrevivência. Os ancestrais pessimistas fugiam da ameaça porque acreditavam que o pior fosse acontecer. Os ancestrais mais otimistas que acreditavam que o último ataque tinha sido um incidente isolado tinham mais chances de ser

devorados. Nossos ancestrais otimistas tinham menos chances de perpetuar a espécie. E assim o pessimismo virou um estado de espírito facilmente alcançável para a maior parte das pessoas. Jonathan Haidt, *Happiness Hypothesis* (Nova York: Basic Books, 2006).

95 **programadas para pensar:** Outra indicação de que as mulheres são programadas para pensar consiste no fato de que flui mais sangue na parte anterior do sistema límbico do cérebro feminino do que na do cérebro masculino. É essa região que nos faz rememorar coisas. Por exemplo, quando nos lembramos de uma conversa, é o sistema límbico anterior que captura essa informação e a traz para nossa consciência. A diferença no fluxo sanguíneo significa que as mulheres reencenam fatos do passado com muito mais frequência do que os homens. Isso pode ser uma ferramenta incrivelmente poderosa. Durante as explicações em reuniões, por exemplo, as mulheres são bem melhores em reencenar do que os homens. No entanto, podem reencenar repetidamente experiências desagradáveis. Diversos estudos descobriram que as mulheres estão mais propensas do que os homens a "pensar demais" ou a reviver situações negativas em sua mente. Michael Gurian e Barbara Annis, *Leadership and the Sexes* (San Francisco: Jossey-Bass, 2008).

97 **as caraminholas em seu cérebro aumentam:** Susan Nolen-Hoeksema descreve três tipos de ruminação em *Mulheres que pensam demais*: ataque de raiva, com vida própria e por overdose de pensamentos caóticos. A ruminação do tipo ataque de raiva acontece quando você se fixa em algo que a magoou. Você cataloga ofensas e imagina como pode se vingar. A ruminação com vida própria ocorre quando você começa a pensar sobre como está se sentindo no momento, mas subitamente descobre que seus pensamentos a ultrapassaram — o que transforma um pensamento sobre seu cansaço numa preocupação sobre uma doença grave. A terceira categoria de ruminação é caótica: todos os problemas e as preocupações simplesmente inundam sua mente ao mesmo tempo. Você não sabe por onde começar a lidar com eles e se sente totalmente sobrecarregada. Susan Nolen-Hoeksema, *Mulheres que pensam demais* (Alegro BB, 2003).

97 **Vamos começar com duas técnicas:** Discussão é uma das técnicas básicas que Seligman usa neste livro. Martin Seligman, *Aprenda a ser otimista* (Rio de Janeiro: Nova Era, 2005).

101 **encontrar grande serenidade:** O psicólogo Christopher Peterson realizou com suas turmas de faculdade um exercício em que pediu que escrevessem bilhetes de perdão. No estudo, notou que "aqueles que perdoaram são muito mais serenos do que aqueles que não perdoaram, e apresentam muitas outras qualidades positivas". Christopher Peterson, *A Primer on Positive Psychology* (Nova York: Oxford University Press, 2006).

Capítulo 8: Partindo para outra

103 **ouvem apenas as críticas:** A pesquisa descrita em *Women Don't Ask* mostrou que a autoestima de uma mulher varia mais em relação a um feedback do que a de um homem. Essa diferença é atribuída ao fato de que as mulheres são mais propensas a ter um *locus* de controle externo — elas acreditam que não podem controlar o que acontece a elas. Quando algo ruim acontece, como uma crítica negativa, elas acham que não há nada que possam fazer a respeito e se sentem péssimas. Uma pessoa com um *locus* de controle interno não se sente tão mal porque acredita que havia algo que poderia fazer para mudar a situação. Linda Babcock e Sara Laschever, *Women Don't Ask* (Nova York: Bantam, 2009).

110 **preveja todos os resultados possíveis:** Nós usamos uma abordagem de reestruturação baseada no trabalho de Andrew Shatte e Karen Reivich, autores de *The Resilience Factor: 7 Keys to Finding Your Inner Strength and Overcoming Life's Hurdles* (Nova York: Broadway, 2003). O livro da dupla sugere que as pessoas podem se tornar mais resilientes ao mudar sua maneira de pensar. Para Shatte e Reivich, existem sete estratégias que as pessoas podem usar, e eles oferecem exercícios específicos e exemplos para ajudá-las a colocar essas estratégias em prática em sua vida cotidiana.

111 **de diferentes perspectivas:** Andrew Shatte e Karen Reivich, *The Resilience Factor: 7 Keys to Finding Your Inner Strength and Overcoming Life's Hurdles* (Nova York: Broadway, 2003).

Capítulo 9: Pronta para mudar

115 **Adaptabilidade é certamente uma exigência:** Christine frequentou uma escola particular nos Estados Unidos e tem um diploma de inglês, além de ter cursado direito na Universidade de Paris. Ela foi trabalhar na Baker & McKenzie em 1980 e, dez anos depois, tornou-se a primeira mulher a presidir o comitê executi-

vo da empresa. Comandou a parceria até junho de 2005, quando houve a fusão dos escritórios de Nova York com outra empresa. Naquele momento, Christine recebeu a indicação para se tornar ministra do comércio do antecessor de Nicolas Sarkozy, Jacques Chirac. Ela também foi condecorada com a Legião de Honra.

119 **fracassam em lidar com os desafios da adaptação:** Heifetz e Linsky argumentam que as líderes precisam estar preparadas para comandar desafios adaptáveis, que são aqueles para os quais ainda não existe uma resposta ou solução. Esses são os desafios mais difíceis, porque tentar resolver um problema que nunca foi solucionado antes é arriscado. Isso exige acreditar no intangível, estar confortável com a possibilidade de falhar na primeira vez, saber que vai incomodar os outros à medida que implementar mudanças, além de ser desconfortável. Para Heifetz e Linsky, a adaptabilidade é uma exigência para o sucesso. Martin Linsky e Ronald A. Heifetz, *Leadership on the Line* (Cambridge, MA: Harvard Business School Press, 2002).

119 **"na pista de dança":** Martin Linsky e Ronald A. Heifetz, *Leadership on the Line* (Cambridge, MA: Harvard Business School Press, 2002).

121 **procure a oposição:** Heifetz e Linsky argumentam que as pessoas que pensam politicamente sobre relacionamentos pessoais terão mais sucesso como líderes. Eles sugerem especificamente seis regras para líderes em formação usarem quando desafiados: (1) Encontre padrinhos que forneçam proteção; (2) Mantenha-se próximo de sua oposição, já que eles têm mais a perder; (3) Assuma a responsabilidade por seu papel nas reviravoltas e rompimentos causados pela mudança; (4) Reconheça as perdas das outras pessoas à medida que as coisas que são conhecidas por elas começarem a mudar; (5) Seja um modelo exemplar da mudança que você está tentando promover; (6) Aceite que você terá que dispensar algumas pessoas para que a mudança funcione. Martin Linsky e Ronald A. Heifetz, *Leadership on the Line* (Cambridge, MA: Harvard Business School Press, 2002).

Parte três: Conectividade

Capítulo 11: Um caminho para a integração

135 **redes de relacionamentos e mentores fortes:** Monica Higgins e Kathy Kram, "Reconceptualizing Mentoring at Work: A Develop-

mental Network Perspective", *Academy of Management Review* 26, nº 2 (2001): 264-88.

136 **instintos de sobrevivência ancestrais:** A reação das mulheres de procurar a proteção de amigos e parentes (*tend and befriend*, em inglês) para reduzir o estresse é uma descoberta recente. Até Shelley Taylor começar a pesquisar o estresse, 90% dos estudos sobre o tema foram conduzidos em homens. Quando estão estressados — quando seus sistemas parassimpáticos estão comprometidos e seus corpos começam a se preparar para "lutar" ou para "imobilizar-se" —, os homens eles conseguem se acalmar ao liberar a agressão que sentem com o aumento da testosterona. Uma técnica comum é respirar fundo para diminuir os batimentos cardíacos. O trabalho de Taylor mostra que, como a reação parassimpática dispara diferentes hormônios nas mulheres, elas precisam de um mecanismo diferente para se acalmar. Precisam estar ao redor de pessoas e se preocupar com os outros. Suas ideias têm sentido do ponto de vista evolutivo e têm recebido apoio de múltiplos estudos. Shelley E. Taylor, *The Tending Instinct: Women, Men, and the Biology of Relationships* (Nova York: Times Books, 2002).

137 **tomar conta do grupo:** Como as mulheres têm filhos para cuidar, reunir-se em grupos com outras mulheres e crianças foi com frequência a melhor estratégia de sobrevivência, assim teorizam os biólogos evolucionistas. A tendência das mulheres de se agrupar faz sentido nesse contexto: seus filhos não teriam sobrevivido para se reproduzir se não fosse assim. Shelley E. Taylor, *The Tending Instinct: Women, Men, and the Biology of Relationships* (Nova York: Times Books, 2002).

139 **coloca as mulheres em desvantagem:** Babcock e Laschever resumem a pesquisa sobre mulheres e redes de relações em seu livro *Women Don't Ask*. Outras fontes oferecem uma visão diferente: que as mulheres são tão boas quanto os homens em criar redes de relacionamentos. Para incrementar a discussão, nossa experiência em treinar homens e mulheres de todo o mundo reforça a conclusão geral de que as mulheres preferem aprofundar as relações, o que diminui suas redes em comparação aos homens. Linda Babcock e Sara Laschever, *Women Don't Ask* (Nova York: Bantam, 2007).

139 **mulheres não dedicam o tempo:** O artigo de Ibarra e Hunter relaciona como diversos executivos com quem eles trabalharam alegam não ter tempo para se relacionar. É quase sempre difícil

para as pessoas ver como o ato de se socializar pode na verdade reduzir a carga de trabalho, e, até que você invista de forma consistente na atividade, você não desfrutará de nenhum benefício. Embora esse artigo não defenda a diferença de gênero no que diz respeito à socialização, uma pesquisa separada sobre mulheres que trabalham e assumem o "expediente duplo" de cuidar da casa e dos filhos afirma que elas são mais propensas a achar que não têm tempo para socializar. Herminia Ibarra e Mark Hunter, "How Leaders Create and Use Networks", *Harvard Business Review*, janeiro de 2007.

141 **Mulheres com mentores:** Um estudo com mulheres negras feito pela Catalyst descobriu que 69% das mulheres com um mentor tiveram progresso na carreira nos três anos seguintes, contra 49% das mulheres sem mentor. As descobertas desse estudo foram replicadas em outros locais, sugerindo que os mentores são uma forma importante de as mulheres elevarem seu jogo. Pesquisa Catalyst, www.catalyst.org.

Capítulo 12: A empresa como sua família

150 **mulheres entendem mais:** Relatórios de pesquisas mostram que as mulheres são melhores em captar mensagens não ditas do que os homens. Elas leem expressões faciais e posturas corporais que os homens sequer percebem. Michael Gurian e Barbara Annis, autores de *Leadership and the Sexes*, realizam um exercício em que pedem a homens e mulheres que escrevam tudo de que se lembram dos últimos vinte minutos de uma reunião. As mulheres sempre lembram e compreendem muito mais a dinâmica da sala e o que estava acontecendo do que os homens. Michael Gurian e Barbara Annis, *Leadership and the Sexes* (San Francisco: Jossey-Bass, 2008).

150 **fontes de informação adicionais:** O trabalho de Goleman sobre inteligência emocional (IE) diz que, assim como o nível de inteligência, a IE de uma pessoa é uma grande contribuição para o sucesso. Basicamente, a IE resume quão bem a pessoa pode "ler" as emoções dos que estão à sua volta. A pesquisa de Goleman sugere que as pessoas com uma inteligência emocional maior tomam decisões melhores do que aquelas com baixos níveis de IE. Ele afirma que para ser um bom líder você precisa ter uma IE elevada. Daniel Goleman, "What Makes a Leader", *Harvard Business Review*, janeiro de 2004.

Capítulo 13: A reciprocidade forma relacionamentos

154 **realizadas em grandes grupos:** Discurso do dr. Roy Baumeister, chamado "Existe algo de bom sobre os homens?" e feito na Associação Americana de Psicologia. Trata-se de leitura agradável, mas provocativa, na qual Baumeister afirma que as estruturas corporativas favorecem os homens programados para desenvolver redes de relações amplas e superficiais.

154 **mulheres que em sua rotina praticam a reciprocidade:** Nossa pesquisa sobre Liderança Equilibrada descobriu que o uso da reciprocidade em casa pelas mulheres não é transferido para o ambiente profissional. Entrevistas qualitativas sugerem uma explicação possível: mulheres que usam da reciprocidade com pessoas queridas se sentem falsas no trabalho. Quando redefinida como generosidade, mais mulheres entendem a questão. O que ofende a maioria são os aspectos comerciais e negociáveis da reciprocidade.

154 **a "cola que mantém":** Jonathan Haidt, *Happiness Hypothesis* (Nova York: Basic Books, 2006).

159 **nosso ancestrais aprenderam:** "Não existe sociedade humana que não siga essa regra", diz Robert Cialdini sobre reciprocidade. Isso parece caracterizar muitas culturas. A necessidade de pagar dívidas e de fazer contribuições pode ser parte do que nos torna humanos, segundo diversos antropólogos e outros pesquisadores. Robert Cialdini, *Influence: The Psychology of Persuasion* (Nova York: Collins Business Essentials, 2007).

Capítulo 14: A trama que você tece

164 **voz bem conhecida:** Carolyn Buck Luce trabalhou num banco de investimento por 17 anos antes de ir para a Ernst & Young. Ela também é cofundadora e presidente do grupo de trabalho Hidden Brain Drain, uma iniciativa público-privada para definir políticas de segunda geração para estimular o aproveitamento pleno das mulheres no ambiente de trabalho. Eles publicaram quatro artigos na Harvard Business Review. Carolyn também dá aulas na Universidade de Columbia.

169 **"interesse ativo":** Discurso de Monica Higgins para as mulheres da McKinsey em Nova York, em janeiro de 2008.

172 **aumentar a abrangência:** Uzzi e Dunlap usam o exemplo de Paul Revere para ilustrar o poder de uma rede diversificada. Todo mundo sabe quem é Paul Revere, mas ninguém conhece William

Dawes. Ambos galoparam pelo campo para soar o alarme avisando que a guerra de independência dos Estados Unidos tinha começado. No entanto, por Revere ter uma rede de relacionamentos mais diversa, seu aviso se espalhou mais rapidamente e para um grupo maior de pessoas. Brian Uzzi e Shannon Dunlap, "How to Build Your Network", *Harvard Business Review*, dezembro de 2005.

172 **planejando uma transformação profissional:** Em seu trabalho, Herminia Ibarra, diretora da Iniciativa de Liderança do Insead, destaca a importância do acesso a novas conexões para promover transformações profissionais. É importante entrar em contato com pessoas de fora do ambiente de trabalho. Não é que seus colegas não tentarão ajudá-la, mas eles já a conhecem no contexto de seu atual emprego. Outros podem ajudar você a ter uma nova perspectiva. Herminia Ibarra, "How to Stay Stuck in the Wrong Career", *Harvard Business Review*, dezembro de 2002.

172 **significativamente mais influentes:** Uma pesquisa sobre os benefícios dos relacionamentos informais e formais demonstrou que as relações informais são as maiores aceleradoras de carreira. Mentores formais (induzidos pela empresa) são em geral menos motivados, e as lições de *coaching* entre mentor e "aluno" são menos eficientes. Eles sem querer criam uma dinâmica em que o mentor tende a demonstrar menos publicamente seu apoio relacionamento ser visível. Apesar do fato de que as mulheres têm dificuldades para construir relações informais, a pesquisa sugere que vale a pena se esforçar mais. Belle Rose Ragins e John L. Cotton, "Mentoring Functions and Outcomes", *Journal of Applied Psychology* 84, nº 4 (1999): 529-50.

173 **todas as possíveis conexões:** Keith Ferrazzi, pessoa que tira muito de suas redes de relacionamentos, escreveu um livro onde descreve todas as técnicas que usa quando está se relacionando. Considerar sistematicamente sua rede e como ela pode ser ampliada é um dos exercícios que ele descreve em seu livro *Never Eat Alone* (Nova York: Random House, 2005).

173 **São necessárias diversas interações:** Algumas pessoas desenvolveram regras práticas e úteis para construir relacionamentos. A primeira regra de Ferrazzi é que as pessoas precisam ouvir de você em pelo menos três tipos de comunicação (como ao vivo, por telefone e por e-mail) antes de começar a se lembrar de quem você é. A segunda regra é cultivar novos relacionamentos com contatos mensais. A terceira é que transformar o colega de tra-

balho num amigo exige diversos encontros fora do escritório. Ele também sugere que manter uma conexão exige pelo menos dois contatos por ano. Keith Ferrazzi, *Never Eat Alone* (Nova York: Random House, 2005).

Capítulo 15: Nos ombros dos padrinhos

178 **ela se considera uma pessoa de sorte:** Ruth nos contou que eram seus padrinhos Parker Gilbert, Dick Fisher, Bob Greenhill, Eric Gleacher, John Mack, Joe Perella e Vikram Pandit. Quem é da área de bancos de investimentos vai reconhecer esses famosos executivos de Wall Street. Poucas mulheres citaram mais de dois padrinhos, portanto não se chateie se sua lista for pequena.

181 **ela é vista como uma pessoa direta demais:** Num estudo, pesquisadores mostraram diversas declarações a várias pessoas, algumas bastante arrogantes. Pediram então que fossem dadas notas sobre o que acharam do autor de tais declarações, baseando-se nas frases e em outros fatores pessoais, inclusive sexo. As pessoas gostaram menos desses arrogantes personagens fictícios masculinos e femininos, mas no caso das mulheres a rejeição foi maior: 42% delas gostaram menos dos femininos do que dos masculinos. Linda Babcock e Sara Laschever, *Women Don't Ask* (Nova York: Bantam, 2007).

181 **com frequência desdenham de uma mulher:** A capacidade do padrinho de fornecer proteção para líderes em ascensão pode ser crucial. À medida que a mulher consegue mais poder, ela corre mais o risco de ser estereotipada de forma negativa. Pesquisas mostram que mulheres assertivas não são muito populares, mas homens assertivos não sofrem da mesma falta de popularidade. A simpatia é importante porque aumenta a influência de quem a tem. Como Babcock e Laschever destacaram, "a questão da 'simpatia' pode colocar a mulher numa situação difícil, porque ter autoconfiança, assertividade e pedir diretamente o que você deseja são fatores frequentemente necessários para vencer na vida". Linda Babcock e Sara Laschever, *Women Don't Ask* (Nova York: Bantam, 2007).

181 **defendem e reclamam:** Não acredita que isso pode acontecer com você? Dê uma olhada nesse estudo recente: pessoas que disseram acreditar não ter preconceito de gênero tiveram que avaliar uma série de líderes. Elas geralmente classificavam as líderes como mais mandonas, emotivas e controladoras, mesmo que os

líderes de ambos os sexos fossem atores que seguem o mesmo roteiro. Até que a igualdade de gênero em posições seniores de liderança seja verdadeira, tenha em mente que as mulheres possuem um leque mais estreito de estilos aceitáveis de liderança. Ter um padrinho ajuda. É reconfortante saber que alguém está lembrando as outras pessoas de que sua atuação como uma chefe completa não faz de você a "dona do pedaço". Linda Babcock e Sara Laschever, *Women Don't Ask* (Nova York: Bantam, 2007).

181 **padrinho pode ser precioso:** Mentores e padrinhos podem ser úteis para as mulheres aprenderem detalhes que as ajudará a navegar entre a política da empresa, as normas, os padrões e valores, a ideologia e a história da empresa; as habilidades e competências necessárias para o sucesso; os caminhos para prosperar e as armadilhas escondidas que precisam ser evitadas; métodos aceitáveis de ganhar visibilidade; e bloqueios característicos. R. Burke e C. McKeen, "Mentoring in Organizations: Implications for Women", *Journal of Business Ethics* 9 (1990): 317-32.

Parte quatro: Comprometimento

Capítulo 17: Ultrapassando o limite

201 **analisar todas as situações:** Linda Babcock e Sara Laschever passaram anos aperfeiçoando técnicas que podem ajudar as pessoas a ter sucesso na hora de pedir e chegar aonde desejam. Elas descrevem a técnica que mencionamos aqui. Visualizar a situação e planejar como ela se desenrolará dali a algum tempo diminui seu estresse momentâneo, o que permite maior eficiência. Linda Babcock e Sara Laschever, *Ask for It: How Women Can Use the Power of Negotiation to Get What They Really Want* (Nova York: Bantam, 2009).

203 **consideram isso parte do pacote:** Existem muitos estudos sobre liderança que demonstram a importância de correr riscos. Heifetz e Laurie fazem um ótimo trabalho ao descrever a importância de ser capaz de correr riscos em suas discussões de liderança adaptável. Novos desafios são problemas ou questões que não têm solução ou resposta conhecida. Resolvê-las pressupõe riscos — não dá para saber se sua resposta a um desafio adaptável terá sucesso. Ainda assim, líderes que não reagem com eficácia ao assumir os riscos necessários têm mais chances de fracassar. É por isso que aprender a correr riscos é tão importan-

te para as líderes. Ronald Heifetz e Donald Laurie, "The Work of Leadership", *Harvard Business Review*, dezembro de 2001.

204 **mesmo nas situações negativas:** A pesquisa de Gilbert mostrou que as pessoas superestimam a possibilidade de que assumir riscos vai deixá-las infelizes, então preferem se manter na situação atual, apesar do fato de que aquelas que correm riscos no final são mais felizes. Quando perguntam a pessoas idosas o que elas mais lamentam em suas vidas, elas citam sempre os riscos que não correram, não o contrário. No entanto, essa cautela inerente é provavelmente uma característica cultivada ao longo dos anos; medos profundos ocultos nas profundezas. Nossos ancestrais que evitaram os riscos dos predadores tinham mais chances de sobreviver. O desafio é as pessoas perceberem que os riscos de "vida ou morte" que fazem a cautela disparar não são os mesmos riscos que enfrentamos na sociedade moderna. Daniel Gilbert, *Stumbling on Happiness* (Nova York: Vintage, 2007).

Capítulo 18: Levante-se e coloque sua opinião

208 **se posicionarem:** A despeito de numerosos estudos que sugerem que as mulheres têm dificuldades em pedir o que querem, elas não têm problemas em pedir coisas em benefício de terceiros. Mães não hesitam em pedir coisas de que seus filhos precisam, e mulheres de negócios e advogadas não veem problemas em advogar em nome de suas empresas ou de seus clientes. Linda Babcock e Sara Laschever, *Women Don't Ask* (Nova York: Bantam, 2007).

208 **se alguém mais perceber:** Por que é tão importante para as mulheres serem reconhecidas sem precisar pedir reconhecimento? Conforme Deborah Tannen notou em seu livro *Talking from Nine to Five*, "para as norte-americanas de classe média, o constrangimento é claro: falar sobre suas próprias conquistas de uma forma que chame a atenção não é aceitável. Garotas devem ser modestas, e não tentar se destacar. Devem enfatizar o fato de que são como qualquer outra pessoa e de que não têm nada de especial." No livro *Necessary Dreams*, Anna Fels destacou que essas expectativas continuam quando as meninas se tornam mulheres. É como se as mulheres estivessem violando as normais sociais de seu sexo ao se preocupar com suas necessidades ou ao pedir reconhecimento. Deborah Tannen, *Talking from Nine to Five: Men and Women at Work* (Nova York: Harper, 1995); Anna Fels, *Necessary Dreams: Ambition in Women's Changing Lives* (Nova York: Anchor, 2005).

208 **o máximo de seus ganhos:** Linda Babcock e Sara Laschever, *Women Don't Ask* (Nova York: Bantam, 2007).

212 **encontrar o tom certo:** Marshall Rosenberg é fundador do Centro para Comunicação Não Violenta e autor de *Nonviolent Communication: a Language of Life*. A técnica de Rosenberg ensina os usuários a se expressarem com honestidade e com clareza, mas também com respeito e empatia pela outra pessoa. Além disso, isso ajuda o usuário a cristalizar e articular o que deseja na situação. Praticar essa forma de comunicação é uma boa maneira para as mulheres se expressarem com uma autenticidade que funciona no ambiente profissional. Marshall Rosenberg, *Nonviolent Communication: a Language of Life* (Encinitas, CA: Puddledancer Press, 2003).

214 **não a comprometa:** O livro de William Ury esboça uma estratégia simples que pode fazer cair por terra um mal-entendido comum que prega que dizer "não" tem uma conotação negativa. Uma vez que você aprende a dizer "não" de forma positiva, você para de tentar evitá-lo, atacá-lo ou esquecê-lo quando está diante de uma situação em que precisa dizer não. Quem não se beneficiaria com isso? William Ury, *O poder do não positivo* (Rio de Janeiro: Campus, 2007).

215 **está aberta e vulnerável:** Otto Scharmer propõe quatro níveis de escuta: em que se espera para falar (quando você não está de fato escutando, mas se preparando para o que vai dizer a seguir); em que se escuta para entender o que não conhece; em que se escuta com o coração os sentimentos de outra pessoa; e em que se está totalmente presente. Quando está escutando com o coração e talvez com sua presença total, você vai demonstrar linguagem corporal mais livre (como mãos à vista e relaxadas), expressões faciais positivas e outros sinais que comunicam sua total abertura. Otto Scharmer, *Teoria U: Como liderar pela percepção e realização do futuro emergente* (Rio de Janeiro: Campus, 2010).

Capítulo 19: Faça sua própria sorte

218 **você sabe que tem o poder:** O livro de Carol Dweck descreve como as pessoas que acreditam que podem fazer sua própria sorte — pessoas com atitudes de crescimento — ficam energizadas e motivadas por feedbacks. O fracasso não as atrapalha porque elas sabem que ele é parte do aprendizado. Dweck apresenta um exemplo de crianças tentando resolver quebra-cabeças compli-

cados. As que tinham uma atitude de crescimento e um *locus* de controle interno adoraram a experiência de serem desafiadas e mal podiam esperar por mais. Carol Dweck, *Mindset: The New Psychology of Success* (Nova York: Ballantine, 2007).

221 **locus de controle interno:** Na década de 1950, o psicólogo Julian B. Rotter desenvolveu uma teoria de aprendizado social segundo a qual nossas personalidades são determinadas pela maneira como nos envolvemos com a sociedade, bem como pelos fatores psicológicos. De acordo com essa teoria, que foi publicada em 1966, as pessoas que possuem um *locus* de controle interno são motivadas pela conquista, enquanto que as pessoas com um *locus* de controle externo geralmente obedecem às outras.

221 **tendem a ser mais confiantes:** Carol Dweck, *Mindset: The New Psychology of Success* (Nova York: Ballantine, 2007).

222 **conseguindo melhores acordos:** Embora a pesquisa que estamos citando aqui não comprove que o conhecimento comparativo transforme um *locus* de controle externo num *locus* de controle interno, o estudo de fato sugere que as mulheres são mais propensas a agir em seu benefício quando são explicitamente avisadas de que outras pessoas estão fazendo a mesma coisa. Pesquisadores compararam os resultados de negociadores de ambos os sexos e sob variadas circunstâncias. Numa delas, os negociadores não souberam de nada antes. Numa segunda situação, foi dito a eles que podiam negociar se assim o quisessem. Em todas as situações homens se saíram melhor do que as mulheres, com exceção da circunstância em que disseram explicitamente às mulheres o que as outras pessoas conseguiram em negociações anteriores. Linda Babcock e Sara Laschever, *Women Don't Ask* (Nova York: Bantam, 2007).

224 **mulheres admiram homens ambiciosos:** Em seu livro *Necessary Dreams*, a psicóloga Anna Fels fala sobre como as mulheres odiavam a palavra ambição quando era aplicada a elas, mas admiravam nitidamente essa qualidade nos homens. Em nossas sessões de treinamento, percebemos um fenômeno similar. As mulheres que conhecemos tinham dado duro a vida inteira, formando-se nas universidades de ponta com extensas conquistas extracurriculares. Ainda assim, não queriam ser vistas como ambiciosas. Anna Fels, *Necessary Dreams* (Nova York: Anchor, 2005).

224 **características do estereótipo masculino:** O Bem Sex Role Inventory (BSRI) fornece avaliações independentes amplamente utilizadas da percepção dos papéis masculino e feminino numa

pesquisa com sessenta atributos. Publicada em 1974, ela usa duas listas de adjetivos, uma para papéis de gênero relacionados ao masculino e outras para papéis de gênero relacionados ao feminino. A lista voltada para as características masculinas inclui autoconfiança, personalidade forte, vigor, independência, raciocínio analítico, defender seu ponto de vista, ser atlético, assertividade, ter habilidades de liderança, ter disposição para correr riscos, tomar decisões com facilidade, autossuficiência, dominância, disposição a se posicionar, agressividade, agir como um líder, individualidade, competitividade e ambição.

224 **raramente descrevemos líderes:** O BSRI inclui os seguintes adjetivos para papéis de gênero relacionados ao feminino: indulgência, lealdade, alegria, enternecimento, timidez, simpatia, afetividade, sensibilidade às necessidades dos outros, gostar de elogios, compreensão, avidez para amenizar tristezas, suavidade, ser calorosa, ser carinhosa, disposição a ajudar, credulidade, ser infantil, não falar grosso, adorar crianças, gentileza.

Capítulo 20: Vá em frente

230 **A maioria das mulheres é mais cautelosa:** Apesar dessa percepção, diversas pesquisas sugerem que correr riscos é um importante fator para o sucesso. Especialistas destacam que quem corre riscos é mais feliz do que aqueles com um perfil mais tímido. Como achamos que a capacidade de correr riscos de forma calculada é essencial à Liderança Equilibrada, sabemos que ela é importante para todos, mesmo para quem não tem a ambição de liderar.

231 **relutantes em assumir riscos:** Um relatório divulgado pela Harvard Business Review, em conjunto com o Center for Work-Life Policy, pesquisou mulheres com diplomas em ciências e na área tecnológica. Mais de um terço dessas mulheres (35%) disseram que achavam que riscos não se traduziam em oportunidades porque as mulheres não têm o mesmo tipo de apoio quando fracassam. Além do mais, as mulheres acreditam que os riscos não cultivam o sucesso e que aumentam com a idade. Sylvia Ann Hewlett et al., "The Athena Factor: Reversing the Brain Drain in Science, Engineering, and Technology", *Harvard Business Review*, junho de 2008.

231 **menos apoio dos colegas:** "O fator Atenas" refere-se a como as mulheres entrevistadas falaram sobre reuniões em que os homens chegaram com um grupo de amigos prontos para apoiá-los.

Esses amigos apoiaram o homem e agiram como se sua apresentação ou insights fossem brilhantes, não importava a realidade da situação. Sylvia Ann Hewlett, "The Athena Factor: Reversing the Brain Drain in Science, Engineering, and Technology", *Harvard Business Review*, junho de 2008.

234 **"ambiciosos" se saem melhor:** Paul Stoltz, consultor organizacional e autor de *Desafios e oportunidades*, identifica três estereótipos desenvolvimentistas: alpinistas, campistas e desertores. Alpinistas são pessoas que lutam continuamente para crescer, aprender e aumentar sua capacidade. Elas correm riscos. Campistas são pessoas que se estabeleceram em zonas de conforto, optando pela segurança em vez do risco. E há os desertores, "que se aposentaram há anos, mas que nunca se preocuparam em avisar alguém". Se você é um campista, não se esqueça de que a pesquisa de Stoltz mostra que até um ambiente estável está em constante mudança. Se você não encontrar novas oportunidades e assumir os riscos necessários para crescer, não vai encontrar a felicidade que você imaginava que a estabilidade traria. Paul Stoltz, *Desafios e oportunidades* (Rio de Janeiro: Campus, 2001).

Parte cinco: Energia

Capítulo 22: Energia em seu kit de ferramentas

249 **mais dessas responsabilidades:** Sylvia Ann Hewlett, *Off Ramps and on Ramps: Keeping Talented Women on the Road to Success* (Cambridge, MA: Harvard Business School Press, 2007).

249 **estudo recente sobre mulheres no mercado de trabalho:** Num estudo sobre profissionais da ciência, da engenharia e da área tecnológica, quase 50% das mulheres entre 35 e 44 anos tinham responsabilidades para com crianças, e 11% eram responsáveis por cuidar de pessoas idosas. A pesquisa estudou profissionais mulheres dessas áreas para melhor entender a fuga de cérebros femininos. Comparados com os dados da população geral de mulheres profissionais, esse grupo tinha números ainda piores: 36% precisavam estar disponíveis o dia inteiro, mais da metade trabalhava ou gerenciava pessoas em outras partes do mundo, e 71% se sentiam pressionadas a dedicar muito tempo no escritório. Não é de surpreender que 52% dessas mulheres acabassem abandonando suas carreiras em algum momento. Sylvia Ann Hewlett, "The

Athena Factor: Reversing the Brain Drain in Science, Engineering, and Technology", *Harvard Business Review*, junho de 2008.

250 **Tudo começa com uma visão mais produtiva:** Uma pesquisa feita por Edy Greenblatt concluiu que o equilíbrio entre vida pessoal e trabalho é um conceito imperfeito. Seu trabalho documenta como as pessoas com frequência se energizam com o trabalho e se esgotam com o lar. Sua análise também é apoiada pelo trabalho de Mihályi Cziksentmihályi, que descobriu que as pessoas quase sempre entram num estado de "fluxo" durante o trabalho, sendo "fluxo" um estado em que as pessoas ficam energizadas e felizes. Edy Greenblatt, *Restore Yourself: The Antidote for Professional Exhaustion* (Los Angeles: Execu-Care Press, 2009); Mihályi Cziksentmihályi, *Flow: The Psychology of Optimal Experience* (Nova York: Harper, 2008).

251 **Está na hora de recomeçar do zero:** A ideia de gerenciar seus fluxos de energia também foi desenvolvida por Edy Greenblatt. Ela afirma que nossos níveis de energia são de fato reservas pessoais que podemos monitorar e administrar. Edy Greenblatt, *Restore Yourself: the Antidote for Professional Exhaustion* (Los Angeles: Execu-Care Press, 2009).

253 **embarcar naquele trem:** Somos gratas a Jim Collins por essa grande frase, e nitidamente Julie estava influenciada por ela também. Jim Collins, *Empresas feitas para vencer* (Rio de Janeiro: Campus, 2001).

255 **quatro fontes de energia:** A pesquisa de Greenblatt comprova o trabalho de Jim Loehr e de Tony Schwartz. No livro *The Power of Full Engagement*, eles descrevem quatro tipos de energia primária: física, emocional, mental e espiritual. Edy Greenblatt, *Restore Yourself: The Antidote for Professional Exhaustion* (Los Angeles: Execu-Care Press, 2009); Jim Loehr e Tony Schwartz, *The Power of Full Engagement* (Nova York: Free Press, 2004).

256 **rápida caminhada ou exercício:** Loehr e Schwartz descrevem os níveis de energia como entidades oscilantes. Eles alegam que aprender a aumentar seu nível de energia é possível se você optar por uma abordagem que respeite sua natureza: você aumenta sua capacidade se esforçando ao máximo e então fazendo um intervalo. Fazer uma caminhada é uma boa maneira de se recuperar. Eles ilustraram essa questão com pesquisas que mostraram que uma breve caminhada pode ser tão restauradora quanto o sono. Jim Loehr e Tony Schwartz, *The Power of Full Engagement* (Nova York: Free Press, 2004).

256 **estimulantes universais:** Edy Greenblatt descobriu estimulantes universais durante sua pesquisa sobre gerenciamento de energia pessoal. Ela aprendeu que as pessoas em geral têm perfis de recuperação únicos. Edy Greenblatt, *Restore Yourself: the Antidote for Professional Exhaustion* (Los Angeles: Execu-Care Press, 2009).

257 **ritmos ultradianos:** Existem intervalos regulares que os pesquisadores observaram durante cada ciclo circadiano de 24 horas. No início de cada ciclo ultradiano (de cerca de noventa minutos), sua vigilância aumenta, seus batimentos cardíacos sobem, sua tensão muscular aumenta e hormônios circulam por seu corpo. No final de cada ciclo seu corpo quer um período de descanso e de recuperação. Jim Loehr e Tony Schwartz, *The Power of Full Engagement* (Nova York: Free Press, 2004).

258 **a luz do sol é estimulante:** Edy Greenblatt, *Restore Yourself: the Antidote for Professional Exhaustion* (Los Angeles: Execu-Care Press, 2009).

259 **Com o tempo que você ganha:** Jim Loehr e Tony Schwartz, *The Power of Full Engagement* (Nova York: Free Press, 2004).

260 **recuperar seu tempo:** Julie Morgenstern, *Time Management from the Inside Out* (Nova York: Holt Paperbacks, 2004) e *Never Check Email in the Morning* (Nova York: Simon & Schuster, 2005).

261 **pare de fazer tudo ao mesmo tempo:** O estudo de caso de Leslie Perlow de uma empresa de alta tecnologia ilustra o alto custo de se tentar fazer tudo ao mesmo tempo. Antes de ela começar a trabalhar na empresa, as pessoas entravam umas nas salas das outras e se interrompiam regularmente. A empresa decidiu implementar um período específico de tempo por dia em que todo mundo supostamente trabalharia sozinho sem interromper ou conversar com os outros. Não apenas a produtividade aumentou, mas houve também um inesperado aumento de satisfação no trabalho. Leslie Perlow, *Finding Time: How Corporations, Individuals and Families Can Benefit from New Work Practices* (Ithaca, NY: Cornell University Press, 1997).

262 **amplia sua capacidade:** Jim Loehr e Tony Schwartz, *The Power of Full Engagement* (Nova York: Free Press, 2004).

Capítulo 23: Para uma rápida recuperação

264 **líder que transmite resiliência:** Após se formar numa escola de elite na China, Yifei Li passou a década entre 1985 e 1995 nos Estados Unidos estudando na Universidade Baylor, depois tra-

balhando nas Nações Unidas e em escritórios de advocacia. Em 1995, ela voltou para a China, exatamente quando a explosão econômica estava ocorrendo. Por alguns anos Yifei trabalhou para a Burson Marsteller, empresa de relações públicas, e então foi para a rede MTV, da Viacom. Em 2008, Yifei foi para a GLG Partners, uma empresa de investimentos credenciada na Bolsa de Valores de Nova York.

269 **incluir a recuperação:** Todas nós tivemos a experiência de descobrir que algo que um dia amamos — determinada música ou sabor de sorvete — pode perder sua atração se formos indulgentes demais. O mesmo vale para a energia. Coisas que já significaram uma injeção de energia às vezes podem perder sua capacidade estimulante. Em workshops sobre energia em todo o mundo, ouvimos que as viagens aéreas, antes estimulantes para muita gente, agora são consideradas exaustivas se essas mesmas pessoas tiverem que voar a trabalho todas as semanas. O relatório de trabalho de Diane Fassel revela que as pessoas precisam ser diligentes sobre a maneira que escolhem se energizar à medida que essas coisas ficam menos eficientes quando a pessoa está esgotada fisicamente. Diane Fassel, *Working Ourselves to Death* (Bloomington, IN: Authorhouse, 2000).

270 **usaram técnicas estratégicas de recuperação:** A experiência como tenista de Jim Loehr foi replicada em diversas pesquisas. Esse primeiro estudo relativo ao tênis mostrou que o desempenho e a recuperação estratégica são correlatos. Jogadores que aprenderam a fazer um pequeno intervalo e descansar ficavam então melhor preparados para jogar o seu melhor na quadra. Um segundo exemplo citado no livro de Loehr foi a pesquisa feita pelo exército norte-americano. O exército queria entender qual era a melhor maneira de derrotar o inimigo em até três dias. Duas equipes foram enviadas com a mesma tarefa; uma tinha a ordem de fazer intervalos regulares durante os três dias para que os soldados pudessem se recuperar e a outra tinha ordens para atingir o máximo de alvos possível nesses três dias. A equipe que descansou regularmente atingiu mais alvos. Jim Loehr e Tony Schwartz, *The Power of Full Engagement* (Nova York: Free Press, 2005).

270 **rituais positivos:** O poder dos rituais é que eles viram ações automáticas, de modo que você não precisa gastar tempo ou energia pensando sobre o que está fazendo. Um comportamento ritualizado é mais restaurador do que o mesmo comportamento agora não ritualizado porque permite uma recuperação máxima.

Jim Loehr e Tony Schwartz, *The Power of Full Engagement* (Nova York: Free Press, 2005).

271 **sua criança artística:** Julia Cameron escreve sobre a artista que há em você — um ser infantilizado que é criativo, holístico e, com frequência, acessível por meio da meditação. Ela recomenda uma ferramenta que chama de "o encontro do artista", um intervalo de tempo semanal dedicado a cultivar sua consciência criativa. Julia Cameron, *The Artist's Way* (Nova York: Tarcher/Putnam, 1992).

272 **prazer nas reuniões de equipe:** Uma de nossas lições favoritas é a Regra Número 6 do livro de Rosamond e Ben Zander, *The Art of Possibility*: não se leve tão a sério. Você não precisa fazer graça para ter uma opinião, mas vale a pena incorporar a Regra Número 6 na cultura de sua empresa. Ben Zander e Rosamund Zander, *The Art of Possibility* (Nova York: Penguin, 2002).

Capítulo 24: Experimente o fluxo

273 **leveza de ser:** Em sânscrito, *rasa* significa gosto, sabor, sentimento, prazer e experiência.

274 **qualquer trabalho pode ter fluxo:** Para estudar em que situações as pessoas encontram momentos de fluxo, Cziksentmihályi desenvolveu uma metodologia de pesquisa em que pessoas carregavam, pagers ao longo do dia. Em intervalos de 15 minutos, os pagers apitavam, e as pessoas tinham que relatar o que estavam fazendo e como estavam se sentindo. A partir desses valiosos dados, Cziksentmihályi pôde entender quando as pessoas entravam em estado de fluxo. Mihályi Cziksentmihályi, *Flow: the Psychology of Optimal Experience* (Nova York: Harper, 2008).

279 **experiência coletiva de fluxo:** Por meio de centenas de apresentações feitas por executivos, a McKinsey descobriu que todo mundo tem pelo menos uma lembrança de alguma experiência inesquecível no trabalho.

279 **tudo está em perfeito funcionamento:** O crédito vai para Scott Keller, Carolyn Aiken e nossos colegas por seus insights nos seminários de liderança ao longo dos anos. Eles encontraram três conjuntos de motivações que podem levar a uma experiência inesquecível:
- **Organizacional:** Um objetivo estimulante e claro pelo que é esperado (com medidas explícitas e específicas), uma equipe talentosa no local com habilidades variadas, um líder de equi-

pe com responsabilidades claras e um processo eficiente para trabalhar em conjunto.
- **Emoções positivas:** Cada membro da equipe compartilha o objetivo e tem motivações intrínsecas; a equipe se une porque existe respeito mútuo e confiança; todos se dedicam ao trabalho; a equipe se sente no domínio da situação.
- **Significado:** Sensação compartilhada de fazer a diferença, impacto extraordinário, honra e orgulho, o privilégio de ter feito parte daquilo.

279 **as funções do cérebro mudam:** Durante grande parte do tempo que você fica acordado, suas ondas cerebrais são chamadas de ondas beta, operando a 14-38Hz. Quando você entra no fluxo, suas ondas cerebrais são caracterizadas como ondas alfa, operando a 8-14Hz. Nos estados alfa, sua mente está clara, e você se sente calmo. Você tem capacidade para lidar com novas situações facilmente. Você está mais criativo. As ondas cerebrais associadas com ansiedade estão ausentes, e você consegue se recuperar. Anna Wise, *The High Performance Mind* (Los Angeles: Tarcher, 1997).

279 **cinco condições:** O dr. Mihály Csikszentmihályi, que "descobriu" o fluxo durante a pesquisa sobre felicidade, escreveu esta introdução em seu livro: "Todos nós vivemos fases em que, em vez de sermos golpeados por forças anônimas, sentimo-nos no controle de nossas ações, donos de nossos destinos. Nas raras ocasiões em que isso acontece, sentimos regozijo, um profundo senso de felicidade que há muito é apreciado e que se torna um marco nas memórias do que a vida deveria ser. Momentos como esse não são passivos, receptivos, relaxantes. Os melhores momentos em geral acontecem quando o corpo ou a mente da pessoa está expandida até seus limites num esforço voluntário de conseguir algo difícil e valioso." Mihályi Cziksentmihályi, *Flow: the Psychology of Optimal Experience* (Nova York: Harper, 2008).

Agradecimentos

Quando as mulheres estão no poder, elas têm muitos colaboradores. Certamente foi preciso uma quantidade imensa de pessoas nesse caso.

Nossos sinceros agradecimentos a Dominic Barton, Ian Davis e Michael Patsalos-Fox, líderes com a convicção e a coragem de investir com rigor na liderança feminina e neste projeto. Ao longo do caminho, tantos amigos da McKinsey contribuíram com seu conhecimento, suas opiniões, seu tempo e seu apoio — Zafer Achi, Carolyn Aiken, Manuela Artigas, Nora Aufreiter, Felix Bruck, Lowell Bryan, Beth Cobert, Laura Corb, Jonathan Davidson, Derek Dean, Sandrine Devillard-Hoellinger, Tracey Griffen, Judith Hazelwood, Liz Hilton-Segel, Tsun-Yan Hsieh, Michelle Jarrard, Scott Keller, Nancy Killefer, Eric Labaye, Anu Madgavkar, James Manyika, Anna Marrs, Tim McGuire, Monica McGurk, John McPherson, Mary Meaney, Lenny Mendonça, Mona Mourshed, Tore Myrholt, Laxman Narasimhan, Suzanne Nimocks, Gary Pinkus, Colin Price, Tom Saar, Geoff Sands, Bill Schaninger, Bruce Simpson, Kate Smaje, Lila Snyder, Ireena Vittal, Caroline Webb e Rebecca Wei. Uau! Só o fato de escrever esta lista já nos fez sentir gratidão.

Agradecemos também a um grupo muito especial de mulheres da McKinsey — nossas diretoras, que se uniram para apoiar e para desenvolver mulheres e lideranças. Cada uma de vocês colaborou com o projeto pelo simples fato de ser uma sócia sênior e um exemplo para tantas pessoas.

Um exército de talentosos analistas de negócios, sócios, gerentes e especialistas também se apresentaram para ajudar — obrigado a Maria Arias, Elissa Ashwood, Hilary Belm, Frank Comes, Katherine Bair Desmond, Lauren Drake, Siri Eklund, Hallie Fader, David Gettman, Fiona Greig, Keri Hattich, Christy Johnson, Charmhee Kim, Rik Kirkland, Anna Carolina Koch, Mary Kuntz, Steve Lackey, Margaret Loeb, Simon London, Helen Loser, Josephine Mogelov, Laura Nilsen, Damaris O'Hanlon, Amanda Pouchot, Michael Rennie, Alexandra Ressler, Natalie Revelle, Brooke Ricalde, Humphrey Rolleston, Martin Rouse, Zeryn Sarpangal, Laura Schalekamp, Barr Seitz, Tina Shah, Barbara Stern, Heather Sumner, Nandita Surendran, Sue Treiman, Carol Weese e Lynn Wolf. Vocês foram de grande ajuda para nós: edição, filmagem, desenvolvimento de matérias para internet, design, entrevistas, educação, planejamento e pesquisa. Andrea Amico e Elinor Riley, obrigado por suas maravilhosas contribuições nas áreas de análise e design — vocês também fazem parte da McKinsey. Por fim, um agradecimento muito especial para Kate Barrett, Rebecca Craske, Edy Greenblatt, Melissa Hayes, Johanne Lavoie e Monica McGurk, que foram nossa equipe base, trazendo novas ideias e trabalhando lado a lado conosco na criação de um vigoroso programa de aprendizado.

Mas este não foi apenas um projeto interno. Muitas, muitas mulheres — e muitos homens também — abriram as portas, compartilharam suas redes de relacionamentos e nos ofereceram suas percepções. Obrigado a cada amigo de fora da empresa que ajudou a trazer vida para cada uma de nossas grandes aspirações — Alysse Nelson Bloom, Charlie Cummings, Anne Fuchs, Diane Grady, Cynthia Hayes, Bob Sutton, Melanne Verveer e Melinda Wolfe. Bill Meehan, obrigado pelos anos como mentor. Obrigado a todos os padrinhos que tivemos antes mesmo de a noção de Liderança Equilibrada ser criada.

E, se não fosse pelas mulheres — as incríveis mulheres que abriram espaço na agenda e aceitaram participar do nosso arquivo de vídeo —, ainda estaríamos no começo de nossa jornada. Nossa gratidão parece não ser suficiente. Torcemos para que vocês recebam em dobro por toda a ajuda que nos deram.

Agradecer é uma coisa engraçada: quanto mais você agradece, de mais pessoas você se lembra de agradecer. Poderíamos continuar agradecendo infinitamente, mas é preciso parar. Ainda assim, falta um pouco para terminar.

Precisamos agradecer às famílias. Susie agradece ao incrível marido, Russell Hamilton; à mãe, Mary Cranston; ao pai, Hal Cranston; ao irmão, John; e aos maravilhosos amigos (muitos dos quais serviram de inspiração para este livro).

Geoff agradece à esposa, Anne Field, e a seus dois filhos incríveis, que mantiveram sua sanidade e que não se importaram com o fato de que o livro parecesse ser sua atividade regular durante as noites e os finais de semana.

Joanna agradece ao marido, David, o feminista mais ardoroso de nosso time. Duas garotas especiais eram — e são — o combustível desse projeto. Gaby e Jetta, gostaríamos de poder transmitir cada insight que cada mulher nos ensinou, mas sabemos que vocês vão aprender as próprias lições ao longo da jornada. Agradecemos também a nossas mães, pelos presentes que nos concederam.

Gostaríamos de agradecer a cada um pessoalmente, e se tivermos deixado alguém de fora, pedimos desculpas porque não poderíamos ter ido longe sem vocês. Vocês são mães e pais da Liderança Equilibrada.

Editora responsável
Luciana Bastos Figueiredo

Produção
Adriana Torres
Ana Carla Sousa

Produção editorial
Flávia Midori

Revisão de tradução
Guilherme Semionato

Revisão
Eni Valentim
Mariana Freire Lopes
Rodrigo Ferreira

Diagramação
DTPhoenix Editorial

Este livro foi impresso no Rio de Janeiro,
em setembro de 2011, pela Edigráfica, para a Agir.
A fonte usada no miolo é Iowan Old Style, corpo 10,5/14,5.
O papel do miolo é chambril avena 70g/m², e o da capa é cartão 250g/m².

Visite nosso site: www.novafronteira.com.br